JN445883

프로그래밍 언어론

쉽게 배우는 언어의 원리와 구조

한빛아카데미
Hanbit Academy, Inc.

지은이 **김종훈** jkim0858@naver.com

홍익대학교 대학원 전자계산학과에서 시스템 소프트웨어 전공으로 박사학위를 취득하고, 한국전자통신연구원(ETRI) 컴퓨터시스템연구부 운영체제연구팀에서 Post-Doc. 연구원으로 활동했다. 현재 제주대학교 교육대학 컴퓨터교육과 부교수와 제주대학교 과학영재교육원 초등정보분야 지도교수로 재직 중이며, 문제해결력을 신장시키는 컴퓨터 교재 개발 연구에 집중하고 있다. 대표 저서로 『IT CookBook 컴퓨터 개론 : 쉽게 배우는 컴퓨터 기본 원리』(한빛미디어, 2006),『초보자를 위한 Linux & Unix C 프로그래밍』(한빛미디어, 2003),『초보 프로그래머가 꼭 알아야 할 컴퓨터 동작 원리』(한빛미디어, 2004)가 있다.

지은이 **김종진** jjkim70@kopo.ac.kr

홍익대학교 대학원 컴퓨터공학과 박사과정을 수료한 후 현재 한국폴리텍 I 대학 서울강서캠퍼스 컴퓨터게임과 조교수로 재직하며, 게임 프로그래밍 연구에 집중하고 있다. 대표 저서로 『좋은 프로그램을 만드는 핵심원리 25가지』(한빛미디어, 2003),『컴퓨터 과학자 15인의 지식 오디세이』(이비컴, 2005),『처음 시작하는 C 프로그래밍』(이비컴, 2004)이 있다.

프로그래밍 언어론 : 쉽게 배우는 언어의 원리와 구조

초판발행 2013년 7월 30일
5쇄발행 2019년 7월 25일

지은이 김종훈, 김종진 / **펴낸이** 김태헌
펴낸곳 한빛아카데미(주) / **주소** 서울시 서대문구 연희로2길 62 한빛아카데미(주) 2층
전화 02-336-7112 / **팩스** 02-336-7199
등록 2013년 1월 14일 제25100-2017-000063호 / **ISBN** 978-89-98756-43-7 93000

총괄 김현용 / **책임편집** 변소현 / **진행** 김평화 / **제작** 박성우, 김정우
영업 이윤형, 길진철, 주희, 김태진, 김성삼, 이정훈, 임현기, 이성훈, 김주성 / **마케팅** 김호철

이 책에 대한 의견이나 오탈자 및 잘못된 내용에 대한 수정 정보는 아래 이메일로 알려주십시오.
잘못된 책은 구입하신 서점에서 교환해 드립니다. 책값은 뒤표지에 표시되어 있습니다.

홈페이지 www.hanbit.co.kr / 이메일 question@hanbit.co.kr

원리를 알면 IT가 맛있다

IT COOKBOOK

1시간 강의를 위해 3시간을 준비하는 마음!

:: 군더더기 없는 핵심 원리 + 말랑말랑 쉬운 컨텐츠

핵심 원리 하나만 제대로 알면 열 가지 상황도 해결할 수 있습니다.
친절한 설명과 명확한 기승전결식 내용 전개로 학습 의욕을 배가시켜줍니다.

:: 핵심 원리 → 풍부한 예제와 연습문제 → 프로젝트로 이어지는 계단 학습법

기본 원리를 다져주는 예제, 본문에서 배운 내용을 촘촘하게 점검해볼 수 있는 연습문제,
현장에서 바로 응용할 수 있는 프로젝트를 단계별로 구성해 학습의 완성도를 높였습니다.

:: 학습욕구를 높여주는 현장 이야기가 담긴 IT 교과서

필드 어드바이저의 인터뷰와 주옥 같은 현업 이야기를 담았습니다.
강의실 밖 현장의 요구를 접하는 기회를 제공하고,
학생들 스스로 필요한 공부를 할 수 있도록 방향을 제시합니다.

>> 저자 머리말

다양한 프로그램 예시와 그림을 통해 쉽게 설명한 프로그래밍 언어론

문제에 적합한 프로그래밍 언어를 선택할 수 있는 능력, 새로운 언어를 쉽게 배울 수 있는 능력, 질 높은 프로그램을 작성할 수 있는 능력을 갖추기 위해서는 프로그래밍 언어론에 대한 학습이 필수적이다.

그런데 대부분의 '프로그래밍 언어론' 책은 이해하기가 쉽지 않은 문제점을 지니고 있다. 이런 이유로 필자는 프로그래밍 언어론에 대한 중요한 개념을 대부분 다루면서도 이해하기 쉬운 책의 필요성을 느끼고 이 책을 집필하게 되었다.

이 책은 각 주제에 대해 다양한 그림과 명확한 설명을 통해 쉽게 설명하려고 노력했다. 더욱이 이론적인 설명만으로 끝나지 않고 다양한 언어로 된 프로그램 예시를 제공하여 각 주제의 핵심적인 내용을 쉽고, 정확하게 전달하고자 했다. 그리고 이 책에 나오는 C, C++, Java, Ada, Scheme, Prolog 언어로 된 모든 프로그램 예는 테스트 과정을 거쳐 정확성을 기하였다.

이에 필자는 질 높은 프로그램을 작성하려는 분들과 프로그래밍 언어론을 처음 공부하고자 하는 모든 분께 이 책을 적극적으로 권한다.

이 책이 다루는 내용을 간단하게 소개하면 다음과 같다.

- 1장~2장 : 프로그래밍 언어의 개요와 프로그래밍 언어 역사를 살펴본다.
- 3장 : 프로그래밍 언어의 구조를 의미하는 구문과 관련된 다양한 주제를 살펴본다.
- 4장~5장 : 변수의 여러 속성과 바인딩에 대해 알아보고, 수치 타입, 불린 타입 등 다양한 데이터 타입을 살펴본다.
- 6장 : 식의 의미를 결정하는 우선순위, 결합 규칙 등을 살펴보고, 실행 순서를 제어하는 조건문, 반복문, 무조건 분기문과 같은 제어문에 대해 알아본다.
- 7장~8장 : 부프로그램, 예외 처리와 관련된 다양한 주제를 살펴본다.
- 9장~11장 : 객체지향 프로그래밍, 함수 프로그래밍, 논리 프로그래밍을 살펴본다.
- 부록 : 본문에 소개한 다양한 프로그래밍 소스를 제공하고, Scheme, Prolog, Ada 언어 번역기 사용법에 대해 알아본다.

독자를 위해 카페(http://cafe.naver.com/softwareeducation)를 운영하고 있어 독자들은 사이버 학습 효과도 누릴 수 있다. [질의응답] 코너를 통해 질의를 하면 신속하게 응답을 받을 수 있고, 다양한 정보도 제공받을 수 있다.

이 책이 나올 수 있도록 기회와 도움을 주신 김태헌 사장님과 이 책을 담당한 김은정 대리님, 박현진 대리님을 비롯한 한빛아카데미(주) 식구들에게 감사를 전한다. 그리고 많은 시간을 함께 해 주지 못한 사랑하는 가족에게 미안함과 감사의 마음을 동시에 전한다. 부디 독자께서는 희망하는 바를 이루시기를 기원한다.

2008년 6월
김종훈, 김종진

>> 워밍업

이 책을 읽기 전에

누구를 위한 책인가

프로그래밍 언어에 대한 이론적 기반이 있어야 제대로 된 컴퓨터 프로그래밍을 할 수 있다. 특정 프로그래밍 언어를 사용한다고 해서 프로그래밍 언어에 대한 이론적 기반이 얻어지는 것이 아니기 때문이다. 이 책은 다양한 프로그래밍 언어를 통해 프로그래밍 언어의 근본적인 개념을 소개하는 책으로 컴퓨터 관련 학과의 대학생, 프로그래머는 물론이고 프로그래밍에 관심을 갖고 있는 모든 이를 대상으로 한다.

선수 연계 과목

많은 프로그래밍 언어를 알고 있어야 한다고 요구하지는 않으나 적어도 하나 이상의 프로그래밍 언어에 대한 경험이 있어야 한다. 자료구조나 이산수학을 배웠으면 더욱 좋다.

이 책의 구성 요소

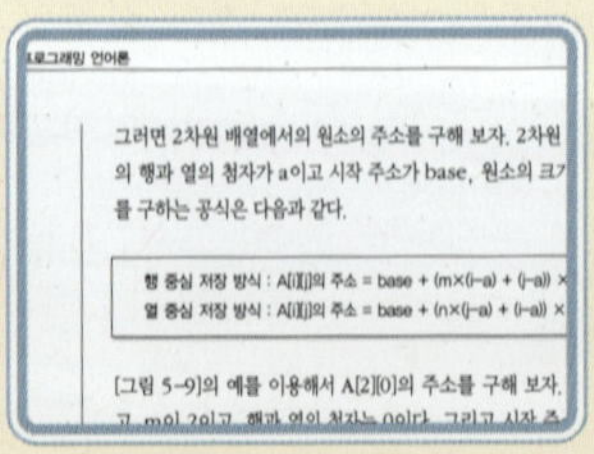

포인트
핵심 내용과 기능을 한눈에 파악할 수 있도록 정리해 준다.

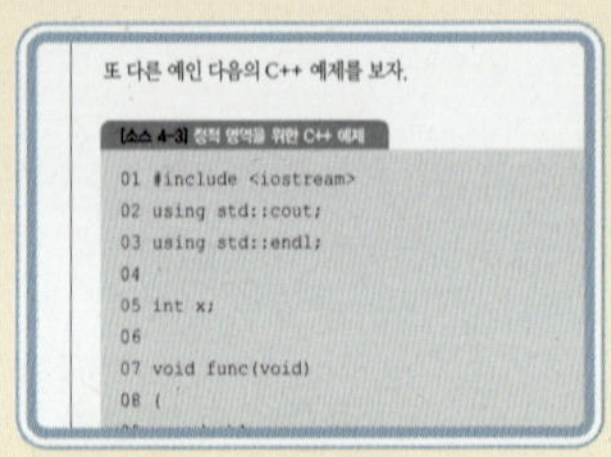

소스, 문법
이론적인 설명을 뒷받침하는 프로그램 예시를 소스와 문법으로 나타내었다.
다양한 언어로 된 프로그램을 실제로 구현해 볼 수 있다.

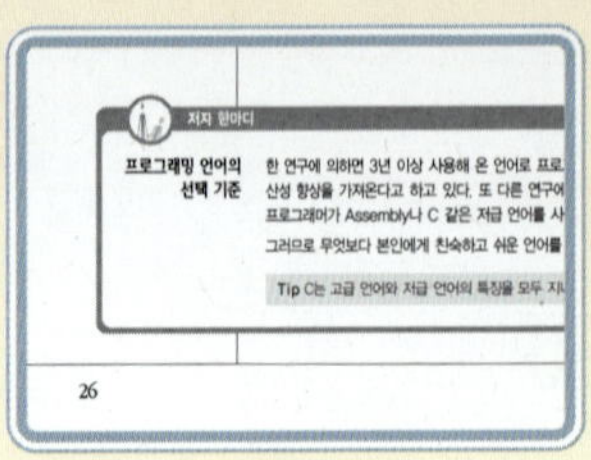

저자 한마디
저자가 현장에서 생각하고 발견하는 유용한 팁, 참고로 알아두어야 할 사항,
유용한 내용과 배경 지식 등을 제공한다.

이 책의 뼈대만 빨리 보기

이 책은 11개 장으로 구성되어 있다. 프로그래밍 언어에 대한 소개를 알아보는 것을 시작으로, 각 장마다 다양한 분야를 설명하고 있다.

❶ 소개, 프로그래밍 언어의 역사(1장~2장)
프로그래밍 언어의 개요, 설계 원칙, 패러다임 등에 대해 살펴보고, 기계어로 시작해서 현재 언어에 이르기까지 프로그래밍 언어 역사를 살펴본다.

❷ 구문(3장)
BNF, 파스 트리, EBNF 등 언어의 구조를 의미하는 구문과 관련된 여러 주제를 살펴본다.

❸ 변수, 데이터 타입(4장~5장)
변수의 여러 속성과 바인딩을 살펴보고, 수치 타입, 불린 타입 등 다양한 데이터 타입을 살펴본다.

❹ 식과 제어문(6장)
식의 의미를 결정하는 우선순위, 결합 규칙 등을 살펴보고, 실행 순서를 제어하는 조건문, 반복문, 무조건 분기문과 같은 제어문을 살펴본다.

❺ 부프로그램, 예외 처리(7장~8장)
부프로그램의 개요와 부프로그램과 관련된 다양한 주제를 살펴보고, 예외 처리의 개요와 다양한 언어에서의 예외 처리 기능에 대해 알아본다.

❻ 객체지향 프로그래밍, 함수 프로그래밍, 논리 프로그래밍 (9장~11장)
명령형 프로그래밍 외에 또 다른 프로그래밍 패러다임으로 객체지향 프로그래밍, 함수 프로그래밍, 논리 프로그래밍이 있는데, 이들을 다양한 언어를 통해 살펴본다.

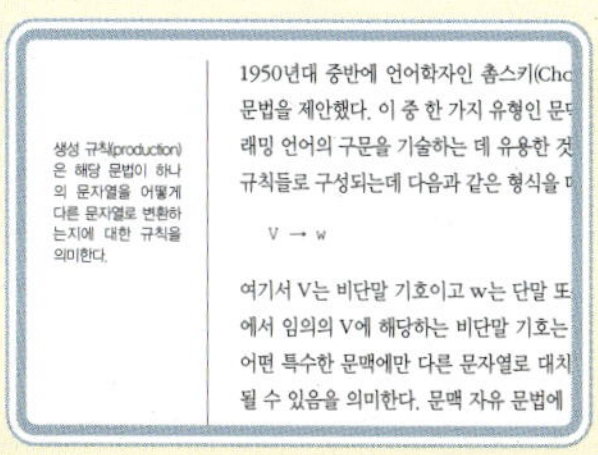

부연 설명
본문 내용 중에서 본문의 흐름에 도움이 되는 관련 내용과 참고로 알아두면 좋은 내용에 대해서 별단에서 따로 다룬다.

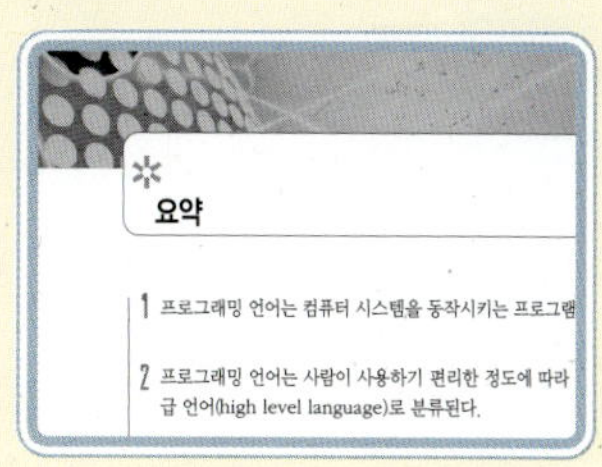

요약
장이 끝날 때마다 핵심적인 내용을 요약해서 정리한다. 본문에서 익힌 세분화된 지식을 여기에서 전체적으로 조립하여 완성된 모습으로 볼 수 있다.

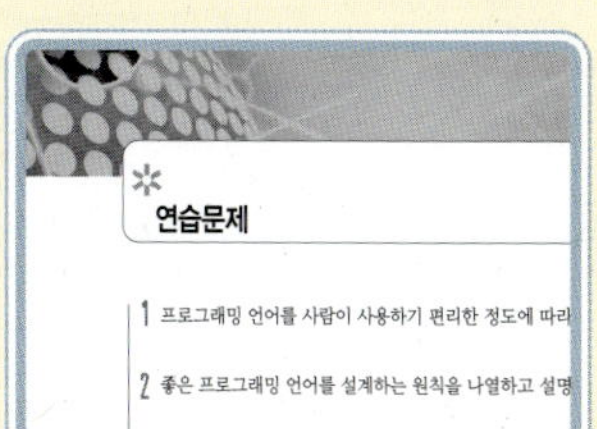

연습문제
해당 장이 끝날 때마다 본문에서 익힌 핵심적인 내용을 문제 형식으로 정리한다.
이 문제들을 풀면서 본문에서 배운 내용을 확인해 보고 응용력을 배가시킬 수 있다.

>> 강의 계획표

빠른 속도 스케줄 표

빠른 속도 스케줄은 전체 내용을 이해하는 것을 목표로, 1장부터 11장까지 모두 강의하는 것으로 구성했다. 매주 학습할 내용을 미리 과제로 정리하고, 수업 중에는 중요한 기본 이론이나 개념을 설명하고 소스를 살펴보면서 학생들이 원리를 이해할 수 있도록 도와주는 것이 좋다. 책에 제시한 프로그램을 구현해 보는 과제를 주어 학생 스스로 이론적인 내용을 실제 프로그램으로 적용하는 방법을 이해하고 익힐 수 있도록 한다.

1장~8장까지는 순서대로 진행하되 9장~11장은 강의하는 방향에 따라 장 순서와 상관없이 진행해도 좋다.

주	해당 장/과제	주제
1	1장, 2장	소개, 프로그래밍 언어의 역사
2	3장	구문
3	4장	변수
4	5장	데이터 타입
5	5장	데이터 타입
6	6장	식과 제어문
7	6장	식과 제어문
8		**중간고사**
9	7장	부프로그램
10	7장	부프로그램
11	8장	예외 처리
12	9장	객체지향 프로그래밍
13	9장	객체지향 프로그래밍
14	10장	함수 프로그래밍
15	11장	논리 프로그래밍
16		**기말고사**

중간 속도 스케줄 표

중간 속도 스케줄은 학습 진도보다는 단계별 이해와 실습 위주의 수업을 염두에 둔 구성이다. 모든 세부 사항을 이해시키는 것보다는 중요한 골격을 이해하고 전체적인 흐름에 대한 느낌을 가질 수 있도록 한다.

2장. 프로그래밍 언어의 역사를 제외하고, 10장. 함수 프로그래밍과 11장. 논리 프로그래밍 중 하나를 선택해서 강의한다고 가정한다.

주	해당 장/과제	주제
1	1장, 2장	소개, 프로그래밍 언어의 역사
2	3장, 4장	구문, 변수
3	4장	변수
4	5장	데이터 타입
5	5장	데이터 타입
6	6장	식과 제어문
7	6장	식과 제어문
8		**중간고사**
9	7장	부프로그램
10	7장	부프로그램
11	8장	예외 처리
12	8장	예외 처리
13	9장	객체지향 프로그래밍
14	9장	객체지향 프로그래밍
15	10장 또는 11장	함수 프로그래밍 또는 논리 프로그래밍
16		**기말고사**

프로그래밍 언어론 전문가 성장 전략 맵

프로그래밍 언어란 무엇인가요?

컴퓨터 시스템은 스스로 인식할 수 있는 명령어들로 이루어진 프로그램에 의해 동작하는데, 이러한 프로그램을 작성하기 위한 인공적인 언어를 프로그래밍 언어라 합니다.

프로그래밍 언어론을 배우는 이유는 무엇인가요?

프로그래밍 언어론에서는 프로그래밍 언어에 대한 다양한 이론적 기반을 학습하게 되는데, 이러한 학습을 통해 문제에 적합한 언어를 선택할 수 있는 능력과 새로운 언어를 쉽게 배울 수 있는 능력이 향상되고 결국 질 높은 프로그램을 작성할 수 있는 능력을 갖추게 되기 때문입니다.

이 책은 여기까지

1단계 : 프로그래밍

프로그래밍 언어론을 배우기 위해서는 적어도 하나 이상의 프로그래밍 언어에 대한 경험이 있어야 한다.

- C 또는 Java

목표 : C 또는 Java 등의 프로그래밍 언어를 익힌다.
수준 : C 또는 Java를 이용해서 프로그램을 작성할 수 있다.

2단계 : 자료구조

자료구조를 알고 있으면 프로그래밍 언어론에 대한 이해가 쉽다.

- 스택, 큐, 트리, 그래프

목표 : 스택, 큐, 트리, 그래프 등 다양한 자료구조를 익힌다.
수준 : 문제에 적합한 자료구조를 선정해서 프로그램을 작성할 수 있다.

3단계 : 프로그래밍 언어론

프로그래밍 언어에 대한 이론적 기반을 학습한다.

- 구문, 변수, 데이터 타입
- 식, 제어문, 부프로그램, 예외 처리
- 프로그래밍 패러다임

목표 : 다양한 프로그래밍 언어가 지니고 있는 이론적 기반을 익힌다.
수준 : 문제에 적합한 언어를 선택할 수 있고, 질 높은 프로그램을 작성할 수 있다.

4단계 : 고급 프로그래머로 발전하기

프로그래밍과 관련된 고급 지식을 습득해 고급 프로그래머로 발전한다. 일부 주제는 프로그래밍 언어론과 병행해서 학습해도 된다.

- 알고리즘
- 컴파일러
- 소프트웨어 공학
- 시스템 프로그래밍

목표 : 고급 수준의 프로그래밍 지식을 습득한다.
수준 : 관심 분야의 전문 프로그래머로 탄생한다.

프로그래밍 관련 학습 로드맵

>> 강의보조자료와 참고자료

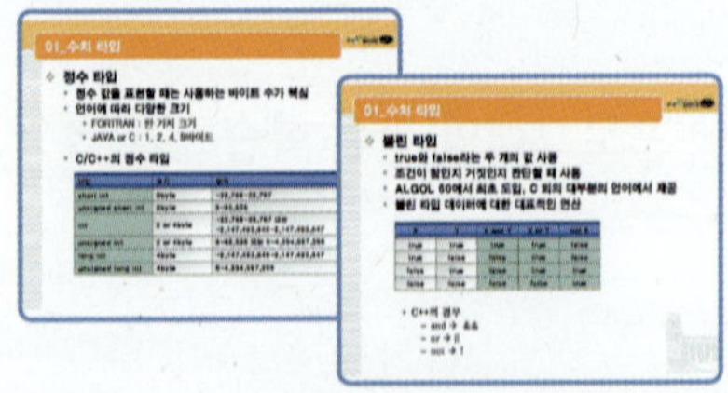

강의보조자료

- 다음 사이트에서 회원으로 가입하신 교수·강사분에게는 교수용 PPT 자료와 연습문제 해답을 제공합니다.

  · · http://www.hanbit.co.kr

  (일반 독자에게는 연습문제 해답을 제공하지 않으며, 예제 소스만 제공합니다.)

- 예제 소스를 다음 사이트에서 내려받을 수 있습니다.

  · · http://www.hanbit.co.kr/exam/4043

참고문헌 및 참고 사이트

- 『Code Complete (Second Edition)』, Steve McConnell, Microsoft Press, 2004
- 『Concepts of Programming Languages (Eighth Edition)』, Robert W. Sebesta, Addison Wesley, 2007
- 『Programming in ADA 2005』, John Barnes, Addison Wesley, 2006
- 『Programming Languages: An Interpreter-Based Approach』, Samuel N. Kamin, Addison Wesley, 1990
- 『Programming Languages: Principles and Practice (Second Edition)』, Kenneth C. Louden, Thomson, 2002
- 『Structure and Interpretation of Computer Programs (Second Edition)』, Harold Abelson, Gerald Jay Sussman, and Julie Sussman, MIT Press, 1996
- 『The Art of Prolog (Second Edition)』, Leon Sterling and Ehud Shapiro, MIT Press, 1994
- 『The C Programming Language (Second Edition)』, Brian W. Kernighan and Dennis M. Ritchie, Prentice Hall, 2003
- 『The C++ Programming Language (Special Edition)』, Bjarne Stroustrup, Addison Wesley, 2000
- 『The Programming Languages: Pascal, Modula, CHILL, Ada』, C. H. Smedema, P. Medema, and M. Boasson, Prentice-Hall, 1983
- 『Thinking in Java (4th Edition)』, Bruce Eckel, Prentice Hall, 2006

Contents

원리를 알면 IT가 맛있다
IT COOKBOOK

>>Contents

Chapter 03 구문

Chapter 04 변수

Chapter 05 데이터 타입

Chapter 06 식과 제어문

>> Contents

Chapter 09 객체지향 프로그래밍

Chapter 10 함수 프로그래밍

>> Contents

Chapter 11 논리 프로그래밍

Appendix 부록

Chapter 01

소개

* **학습목표**

- 프로그래밍 언어의 개요에 대해 살펴본다.
- 프로그래밍 언어의 설계 원칙에 대해 살펴본다.
- 프로그램이 실행되도록 처리하는 기법에 대해 살펴본다.
- 패러다임에 따른 프로그래밍 언어 분류에 대해 살펴본다.

Section

01 프로그래밍 언어란?

프로그래밍 언어는 컴퓨터 시스템을 동작시키는 프로그램을 작성하기 위한 언어이다. 이 장에서는 우선 프로그래밍 언어의 개요에 대해 살펴보고, 좋은 프로그래밍 언어를 설계하는 원칙에 대해 알아본다. 그리고 고급 언어로 작성된 프로그램이 실행되도록 처리하는 방법과 패러다임에 따른 프로그래밍 언어의 분류에 대해 살펴본다.

컴퓨터 시스템은 스스로 인식할 수 있는 명령어들로 이루어진 프로그램에 의해 동작된다. 프로그래밍 언어(programming language)란 이러한 프로그램을 작성하기 위한 인공적인 언어이다. 프로그래밍 언어는 사람이 사용하기 편리한 정도에 따라 저급 언어(low level language)와 고급 언어(high level language)로 분류된다.

[표 1-1] 프로그래밍 언어의 분류

분류	종류
저급 언어	기계어, 어셈블리어
고급 언어	C, C++, Java 등 대부분의 언어

저급 언어는 초기에 사용되던 하드웨어 지향의 기계 중심 언어로, 하드웨어와 밀접한 기능을 제어하는 프로그램을 작성하는 데 주로 사용된다. 저급 언어로는 기계어와 어셈블리어가 있는데 다음은 어셈블리어의 예이다.

```
mov ax, X
add ax, Y
mov Z, ax
```

이러한 저급 언어는 컴퓨터 기종에 따라 다르게 표현되고 복잡하다는 문제점을 지니고 있다. 이러한 문제점을 해결하고자 개발된 언어가 고급 언어로, 사람이 사용하는 기호 체계와 매우 흡사하며 기종에 관계없이 거의 동일하게 표현된다. 다음은 앞에서 살펴본 어셈블리어 예를 C/C++/Java라는 고급 언어로 나타낸 것이다.

```
Z = X + Y;
```

이 책에서는 고급 언어의 다양한 특징에 대해 살펴볼 것인데, 이에 대한 학습을 통해 문제에 적합한 언어를 선택할 수 있는 능력과 새로운 언어를 쉽게 배울 수 있는 능력이 향상될 것이다.

Section

2 프로그래밍 언어의 설계 원칙

대부분의 성공한 언어들은 설계 시 특정한 목표가 있었다. FORTRAN은 실행 효율이, COBOL은 판독성이, Pascal은 간결한 교육용 언어의 제공이, C++는 C 언어와의 호환과 추상화 제공이 목표였다. 그렇지만 어떤 목표로 설계된 언어가 가장 좋은 언어라고 단정짓기는 쉽지 않고 모든 설계 원칙을 만족하는 언어도 있을 수 없다. 이 절에서는 언어 설계에 있어서 도움이 될 수 있는 몇 가지 원칙을 소개하는데, 특히 라우든(Kenneth C. Louden)의 『Programming Languages : Principles and Practice, Second Edition』(Thomson, 2002)에서 제시한 좋은 프로그래밍 언어 설계 원칙에 대해 살펴본다.

효율성

언어에 대한 효율성(efficiency)은 목적 코드의 효율성, 번역의 효율성, 구현 용이성, 프로그래밍 효율성 등으로 분류할 수 있다.

■ **목적 코드의 효율성**

목적 코드의 효율성은 번역기가 효율적인 실행 코드를 생성할 수 있어야 함을 의미한다. 여기서 번역기는 컴파일러 또는 인터프리터를 말하는데 구체적인 내용은 3절에서 살펴볼 것이다.

■ **번역의 효율성**

번역의 효율성은 번역기가 효율적으로 실행 코드를 생성할 수 있어야 함을 의미한다. 이는 설계된 언어가 번역기에 의해 빠르게 번역될 수 있어야 함을 뜻하는 것이다. 번역의 효율성은 신뢰성과는 상반되는 성질로, 번역기가 오류 검사를 하지 않으면 번역의 효율성은 높아지나 신뢰성은 떨어진다.

■ **구현 용이성**

번역기를 효율적으로 작성할 수 있어야 함을 의미한다. 설계된 언어가 복잡하면 구현 용이성이 떨어지는데 이러한 언어의 예로 ALGOL 60과 Ada를 들 수 있다.

■ **프로그래밍 효율성**

프로그래밍 효율성은 설계된 언어로 얼마나 빠르고 쉽게 프로그램을 작성할 수 있는가에 달렸다. 언어 구조가 간결하면 프로그래밍 효율성이 높아지는데 LISP가 이에 해당되는 언어이다.

일반성

일반성(generality)은 특별한 경우를 피하고 밀접하게 관련 있는 개념들을 하나의 더 일반적인 것으로 결합하는 성질을 의미한다.

예를 들어, 대입연산자 =(또는 :=)가 배열과 레코드를 비롯한 모든 데이터 타입에 적용되는 경우를 일반성이 있다고 할 수 있는데, C에서는 배열과 레코드 타입에 적용되지 않으므로 일반성이 부족하다고 할 수 있다. 반면 Ada는 모든 데이터 타입에 적용되므로 일반성이 있다고 할 수 있다. 다음은 배열에 값을 대입하는 Ada 예이다.

```
x: array(1..3) of integer;
x := (1,3,5);
```

직교성

직교성(orthogonality)은 한 언어의 구성자가 문맥이 다르다고 다른 의미를 지녀서는 안 된다는 성질이다.

예를 들어, 매개변수 전달에 있어서 데이터 타입에 상관없이 동일한 전달 방식을 지원하는 경우를 직교성이 있다고 할 수 있다. C에서 배열은 참조 전달 방식인 반면 나머지 모든 매개변수는 값 전달 방식으로 동작하는데 이는 직교성이 부족하다고 할 수 있다.

획일성

획일성(uniformity)은 비슷한 것은 비슷하게 보이고 비슷한 의미를 가져야 하며, 다른 것은 다르게 보이고 다른 의미를 가져야 한다는 원칙이다.

예를 들어, C++에서 클래스 정의 뒤에는 세미콜론(;)이 반드시 있어야 하지만

```
class A { … };
```

함수 정의 뒤에는 세미콜론이 없어야 하는데 이는 획일성이 부족하다고 할 수 있다.

```
void f() { … }
```

간결성

간결성(simplicity)은 단어 뜻 그대로 언어가 복잡하지 않고 간결해야 함을 의미한다.

언어의 구성자 수가 적은 것과 간결한 것은 별개로, LISP와 Prolog 등은 단지 몇 개의 기본 구성자를 갖고 있지만 복잡한 실행 시간 시스템을 필요로 한다. 이러한 간결성은 Pascal의 주요 설계 목표 중 하나였으며 C 언어의 특성 중 하나이기도 하다.

표현력

표현력(expressiveness)은 언어가 복잡한 과정이나 구조를 얼마나 쉽게 표현할 수 있는가를 의미한다.

표현력이 뛰어난 개념으로 LISP와 ALGOL 60 등의 재귀(recursion)가 있다. 다음은 LISP의 재귀 구조를 나타낸 예이다.

```
(defun factorial (n)
       (if (= n 0) 1 (* n (factorial (- n 1)))))
```

표현력은 간결성과 상충될 수 있는데, LISP는 표현력은 뛰어나지만 간결성이 부족한 언어에 해당된다.

확장성

확장성(extensibility)은 사용자가 언어에 새로운 기능을 추가할 수 있도록 하자는 성질이다. 사용자가 새로운 타입을 정의하는 것, 라이브러리에 새로운 함수를 추가하는 것, 번역기에 새로운 키워드를 추가하는 것 등을 언어의 확장성이라 할 수 있다.

확장성이 뛰어난 언어로 LISP를 들 수 있다. 이는 적은 수의 내장 구문을 가지고 있으며 필요에 따라 연산을 추가할 수 있는 기능을 지니고 있기 때문이다.

정확성

정확성(preciseness)은 프로그램의 실행을 예측할 수 있도록 하는 언어에 대한 정확한 정의가 있는지를 의미한다.

언어에 대한 정확한 정의는 프로그램과 번역기의 신뢰성에 도움을 준다. 정확성을 얻기 위한 한 가지 방법은 언어 설계자가 매뉴얼 또는 보고서를 작성하는 것이다. 또 다른 방법은 ANSI(American National Standards Institute), ISO(International Organization for Standardization)와 같은 표준화 기구의 표준안을 채택하는 것인데, C, C++, Ada, LISP 등 대부분의 언어에 이러한 표준안이 채택되었다.

기계 독립성

기계 독립성(machine independence)은 언어가 특정 기계에 의존적이지 않고 독립적인 것을 의미한다.

기계 독립성을 위한 대표적인 방법은 메모리 할당이나 기계 구조 등의 내용과는 독립적인 미리 정의된 데이터 타입을 제공하는 것이다. 그러나 사실상 대부분의 데이터 타입은 기계에 의존적이다. 정수 데이터 타입을 사용할 때 오버플로가 발생하는 것이 이러한 경우의 예라 할 수 있다.

C 언어의 표준 라이브러리 limits.h에서 정의하고 있는 상수인 INT_MIN, INT_MAX 등이 기계 독립성을 위한 좋은 예라 할 수 있다.

제약성

제약성(restrictability)은 언어에 대한 최소한의 지식과 일부 언어 구조만 알고 있더라도 프로그램을 작성할 수 있는 성질을 의미한다.

제약성을 통해 프로그래머는 언어 전체를 배우지 않아도 되고, 번역기 구현자는 언어의 일부만을 선택해서 구현해도 되는 장점을 얻을 수 있다.

보안성

보안성(security)은 프로그래밍 오류를 줄이고 오류 발견을 쉽게 하는 언어를 설계하는 원칙이다.

보안성은 신뢰성과 정확성에 밀접한 연관을 가지고 있으며, 프로그래머가 범할 수 있는 오류의 수를 최소화하자는 것이다. 이 원칙으로 인해 언어 설계자들이 프로그래밍 언어에 데이터 타입, 타입 검사, 변수 선언 등을 도입하게 된 것이다.

저자 한마디

프로그래밍 언어의 선택 기준

한 연구에 의하면 3년 이상 사용해 온 언어로 프로그램을 작성하는 경우가 그렇지 않은 경우보다 30% 정도의 생산성 향상을 가져온다고 하고 있다. 또 다른 연구에서는 C++, Java, Visual Basic과 같은 고급 언어를 사용하는 프로그래머가 Assembly나 C 같은 저급 언어를 사용하는 프로그래머보다 생산성과 품질이 높다고 하고 있다.

그러므로 무엇보다 본인에게 친숙하고 쉬운 언어를 선택하는 것이 바람직할 것이다.

Tip C는 고급 언어와 저급 언어의 특징을 모두 지니고 있으므로, 저급 언어에 속한다고 볼 수도 있다.

Section

03 프로그램 처리 기법

고급 언어로 작성된 프로그램을 컴퓨터가 바로 인식해서 실행할 수가 없다. 그러므로 고급 언어로 작성된 프로그램을 컴퓨터가 인식할 수 있는 형식으로 변환하는 과정을 거쳐야 하는데 이 절에서 살펴본다.

고급 언어로 작성된 프로그램이 실행되도록 처리하는 방법은 크게 3가지로 구분할 수 있는데, 컴파일 기법, 해석 기법, 하이브리드 기법이 이에 해당된다. 그러면 이들에 대해 살펴보자.

1. 컴파일 기법

컴파일(compile)은 고급 언어로 작성된 프로그램을 컴퓨터가 바로 실행할 수 있는 프로그램으로 변환하는 방식을 의미하는데, 컴파일하는 프로그램을 컴파일러(compiler)라 한다. 이 기법은 번역이 완료되면 빠르게 프로그램을 실행시킬 수 있는 장점이 있다.

[그림 1-1] C 언어 컴파일러의 하나인 GCC(GNU Compiler Collection) 로고

여기서 컴파일러의 입력이 되는 고급 언어로 작성된 프로그램을 원시 프로그램(source program)이라 하고, 컴파일의 결과로 생성되는 기계어 프로그램을 목적 프로그램(object program)이라 한다.

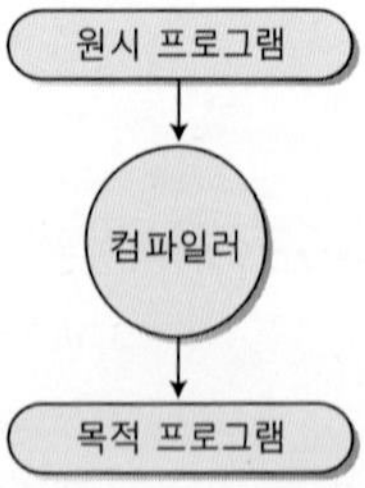

[그림 1-2] 컴파일 기법

다음은 gcc로 helloworld.c 원시 프로그램을 컴파일하는 명령이다.

```
$ gcc helloworld.c Enter↵
$
```

이와 같이 컴파일러에 의해 생성된 목적 프로그램을 컴퓨터가 실행하는데 이때 입력이 있을 수 있다.

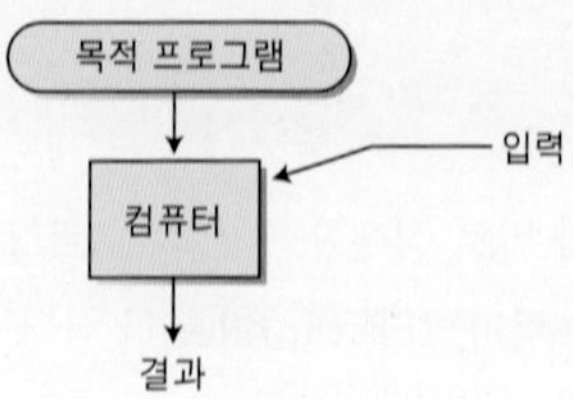

[그림 1-3] 목적 프로그램의 실행

다음은 바로 앞에서 gcc로 컴파일한 목적 프로그램을 실행하는 명령이다.

```
$ a.out Enter↵
Hello World
$
```

이러한 컴파일은 다음과 같이 몇 단계로 나뉜다.

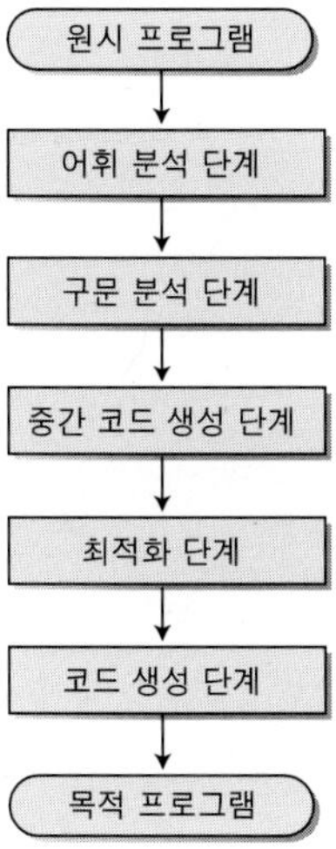

[그림 1-4] 컴파일 단계

어휘 분석 단계

원시 프로그램을 우선 토큰(token)이라는 단위로 자르고 이러한 토큰과 관련 정보를 구문 분석 단계로 전달한다.

토큰은 원시 프로그램에서 프로그래밍 언어의 가장 작은 구성 요소를 의미한다.

예를 들어 다음과 같은 문장이 있다고 하자.

```
A = 3 + (5 - 2)
```

그러면 이 단계에서 A, =, 3, +, (, 5, −, 2,)라는 토큰으로 자르고 이와 관련된 정보와 함께 다음 단계로 전달한다.

구문 분석 단계

어휘 분석 단계에서 전달받은 토큰들이 문법적으로 옳은지를 검사하고, 오류가 없으면 파스 트리라 불리는 구조를 생성한다.

다음은 A = 3 + (5 − 2)에 대한 파스 트리로, 파스 트리에 대해서는 3장에서 살펴볼 것이다.

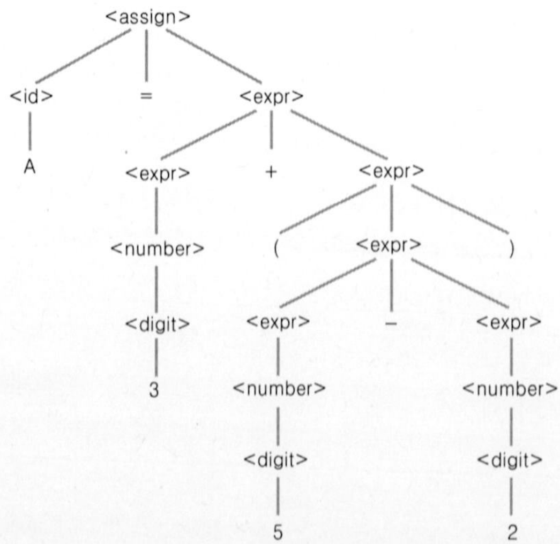

중간 코드 생성 단계

기계어는 아니지만 어느 기계에도 의존적이지 않으면서도 기계어에 가까운 중간 코드로 된 프로그램을 생성한다. 이 과정에서 문법적인 오류가 아닌 의미적인 오류를 검사한다.

다음은 A = 3 + (5 – 2)에 대한 중간 코드의 예이다.

```
(sub 5 2 T0)  … 'T0 = 5 - 2'를 의미한다.
(add 3 T0 T1) … 'T1 = 3 + T0'을 의미한다.
(mov T1 A)    … 'A = T1'을 의미한다.
```

최적화 단계

중간 코드에서 불필요한 코드를 제거하거나 더 효율적인 코드로 개선하여 중간 코드의 크기를 줄이고 실행 속도를 빠르게 한다.

예를 들어 다음의 중간 코드에서 더 이상 B와 C에 대한 사용이 없다면

```
(mov 10 A)    … 'A = 10'을 의미한다.
(mov A B)     … 'B = A'를 의미한다.
(mov B C)     … 'C = B'를 의미한다.
(add C 2 D)   … 'D = C + 2'를 의미한다.
```

이 단계에서 불필요한 코드를 제거하여 다음과 같이 최적화시킬 수 있다.

```
(mov 10 A)      … 'A = 10'을 의미한다.
(add A 2 D)     … 'D = A + 2'를 의미한다.
```

코드 생성 단계

코드 생성 단계에서는 최적화된 중간 코드로부터 해당 컴퓨터가 인식할 수 있는 목적 프로그램을 만들어낸다.

❷ 해석 기법

컴파일은 고급 언어로 작성된 원시 프로그램을 실행하기 적당한 형태의 프로그램으로 변환한다. 반면 해석(interpretation)은 고급 언어로 작성된 프로그램을 바로 실행하는데 이때 인터프리터(interpreter)라 불리는 프로그램이 이 일을 담당한다.

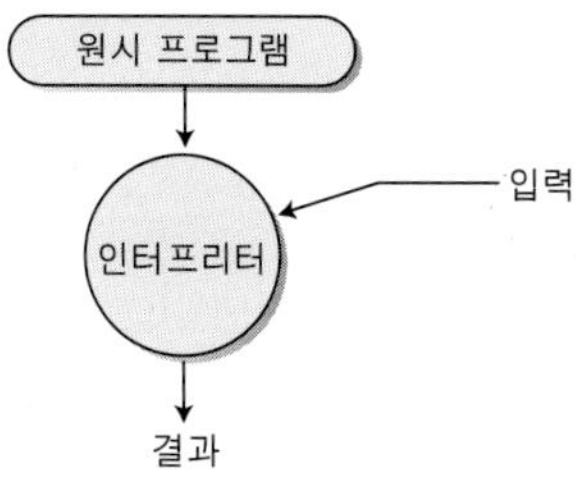

[그림 1-5] 해석 기법

인터프리터는 고급 언어를 자신의 기계어로 취급하는 컴퓨터를 시뮬레이션한 것이라 보면 된다.

1960년대 SNOBOL, LISP, Scheme 등이 해석 기법으로 구현되었으나 한동안 사용되지 않다가 최근 들어 JavaScript와 같은 웹 스크립트 언어가 해석 기법으로 구현되고 있다.

다음은 Scheme 인터프리터를 이용해서 프로그램을 실행하는 예이다.

```
=> (* 2 3 4)
Value: 24
```

❸ 하이브리드 기법

하이브리드(hybrid) 기법은 컴파일 기법과 해석 기법을 혼합한 형태로, 우선 고급 언어로 작성된 프로그램을 해석이 쉽게 되도록 하기 위해 중간 코드 형태로 번역하고 이렇게 번역된 중간 코드 형태의 프로그램을 해석하여 실행한다.

하이브리드 기법의 처리 과정은 [그림 1-6]과 같다. 중간 코드 생성 단계까지는 컴파일 기법으로 동작하고 중간 코드를 실행하는 과정은 해석 기법으로 동작한다.

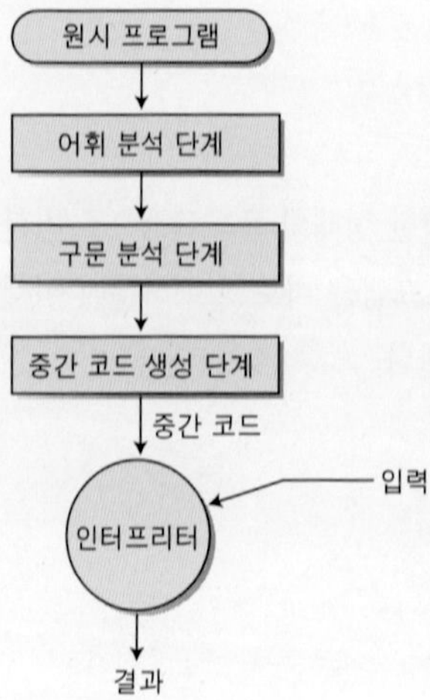

[그림 1-6] 하이브리드 기법

하이브리드 기법으로 동작하는 예에는 Java를 들 수 있다. 우선 바이트 코드(byte code)라 불리는 중간 코드로 번역하고 운영체제마다 별도로 존재하는 자바 가상 기계(Java Virtual Machine)가 바이트 코드를 실행한다.

다음은 HelloWorld.java 원시 프로그램을 바이트 코드로 번역하는 명령이다.

```
$ javac HelloWorld.java Enter↵
$
```

그리고 다음은 바이트 코드를 실행하는 명령이다.

```
$ java HelloWorld Enter↵
Hello World
$
```

Section

04 프로그래밍 패러다임

프로그래밍 언어는 사람이 사용하기 편리한 정도에 따라 저급 언어와 고급 언어로 분류할 수 있다고 앞에서 살펴보았다. 이 절에서는 패러다임, 즉 계산의 본질을 보는 관점에 따라 프로그래밍 언어를 분류하는 방법에 대해 살펴본다.

프로그래밍 언어는 패러다임에 따라 명령형 언어, 함수 언어, 논리 언어, 그리고 객체지향 언어로 분류할 수 있다.

1 명령형 언어

명령형 언어(imperative language)는 폰 노이만 구조라 불리는 컴퓨터 구조를 기반으로 한다. 폰 노이만 구조의 컴퓨터는 메모리에 저장된 명령어들을 순차적으로 실행하며 실행 과정 중에 필요한 데이터를 메모리에 저장하는 특징이 있다. 이러한 폰 노이만 모델의 특징을 그대로 따르는 명령형 언어는 명령의 순차적인 실행, 메모리 위치를 의미하는 변수의 사용, 변수의 값을 바꾸는 배정문의 사용을 특징으로 갖는다.

다음 C 코드는 명령형 언어의 특징을 보여 준다. 변수 x와 y를 사용하고, 배정문 '=' 을 사용하며, 위에서부터 아래로 순차적으로 실행되는 것을 볼 수 있다.

[소스 1-1] 명령형 언어인 C 언어의 예

```
int main(void)
{
    int x, y;
    x = 10;
    y = x + 20;
    return 0;
}
```

❷ 함수 언어

함수 언어(functional language)는 수학 함수와 같은 원리의 함수들로 프로그램을 구성하는 언어이다. 명령형 언어에서 사용하는 변수, 배정문 등을 사용하지 않고 프로그램을 구성한다.

함수 언어에 대해서는 10장에서 살펴볼 것이다.

다음은 함수 언어인 LISP 예로 first와 sort는 함수로 미리 정의되어 있어야 한다.

```
(first (sort '(3 9 7 5)))
```

❸ 논리 언어

논리 언어(logic language)는 기호 논리의 원리를 기반으로 하는데, 개체에 대한 사실과 개체 사이의 관계 규칙을 이용해서 원하는 결과를 얻어낸다.

논리 언어의 대표적인 언어에는 Prolog가 있다. 다음은 Prolog 사실과 규칙의 예이다.

```
father(a, c).
male(X) :- father(X, Y).
```

논리 언어에 대해서는 11장에서 살펴볼 것이다.

그리고 다음은 이에 대한 질의의 예이다.

```
male(a).
```

❹ 객체지향 언어

객체지향 언어(object-oriented language)는 앞에서 살펴본 세 패러다임과는 독립적인 관점의 패러다임으로, 명령형 언어, 함수 언어, 논리 언어 어느 것과도 결합이 가능하나 C++와 같이 명령형 언어를 확장한 객체지향 언어가 일반적이다.

객체지향 언어는 객체(object)라는 단위로 모든 처리를 기술한다. 객체는 데이터들과 이러한 데이터들과 연관된 동작들이 하나로 묶인 개념이라 생각하면 된다.

다음은 간단한 C++ 예로 emp가 객체에 해당된다.

```
class employee {
private:
   char *name;
public:
   employee(char *na) {
      name = new char[strlen(na)+1];
      strcpy(name, na);
   }
   ~employee() {
      delete []name;
   }
   char* getName() {
      return name;
   }
};

employee emp("abc");
```

emp의 구조는 다음과 같다.

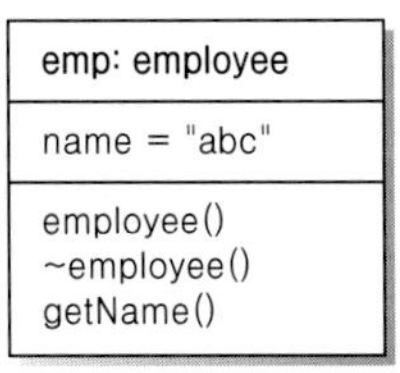

[그림 1-7] 객체 emp의 구조

객체지향 언어는 추상 데이터 타입, 상속, 동적 바인딩이라는 개념을 지원한다.

객체지향 언어에 대해서는 9장에서 살펴볼 것이다.

요약

1 프로그래밍 언어는 컴퓨터 시스템을 동작시키는 프로그램을 작성하기 위한 언어이다.

2 프로그래밍 언어는 사람이 사용하기 편리한 정도에 따라 저급 언어(low level language)와 고급 언어(high level language)로 분류된다.

3 저급 언어는 초기에 사용되던 하드웨어 지향의 기계 중심 언어로, 하드웨어와 밀접한 기능을 제어하는 프로그램을 작성하는 데 주로 사용된다.

4 고급 언어는 사람이 사용하는 기호 체계와 매우 흡사하며 기종에 관계없이 거의 동일하게 표현된다.

5 좋은 프로그래밍 언어를 설계하는 원칙에는 효율성, 일반성, 직교성, 획일성, 간결성, 표현력, 확장성, 정확성, 기계 독립성, 제약성, 보안성 등이 있다.

6 고급 언어로 작성된 프로그램이 실행되도록 처리하는 방법에는 컴파일 기법, 해석 기법, 하이브리드 기법이 있다.

7 컴파일 기법은 고급 언어로 작성된 프로그램을 컴퓨터가 바로 실행할 수 있는 프로그램으로 변환하는 방식을 의미한다.

8 해석 기법은 고급 언어로 작성된 프로그램을 바로 실행하는 방식을 의미한다.

9 하이브리드 기법은 컴파일 기법과 해석 기법을 혼합한 형태로, 우선 고급 언어로 작성된 프로그램을 해석이 쉽게 되도록 하기 위해 중간 코드 형태로 번역하고 이렇게 번역된 중간 코드 형태의 프로그램을 해석하여 실행한다.

10 프로그래밍 언어는 패러다임에 따라 명령형 언어, 함수 언어, 논리 언어, 그리고 객체지향 언어로 분류한다.

11 명령형 언어는 명령의 순차적인 실행, 메모리 위치를 의미하는 변수의 사용, 변수의 값을 바꾸는 배정문의 사용을 특징으로 갖는다.

12 함수 언어는 수학 함수와 같은 원리의 함수들로 프로그램을 구성하는 언어로, 명령형 언어에서 사용하는 변수, 배정문 등을 사용하지 않고 프로그램을 구성한다.

13 논리 언어는 기호 논리의 원리를 기반으로 하는데, 개체에 대한 사실과 개체 사이의 관계 규칙을 이용해서 원하는 결과를 얻어낸다.

14 객체지향 언어는 객체라는 단위로 모든 처리를 기술한다.

연습문제

1 프로그래밍 언어를 사람이 사용하기 편리한 정도에 따라 분류하고 특징을 설명하여라.

2 좋은 프로그래밍 언어를 설계하는 원칙을 나열하고 설명하여라.

3 고급 언어로 작성된 프로그램이 실행되도록 처리하는 기법을 나열하고 특징을 설명하여라.

4 다음 컴파일 단계에서 (가)와 (나)에 들어갈 내용은?

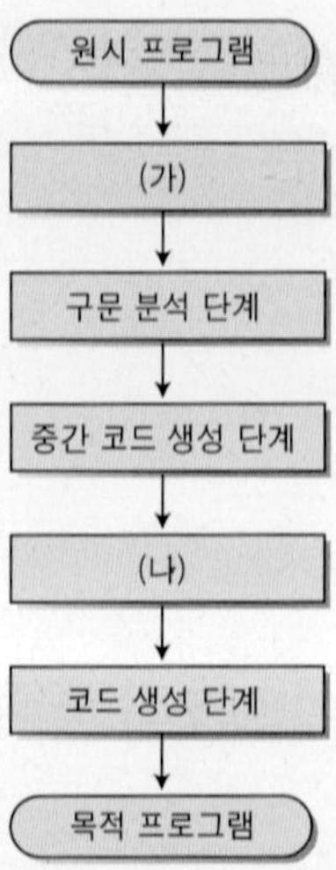

5 프로그래밍 언어를 패러다임에 따라 분류하고 특징을 설명하여라.

Chapter

02

프로그래밍 언어의 역사

＊학습목표

- 컴퓨터의 발전과 함께 시작된 프로그래밍 언어의 역사를 살펴본다.
- 0과 1로 이루어진 기계어로 시작해서 현재의 언어에 이르기까지 간단한 특징을 살펴본다.

Section

01 개요

프로그래밍 언어의 역사는 1940년대 디지털 컴퓨터의 발전과 함께 시작된다고 할 수 있다. 1940년대 말 폰 노이만(von Neumann)에 의해 세계 최초로 프로그램 내장 방식의 컴퓨터가 등장한 이후, 프로그래밍 언어의 역사는 급속도로 발전하였다. 우리가 일반적으로 말하는 프로그래밍 언어는 프로그램 내장 방식 컴퓨터에 대한 계산 과정을 기술할 수 있을 때부터 시작한다.

0과 1로 이루어진 기계어로 시작해서 현재 자연 언어에 가까운 프로그래밍 언어가 등장하기까지 어떠한 과정을 거쳤는지 연대순으로 살펴볼 것이다. 먼저 시기에 따른 대략적인 특징과 언어의 종류에 대해 정리하면 [표 2-1]과 같다.

[표 2-1] 시기에 따른 프로그래밍 언어의 특징과 언어의 종류

시기	특징	주요 프로그래밍 언어
1950년 이전	디지털 컴퓨터 이전의 언어	Plankalkül
1950년대	최초의 프로그래밍 언어	어셈블리 언어, Autocode, FORTRAN, APL, LISP
1960년대	프로그래밍 언어의 범람	ALGOL 60, COBOL, PL/I, BASIC, Logo
1970년대	단순성, 추상화, 프로그래밍 언어에 대한 연구	Pascal, C, Smalltalk, Prolog, Scheme, CLU
1980년대	새로운 방향과 객체지향의 부상	Modula 2, Ada, C++, Perl, Python
1990년대	통합, 인터넷, 라이브러리, 그리고 스크립트	Visual Basic, Java, JavaScript, PHP

그러면 시기에 따른 프로그래밍 언어의 특징에 대해 살펴보자.

Section

02 프로그래밍 언어의 변천사

1. 1950년 이전

1945년 : 폰 노이만(von Neumann) 개념

폰 노이만(John von Neumann, 1903~1957)이라는 수학자는 컴퓨터 프로그램의 언어 발전 과정에 직접적으로 영향을 주게 되는 두 개의 중요한 개념을 개발하였다.

[그림 2-1] 폰 노이만 (출처 : en.wikipedia.org)

프로그램 내장 방식(shared-program technique)으로 알려진 첫 번째 개념은 메모리에 프로그램을 저장하고 프로그램 명령어들을 차례대로 실행하는 것으로 현재 대부분의 컴퓨터들이 이 방식을 적용하고 있다. 이 방식은 배선반을 비롯한 하드웨어는 그대로 둔 채 작업을 위한 프로그램만 교체해서 메모리에 올리면 동작하므로 하드웨어를 변경해야 하는 기존 방식의 문제점이 해결되었다.

조건 제어 전이(conditional control transfer)라는 두 번째 개념은 정해진 순서대로만 수행하도록 만들어진 하나의 프로그램이 아니라 어떠한 순서로도 이동하여 실행될 수 있는 코드의 소모임인 서브루틴 개념이다. 폰 노이만은 컴퓨터 코드가 'IF~THEN' 과 같은 조건 구조와 'FOR' 와 같은 반복 구조가 가능하여야 한다고 주장하였다. 이러한 개념은 후에 반복해서 쓰일 수 있는 코드 모음인 라이브러리(libraries) 개념의 시초가 된다.

1943년 : Plankalkül

독일인 과학자인 콘라트 추제(Konrad Zuse, 1910~1995)는 바이에른 알프스에 은신하며 홀로 연구하면서 플란칼퀼(Plankalkül)을 개발하였다. 그는 이 언어를 체스에 적용하였지만 궁극적인 개발 목적은 2진 산술연산에 사용된 Konrad Z 시리즈 컴퓨터를 위해서였다.

데이터 구조 분야에서 가장 단순한 타입인 단일 비트를 제공하고 정수 타입과 부동소수점 수치 타입을 지원한다. 또한 배열과 레코드도 제공하는데 다른 레코드를 레코드의 원소로서 포함할 수 있다.

Plankalkül은 당시 매우 진보적인 특징을 지닌 프로그래밍 언어였지만, 실제로 이 언어가 구현되지는 않았다.

[그림 2-2] 콘라트 추제 (출처 : en.wikipedia.org)

❷ 1950년대

1950년대 : 어셈블리 언어

1950년대 컴퓨터가 상업화되면서 복잡한 기계어 대신 어셈블리 언어(assembly language)라고 하는 대체 언어를 사용하게 되었다. 어셈블리 언어는 어려운 기계어의 코드를 move, jump, branch 등과 같은 쉬운 명령어로 나타낸 것이다. 기계어와 어셈블리 언어는 기계 의존적이며 자연 언어와는 차이가 나는 구문을 사용했기에 저급 언어(low level language)라 불린다.

1952년 : Autocode

에릭 클레니(Alick E. Glennie, 1925~2003)가 맨체스터 대학에 있을 때, 오토코드(Autocode)라는 기초 컴파일러를 개발하였다. Autocode는 Mark I 컴퓨터에서 사용되었다. Autocode에서 개발된 프로그램은 저장이 가능하였으며, 사용할 때는 불러다 쓰기만 하면 되었다. 서브루틴이라는 개념도 이때 생겨났다.

서브루틴은 부프로그램, 함수와 같은 개념이다.

1957년 : FLOW-MATIC과 최초의 컴파일러

그레이스 호퍼(Grace Hopper, 1906~1992)는 1951년에 A-0이라 불리는 최초의 컴파일러를 개발하였다.

[그림 2-3] 그레이스 호퍼 (출처 : en.wikipedia.org)

1949년에 호퍼는 수석 수학자로서 '에커트-머클리(Eckert-Mauchly)' 컴퓨터 회사에 취직하였고, UNIVAC 컴퓨터를 개발한 에커트(John Eckert), 머클리(John Mauchly)와 함께 일하였다. 그곳에 있는 동안 호퍼는 프로그래머들의 명령어를 컴퓨터 코드로 번역하는 개량된 컴파일러를 설계했다.

1957년에는 공동 개발한 A-0 컴파일러의 새 버전을 발표하였는데, 이는 Math-Matic이라 불려지는 최초의 영문 데이터 처리 컴파일러이다.

그 다음으로 개발된 것으로는 오늘날 어셈블리어라 불리는 A-2이다. A-0, A-2는 수준이 높은 언어로 작성된 프로그램을 좀 더 수준이 낮은 언어의 프로그램으로 변환해 주는 전처리 제어 시스템으로, 이후 Hopper A-3과 AT-3으로 발전되었다. 수학적 특징을 지닌 이 언어들은 각각 'Arith-Matic'과 'Math-Matic'이라는 이름으로 바뀌게 되었다. Flow-

Matic은 그 당시 유일한 비즈니스 언어였으며 1959년에 COBOL 언어를 설계하는 데 기초가 되었다.

Flow-Matic은 UNIT-PRICE와 INVENTORY와 같은 짧은 기호식 이름 대신에 데이터 이름을 이용하고, 명령에 DIVIDE와 COMPARE와 같은 영어 단어를 이용하며, 각각의 데이터에 긴 기계용 언어를 적게 사용하는 등 대다수의 프로그래머로부터 인정받은 공인된 기술을 사용했다.

1957년 : FORTRAN I의 개발

최초의 대중 컴퓨터 언어는 FORTRAN이다. FORTRAN은 FORmula TRANslating system의 약자이다. FORTRAN은 과학 계산 목적으로 IBM에서 설계되었다. 구성 요소는 매우 단순했고, 프로그래머는 간단하게 프로그래밍할 수 있게 되었다. 이 언어는 IF, DO, GOTO 구문을 포함하고 있으며, 오늘날 언어에서 사용되고 있는 데이터 형식들도 FORTRAN에서 시작되었다. 이들 데이터 형식들 중에는 논리 변수(TRUE 또는 FALSE), 숫자 변수(정수, 실수, 이중 정밀도 형식)들이 포함되어 있었다.

FORTRAN 개발자들은 최초로 성공적인 고급 언어를 만들었으며, 매우 효율적인 코드를 생산해 내는 최적화 컴파일러도 만들었다.

이러한 FORTRAN 컴파일러는 1954~1957년의 기간 동안 창조적으로 설계되고 작성되었으며 곧바로 세간의 관심을 끌었다. FORTRAN 컴파일러는 불과 몇 시간 안에 발전소 원자로의 인수 값을 계산할 수 있었고, 전문 프로그래밍 기술도 그렇게 많이 필요하지 않았기 때문이다. 이 언어의 또 다른 큰 장점은 호환성이 좋다는 점이다. FORTRAN은 어셈블리 언어를 누르고 과학 및 방위 산업 연관 단체에 채용되는 등 우주 항공 프로그램과 방위산업 프로젝트들에서 광범위하게 사용되었다.

1957년 : APL

아이버슨(Kenneth Iverson)은 입출력 기능과 호환성이 있는 언어인 APL을 개발하였다. APL은 간결한 체계와 특수한 비 ASCII 성질을 가진 수학적인 언어로, 수학과 행렬을 다루는 데 유용하다.

이 언어는 데이터 집합에 대한 복잡한 연산을 하나의 기호를 사용하여 수행할 수 있다는 장점을 가졌다. 하지만 수학적 응용 분야에서 아직까지 쓰이고 있긴 하나 제어 구조가 없고,

특별한 단말기에만 존재하는 그리스 기호를 사용하므로 문자를 이해하기 어렵다는 단점이 있다.

1962년에 출판된 아이버슨의 『프로그래밍 언어(A Programming Language)』에 APL의 특징에 대하여 기록되어 있는데, APL을 사용한다면 매우 짧은 시간 안에 복잡한 동작을 처리할 수 있다고 언급하고 있다.

APL은 데이터 집합에 대한 복잡한 연산을 하나의 기호를 사용하여 수행할 수 있다는 장점 때문에 과학, 금융, 계량 경제학의 분야에서 아직까지도 사용되고 있다.

1958년 : FORTRAN II

FORTRAN II 컴파일러는 FORTRAN I 컴파일러에 포함된 버그를 수정해서 개발되었다. 가장 큰 특징은 서브루틴을 분리해서 컴파일할 수 있는 점인데, 프로그램이 수정되었을 때 프로그램 전체를 컴파일할 필요없이 수정된 서브루틴만 컴파일하면 되는 장점을 지닌다.

1959년 : LISP

MIT의 존 매카시(John McCarthy)는 LISP 언어를 만들었다. 그것은 인공 지능 분야에서 사용되기 위해 고안되었고, LISP 등장 이전에는 볼 수 없었던 체계를 가지게 되었다. LISP 1.5 버전은 1959년에 등장했고, 1970년대와 1980년대 초에 LISP의 많은 파생 언어들이 개발되고 사용되었는데 이로 인해 호환성 문제가 대두되었다. 이러한 문제를 개선하기 위해 COMMON LISP라는 표준 버전이 개발되었다.

LISP와 다른 언어와의 가장 명백한 차이점은 함수형 언어로 지식이나 규칙을 절차적으로 기술하였다는 것이다. LISP 프로그램들은 일련의 리스트 형태로 된 데이터를 처리하도록 설계되었다. 프로그램과 데이터가 같은 형태이기 때문에 데이터 구조가 프로그램처럼 실행될 수 있으며, 프로그램이 데이터처럼 연산될 수도 있다. LISP 체계는 불 논리의 기준과 다른데, 다음의 예와 같다.

```
OR(x,y)  … LISP에서 사용되는 형식
x OR y   … 불 논리의 기준
```

LISP는 매우 특수하고 추상적인 성질 때문에 인공지능 분야에서 오늘날까지도 사용되고 있다. 스트링 조절기, 반복, 종료, 반환, 배열, 광범위한 입출력 기능을 제공한다.

❸ 1960년대

1960년 : ALGOL 60

ALGOL 60(ALGOrithmic Language)은 기계에 종속적이지 않은 언어의 필요성을 느껴 결성된 미국과 유럽의 공동위원회에 의해 1958년부터 1960년에 걸쳐서 개발된 언어이다. ALGOL은 FORTRAN의 많은 특징을 포함하고 있으며, 여러 가지 새로운 구조와 개념이 추가되었다. 새롭게 추가된 대표적인 특징은 블록 구조 개념의 도입과 재귀호출 기능의 도입인데, 이러한 특징은 이후에 개발된 대부분의 언어에 포함되게 된다.

BNF에 대해서는 3장에서 살펴볼 것이다.

ALGOL 60 언어의 구문은 배커스-나우어 형식(Backus-Naur Form, BNF) 표기법으로 기술되었는데, 이후 대부분의 프로그래밍 언어 정의에 BNF 표기법이 사용되고 있다.

ALGOL이 기존과 매우 다른 독특한 구조를 지녔음에도 불구하고 유럽에서 1960년대 중후반에 인기를 끌었으며, Pascal, C, C++, Java와 같은 다른 언어를 만들어낼 수 있는 근간이 되었다.

1960년 : COBOL

FORTRAN은 숫자를 다루는 데 유용하게 쓰였지만 사무 처리 분야에 필요한 입력과 출력을 다루는 데에는 매우 불편하였다. COBOL(COmmon Business Oriented Language)은 사무 처리용으로 만들어진 언어로, 미국 국방부를 중심으로 결성된 그룹인 CODASYL(Conference on Data System Language)에 의해 개발되었다. 데이터 타입은 숫자와 문자열이며, 데이터를 찾기 쉽고 잘 정리할 수 있도록 열과 레코드로 분류하였다. COBOL은 영어와 유사한 어법을 가지므로 특히 사무직원들이 배우기 쉬웠다.

COBOL 프로그램은 보통 식별부(identification), 표지부(environment), 데이터부(data), 절차부(procedure)의 4부분으로 구성되어 있다. COBOL은 범위 확인과 출력 형식, 광범위한 문자열을 다룰 수 있도록 지원한다. 또한 단순한 흐름 통제 구조를 지니고 있으며, 수치 변수는 이진법과 십진법을 사용한다. 레코드 구조와 열은 데이터를 정리하는 일차적 수단이지만 포인터나 참조는 이용할 수 없다. 종종 데이터베이스와 함께 사용될 뿐만 아니라 광범위한 데이터베이스를 지원한다. 복잡한 계산에는 비효율적이며 간혹 재귀를 지원하지 않기도 하고 코드의 작성량이 많다는 단점이 있다.

1962년 : FORTRAN Ⅳ

1961년에 출시된 FORTRAN III는 FORTRAN II에서 FORTRAN Ⅳ로 넘어갔기 때문에 실제로는 사용되지 않았다. FORTRAN Ⅳ는 FORTRAN II의 COMMON과 EQUIVALENCE 실행의 향상뿐만 아니라 변수의 명시적 타입 선언, 논리 IF문, 부프로그램을 매개변수로 다른 부프로그램에 전달할 수 있는 기능 등을 포함하였다. FORTRAN Ⅳ는 초기 FORTRAN이 가진 호환성을 유지하기 위해 이용되었으며, 1977년 ANSI FORTRAN이 개발될 때까지 표준으로 남아 있었다.

1963년 : SNOBOL

Bell 실험실에서 3명에 의해 고안된 SNOBOL은 문자열 처리에 초점을 맞추어 개발된 언어이다. 따라서 SNOBOL은 문자열 패턴에 관련된 강력한 연산들의 집합을 가지고 있다. 프로그래밍 구조나 프로그램 작성 전에 실시하는 초안 구상의 비효율성, 그리고 번역 프로그램의 실행 문제 때문에 SNOBOL은 현재 사용되지 않는다. 이러한 단점에도 불구하고 SNOBOL은 1971년에 FASBOL, SNOBOL 컴파일러, SPITBOL 개발의 효시가 되었다.

1964년 : PL/I

PL/I는 1963년에 IBM에 의해 발명되어 1964년에 IBM System/360 컴퓨터와 동시에 출시된 크고 복잡한 블록 구조 언어이다. PL/I는 1980년대 초기까지 IBM 위원회에 의해 널리 이용되었는데, 다음과 같은 기능들을 포함하고 있다.

- 함수와 프로시저
- 수치 데이터형
- 배열과 레코드 데이터 타입
- 재귀호출 및 제어 구조
- 문자열
- COBOL 스타일 '그림' 포맷
- 스트림, 레코드, 입출력 기능
- 비트 문자열
- 포괄(generic)
- 인터럽트

- 동적 메모리 관리
- 다중처리

PL/I는 ALGOL의 프로그램 구조, 의미론, FORTRAN의 계산, COBOL의 데이터 구조, 입출력 등 가장 좋은 특징만을 지닌 언어로 만들고자 하였다. 하지만 PL/I는 작성하기가 어려웠고 방대하고 느렸으며, 초기에는 신뢰성마저 없었다. 또한 여러 가지 언어의 특성을 통합한 복잡성으로 인해 예기치 않은 상호작용을 발생시켜, 사용하는 데 오류가 빈번하게 발생했다.

1964년 : BASIC

BASIC(Beginner's All-purpose Symbolic Instruction Code)은 프로그램 초급자, 특히 '컴퓨터 과학'을 모르는 초급자들이 언어를 쉽게 다룰 수 있도록 1964년 다트머스(Dartmouth) 대학의 두 명의 대학생인 커메니(John G. Kemeny)와 쿠르츠(Thomas E. Kurtz)에 의해 고안되었다. 최초의 BASIC은 간단한 문법 구조로 이루어져 있으며, 제어 구조는 GOTO 문과 GOSUB 문으로 구성되었다. 반복문이 가능하며 수치, 문자열, 배열 데이터 타입을 제공하였다.

BASIC은 1965년 이래로 꾸준한 인기를 누리고 있으며, Visual Basic과 같은 현대의 BASIC은 객체, 라이브러리, GUI, 데이터베이스, 효율적인 컴파일러, 자동적인 동적 메모리 관리 등을 지원한다. 하지만 BASIC은 프로그램 이식성이 부족하며 작성된 프로그램의 구조가 빈약하다는 것이 단점이다.

1966년 : Logo

Logo는 아이들에게 프로그래밍과 문제 해결 원리를 가르치기 위해 고안된 교육용 프로그래밍 언어이다. 간단한 문법과 그래픽 지향적 특징을 지니고 있으며, 특히 LISP와 연관된 언어로 기호와 숫자, 리스트, 간단한 제어 구조를 가진 단순한 데이터 체제를 제공한다. Logo의 규모는 작지만 LISP처럼 매우 복잡한 곳에도 사용할 수 있다.

Logo에서 주된 개념은 거북이(turtle)가 이동하면서 그림을 그리는 것이다. Logo에서 몇몇의 명령문이 거북이를 움직이고 주기적으로 순환시키며 원하는 그림을 그리게 된다.

Logo는 PC/Windows, Macintosh, UNIX 플랫폼에서 이용 가능하다. 1993년에 새롭

게 출시된 Logo는 소리와 이미지, 다중 처리가 가능해졌다. 처음에는 교육을 위해 이용되었지만 점차 인공지능뿐만 아니라 로봇 공학, 그래픽을 생성하는 일에도 이용되어져 왔다.

1967년 : BCPL

1966년 케임브리지 대학에서 개발된 BCPL의 첫 번째 구현은 1967년 MIT에서였다. BCPL이란 Basic Combined Programming Language의 약어이다. BCPL은 초기의 블록 구조 절차 언어와 같았고 규모가 작은 애플리케이션 프로그램 개발에 이용되었다. BCPL은 1970년대에 개발된 B와 C 프로그래밍 언어에 영향을 미쳤다. BCPL이 지원하는 데이터 타입은 정수, 실수, 비트 패턴, 입출력 스트림, 다양한 종류의 참조, 벡터 등이다. 문자열은 상수로서 이용되어질 수 있다.

4. 1970년대

1970년 : Forth

무어(Charles Moore)에 의해 개발된 Forth는 매우 간단한 문법을 지닌 스택 기반 언어로서, 효율성과 단순성을 목적으로 고안되었고 규모가 작다. Forth의 모든 데이터 조작은 데이터 스택에서 발생하며, 스택을 처리하기 위해 몇 개의 연산자를 사용했다. 또한 수치와 문자열 타입, 배열 및 If-Else, While-Do, 그리고 For-Next 등과 같은 제어문을 제공한다.

1971년 : Pascal

1971년에 개발된 Pascal은 이후에 개발된 거의 모든 블록 구조 언어에 영향을 미칠 정도로 성공한 언어이다. 스위스 취리히 공과 대학의 니클라우스 비르트(Niklaus Wirth) 교수에 의해 개발된 Pascal은 프로그래밍을 가르치는 교육용으로 만들어졌다. 이 언어는 사용자가 복합적인 구조의 데이터 구조를 정의할 수 있으며, 별명(aliasing), 포인터 등의 특징을 지니고 있을 뿐만 아니라, 배열 및 가변 레코드와 정수의 부분 집합을 새로운 타입으로 정의할 수 있는 특징이 있다.

원래 Pascal 언어는 ALGOL로부터 개념 구조를 빌려온 것이다. Pascal은 단순하고 배우기가 쉬우며, 명쾌한 구조를 지님으로써 1970년대에 성공한 언어 중의 하나가 되었다.

1971년 : C

데니스 리치(Dennis M. Ritchie)에 의해 개발된 C 언어는 처음에 시스템 프로그래밍을 위해서 설계되었지만, 점차 폭넓고 다양한 응용 분야에 모두 사용되었다.

[그림 2-4] 데니스 리치 (출처 : www.flickr.com)

C 언어는 다양한 응용 분야에 사용될 수 있도록 풍부한 제어문과 간단한 데이터 구조를 사용하며, 다양한 표현을 허용하기 위한 풍부한 연산자를 제공한다. 그 외에 함수, 포인터, 간단하면서도 유용하게 사용할 수 있는 입출력 장치들, 강력한 매크로 선행처리기 등을 지원한다. C는 UNIX뿐만 아니라 PC, Macintosh, 메인프레임 그리고 다른 컴퓨터 환경에서 사용할 수 있다.

C는 어셈블리어보다 더 강력하며, 빠르게 코드 기록을 하는 언어이다. 또한 C는 장치 드라이버들을 기록하기에 충분한 저급 언어이면서 GUI 라이브러리를 기록하기에 충분한 고급 언어이기도 하다.

1990년에 만들어진 ANSI C 표준은 최소의 입출력과 다른 라이브러리 유용성을 표준화하는 것뿐만 아니라 데이터를 규칙적으로 취급하고 C를 위한 서브루틴 선언을 정의한다. 또한 표준은 입출력 메카니즘을 포함하여 광범위하지만 저수준의 표준 라이브러리를 정의한다. 현대 표준 C에서 지원하는 데이터는 몇 개의 정수, 실수, 문자열, 포인터, 그리고 배열이 있다.

1970년 후반에서 1990년 초기까지 C는 특히 연구소와 산업체에서 대중화되었다. 오늘날 여전히 많은 개발자들에게 애용되고 있는 강력한 언어이다.

1972년 : Smalltalk

앨런 케이(Alan Kay)가 이끄는 제록스(Xerox)의 팰러앨토 연구소(Palo Alto Research Center)에서 개발한 Smalltalk는 동적 객체지향 언어이다. 원래 실험 용도로 계획되었으나, 응용 언어로 발전되었다.

Smalltalk는 순수한 객체지향 언어로서, 객체는 지역 데이터와 연산들의 모임을 캡슐화하는 구조이다. 연산은 메소드(method)라 불리우며 다른 객체에서 사용 가능하다. Smaltalk 언어에 의해 지원되는 기본적인 데이터 타입은 정수, 실수, 문자열, 불린 및 배열이다. 주로 애플리케이션 프로그래밍이나 객체지향 프로그래밍 이론을 가르치기 위해 사용되며 멀티윈도우와 그래픽 기능을 활용한 사용자 중심의 인터페이스를 지원하는 최초의 언어이다.

Smalltalk는 단순한 언어라기보다는 완벽한 소프트웨어 개발 환경이며, 이러한 환경의 인터페이스는 상당히 그래픽적이어서 다중 중첩 윈도우, 팝업 메뉴, 마우스 입력 장치 등을 사용할 수 있다.

1973년 : Prolog

콜메르(Alain Colmerauer)와 루셀(Phillip Roussel)에 의해 개발된 Prolog 프로그램은 프랑스어인 PROgrammation en LOGique의 약어이다. Prolog는 매우 짧은 양의 코드로도 효율성을 지니는 논리 기반 프로그래밍 언어이다. Prolog는 규모는 작지만 효율적이며, 숫자, 문자열, 심볼, 리스트 등의 풍부하고 다양한 데이터를 제공한다.

Prolog에 대해서는 11장에서 상세하게 살펴볼 것이다.

1975년 : Scheme

스킴(Scheme) 언어는 MIT에서 개발된 언어로 LISP 언어의 일종이다. 실용적이고 체계화된 언어이며 사전적 의미는 원래 LISP와 다르지만 동적인 구조는 LISP와 닮았다. Scheme이 지원할 수 있는 데이터 타입은 다음과 같다.

> 심볼, 다양한 계수 타입, 캐릭터와 스트링, 리스트, 벡터, 비트 스트링, 레코드, 관련 리스트와 해시 테이블, 다양한 함수/람다 형

Scheme은 다양한 함수를 사용할 수 있도록 지원하며, 이 언어에서 사용하는 함수는 수식의 값이 될 수도 있다. 또한 리스트의 구성 요소를 이루기도 하고, 변수에 지정되기도 하며, 함수의 실행 결과 값으로 반환되기도 한다.

Scheme에 대해서는 10장에서 상세하게 살펴볼 것이다.

1975년 : CLU

CLU 언어는 MIT 대학의 리스코프(Barbara Liskov) 교수와 그 연구원에 의해 1974년과 1975년 사이에 개발되었다. 이 언어는 자료 추상화와 제어 추상화, 예외 처리 방식 등의 추상화 메커니즘으로 이루어져 있다.

1978년 : Awk

Awk 언어는 컴파일 없이 수행되는 프로그래밍 언어 중 하나이다. 데이터 처리에 편리하도록 단순화한 것으로 입력 파일을 스캔한 후 미리 지정된 레코드 분리자 단위로 읽어 필드 분리자로 필드마다 규칙적인 명칭을 붙인다. 단순한 구조로 되어 있으며, 데이터 검사, 변환, 여러 포맷으로의 출력, 데이터베이스 구축 등에 활용되는 언어이다.

5 1980년대

1981년 : Modula 2

원래 1977년 니클라우스 워스(Niklaus Wirth)에 의해 고안되어진 Modula 2는 공식적으로 1981년에 발표되었다. Pascal의 후속 언어로서 Pascal과는 다른 애플리케이션 소프트웨어 체계를 지원하기 위하여 탄생되었다. Modula 2의 병행 처리와 동적 메모리 관리는 Pascal보다 뛰어나며, 구문에 있어서도 변수 선언이 가능하다.

Modula 2는 애플리케이션 프로그램과 교육용 언어로 널리 사용되었을 뿐 아니라, 산업 응용 분야에서도 사용되었다. Modula 2의 설계는 Pascal과 Modula에 기반하고 있으며, 주요 특징에는 모듈(module)이 있다. Modula 2는 프로그램 모듈 방식을 지원하기 위해 엄격한 데이터 검사, 분리 컴파일 등을 지원한다. 또한 까다로운 작성 규칙의 검사, 여러 가지의 데이터 타입 지원, 동적인 배열 그리고 병행의 특징을 지니고 있다.

Modula 2는 UNIX 시스템, PC, VMS, 심지어 임베디드 시스템을 위한 크로스컴파일러까지 다양한 플랫폼을 지원하였다. Modula 2의 특징과 의미론은 Ada 언어에 상당한 영향을 끼쳤다.

유감스럽게도, Modula 2는 추상 데이터 타입은 허용하지만 상속은 지원하지 않아 1980년대 후반 대중적이라 할 수 있는 객체지향 프로그래밍 패러다임을 완벽하게 지원할 수는 없었다.

1983년 : Ada

Ada는 1983년에 대규모 프로그래밍과 소프트웨어 신뢰성을 장려하려는 미국 정부에 의해 발표되었다. 바이런(Lord Byron)의 딸이자 찰스 바베지(Charles Babbage)와 함께 일했던 최초의 프로그래머인 에이다(Augusta Ada Byron)의 이름을 따서 만든 Ada는 객체지향 프로그래밍의 특징을 지닌 블록 구조 언어이다.

특징으로는 중첩 프로시저, 중첩 패키지, 엄격한 데이터 검사, 멀티태스킹, 형식의 안정성을 지니며, 컬렉션을 사용함으로써 발생할 수 있는 성능저하 요소를 제거하는 특징을 지니는 제너릭, 프로그램 작성 언어의 능력 가운데 수행 도중 발생하는 예외 상황을 처리할 수 있도록 하는 기능인 예외처리, 그리고 추상 데이터 타입 등이다.

Ada는 Pascal과 문법이 비슷하다. Ada의 최고 장점은 템플릿(template)과 동기화 작업뿐만 아니라 예외 처리를 지원한다는 점이다. 하지만 복잡한 문법 구조를 지니고 있다. Ada가 지원하는 데이터 타입에는 수치, 불린, 문자열, 참조, 배열, 레코드가 있다.

이 책에서는 Ada의 다양한 예를 제공할 것이다.

1983년 : C++

C++는 1979년에 벨(Bell) 연구소의 비야네 스트롭스트룹(Bjarne Stroustrup)에 의해 개발되었는데 이 당시에는 'C with Classes'라 불리었다. 그 후 1983년에 C++로 이름이 새롭게 지어졌다.

[그림 2-5] 비야네 스트롭스트룹 (출처 : en.wikipedia.org)

C++는 C로부터 파생된 객체지향 언어이다. C++의 문법은 클래스, 상속 그리고 객체지향 특징을 지니고 있다. C++는 빠르게 발전되었으며 약간의 결점에도 불구하고 UNIX 시스템과 PC에서 매우 인기 있는 애플리케이션 개발 언어가 되었다.

C++ 언어는 다중 상속, 엄격한 타입 검사, 동적 메모리 관리, 템플릿, 다형성, 오버로딩과 예외 처리 등의 객체지향 프로그래밍 특징을 지니고 있다. C++는 가장 널리 이용되는 객체지향 언어 중 하나이지만, 새로운 객체지향 프로그래밍 언어 개발에서 필요한 병행 처리, 연속성, 쓰레기 수집(garbage collection) 등의 기능은 지원하지 않는다.

또한 애플리케이션 언어에서 요구되는 문자열, 배열, 구조들을 포함한 다양한 데이터 타입, 완벽한 입출력 기능, 포인터와 타입 변환 등의 일반적인 특징을 지니고 있다. C++ 표준 템플릿 라이브러리(Standard Template Library, STL)는 콜렉션과 추상 데이터 타입을 제공한다.

C++ 언어의 표준화 작업은 1989년에 시작되었으며 1997년 11월에 마침내 ISO와 ANSI에 의해 표준화되었다.

1986년 : Perl

Perl 문법에 대한 국제 표준은 없지만, 1987년 비공식적으로 래리 월(Larry Wall)이 『Programming Perl, 2nd Edition』에서 간추려 정의했다.

Perl은 Practical Extraction and Reporting Language의 약어이며, 블록 구조의 언어로 객체지향 프로그래밍을 지원한다.

다음은 Perl의 특징을 기술한 것이다. Perl 5에서 제공하는 요소는 *로 표시했다.

- 데이터 타입 : 문자열, 숫자, 리스트, 연상 배열, 참조
- 데이터 타입 : 객체*
- 전통적인 수학과 산술 함수들
- 서브루틴
- 가비지 컬렉션의 동적 메모리
- 파일의 입출력 기능
- 인터페이스 지원 확장 시스템
- 정규식 데이터 매칭과 서브루틴
- 다양한 루프
- 객체 정의와 상속*
- 네임스페이스*
- 오류 처리

1988년 : Oberon

니클라우스 워스(Niklaus Wirth)는 언어와 시스템이 구조적으로 단순하고 효율적인 Oberon을 완성했다. Oberon은 절차적이며, 객체지향 특징을 지닌 블록 구조의 언어이다. 컴퓨터 공학 교육용으로 쓰일 뿐만 아니라 다용도 애플리케이션 프로그래밍 언어에도 쓰인다. Oberon은 Pascal과 같은 문법을 지녔으며, 엄격한 데이터 타입 체크, 분리 컴파일이 가능한 모듈, 쓰레기 수집, 동적 메모리 관리, 문자열, 배열 데이터 타입, 동적 모듈 로딩 등의 특징을 지니고 있다. 하지만, 연산자 오버로딩, 다중 상속, 추상 인터페이스 등의 객체지향 특징은 제공하지 않는다.

1989년 : Python

하위도 로쉼(Guido Rossum)이 만든 Python은 객체지향적 언어로서, 높은 효율, 쉬운 사용법, 확장성을 지니고 있다. Python 문법은 매우 간단하며 명령문 위주로 되어 있으며 정수, 부동소수점, 복합 문자열, 리스트 등의 데이터 타입과 독립 모듈, 서브루틴, 오브젝트 클래스를 지원한다.

특정 종류의 웹 프로그래밍을 사용하기 좋은 언어로 Python이 거론되는 이유는 표준 라이브러리가 HTTP와 CGI를 지원하는 것뿐만 아니라 윈도우에서 지원하는 라이브러리와 액티브 X 스크립팅도 지원하기 때문이다.

❻ 1990년대

1990년 : Eiffel

애플리케이션 프로그램 세대를 의미하는 객체지향 언어의 하나인 Eiffel은 프로그램 안정성과 순차적 소프트웨어 개발을 목적으로 개발되었다. 표면상 C와 비슷한 Eiffel의 체계는 객체지향 프로그래밍 속성인 상속, 추상 데이터 타입, 동적 바인딩, 예외처리 등을 지원한다.

Eiffel이 단순하긴 하지만 표현할 수 있는 것이 제한적이어서 C++나 Java와 같이 광범위하게 쓰이지 못하고 있으며, Eiffel로 작성하려면 상당한 프로그래밍 실력이 필요하다는 단점이 있다.

1991년 : Visual Basic

프로그래밍 언어로서 Visual Basic은 1991년 Microsoft에서 발표한 이후 상업적으로 큰 성공을 거두었다. Visual Basic은 효율적인 개발 과정을 위해 Basic의 구조를 발전시킨 언어이다.

Visual Basic 통합 개발 환경은 그래픽 사용자 인터페이스(GUI)를 제공하는데, 구성 요소로는 대화상자, 윈도우 인터페이스, 메뉴 등이 있다. Visual Basic은 정수, 실수, 문자열, 불린, 병행처리, 개체 참조 등을 지원할 뿐만 아니라 확장이 가능하다는 장점이 있다.

1992년 : Dylan

1992년 Apple 사에 의해 개발된 Dylan은 절차적인 함수의 특징과 함께 동적인 객체지향 언어이다. 애플리케이션 개발과 시스템 프로그래밍도 지원하며 구조적으로는 Scheme과 비슷하다. Dylan은 상속, 다형성, 쓰레기 수집, 매크로, 모듈, 반환, 오류 검출, 다중 메소드, 그리고 확장성을 지원하며, 데이터 타입은 숫자, 스트링, 심볼, 시퀀스, 배열, 벡터와 해시 테이블을 지원한다.

1993년 : Ruby

Ruby는 교육용 언어를 목적으로 탄생한 스크립트 언어이며 전체적으로 객체지향적이고 확장 가능성이 뛰어나다. Ruby의 문법은 단순하며 Perl과 비슷하다. 객체 클래스의 모든 데이터 타입은 Smalltalk와 같다.

1995년 : Java

Sun Microsystems사의 제임스 고슬링(James Gosling)이 이끄는 그룹에 의해 개발된 Java는 단순하고 편리한 객체지향적 언어이다.

[그림 2-6] 제임스 고슬링 (출처 : en.wikipedia.org)

Java는 처음에는 가전제품의 소프트웨어를 개발하기 위한 언어로 만들어졌으며, Modula 3, Mesa, 그리고 Objective-C의 영향을 받았다.

Java는 객체지향적이고, 강력하고 편하며 보안성이 뛰어나는 등 여러 가지 장점을 지닌 역동적인 언어로서 특히 객체지향적인 부분과 쓰레드 부분에서 성공적인 작품이다.

Java 프로그램의 가장 기본적인 구성 요소는 클래스이다. 모든 데이터와 메소드는 클래스와 관련되어 있으며 C++의 함수와 비슷하다. Java는 상속, 엄격한 데이터 타입 검사, 모듈 방식, 예외처리, 다형성, 문자열 처리, 쓰레기 수집 등의 특징을 지니고 있지만 포인터, 다중 상속, 연산자 오버로딩, 매크로 전처리기를 지원하지 않는다.

1995년 : 스크립트 언어

스크립트(script)는 클라이언트 측 스크립트와 서버 측 스크립트로 구분할 수 있는데, 클라이언트 측 스크립트는 웹 서버에서 다운로드한 스크립트를 클라이언트 웹 브라우저에서 동작하는 것으로, JavaScript로 작성한 스크립트가 이에 해당된다. 그리고 서버 측 스크립트는 스크립트를 서버에서 실행하고 실행 결과를 클라이언트에게 전송하는 것으로, PHP, ASP 등으로 작성한 스크립트가 이에 해당된다. 그러면 클라이언트 측 스크립트 언어인 JavaScript와 서버 측 스크립트 언어인 PHP에 대해 간단히 살펴보자.

JavaScript는 Netscape 사에서 LiveScript라는 이름으로 개발되다가, 1995년 Sun Microsystems 사가 LiveScript 개발권을 넘겨받으면서 이름이 JavaScript로 변경되었다. JavaScript는 새로운 특징과 능력들을 추가하면서 버전 1.0부터 버전 1.5에 이르기까지 상당히 많은 발전 과정을 거쳤다.

JavaScript 인터프리터가 많은 여러 애플리케이션에 내포될 수 있지만, 가장 일반적인 사용은 HTML 문서에 내포되는 클라이언트 측 스크립트 언어로 사용되는 경우이다. 웹 프로그래밍에서 그 주된 사용은 동적 HTML 문서를 생성하는 것이다. JavaScript는 그 이름에도 불구하고, 단지 유사한 구문을 사용한다는 점에서만 Java와 연관이 있지만 전혀 다른 언어이다. 아마 JavaScript의 가장 중요한 사용은 HTML 문서를 동적으로 생성하고 수정하는 데 있을 것이다. 또한 JavaScript는 폼 데이터가 처리되기 위해서 서버에 전달되기 전에 입력 폼의 유효성을 검사하는 데도 적합하다.

PHP는 1994년에 Apache 그룹의 한 회원인 라스무스 레도프(Rasmus Lerdorf)에 의해서 개발된 언어이다. 이 언어의 초기 목적은 단순히 그의 웹 사이트에 방문하는 방문객을 추적하는 데 있었다. 1995년 Personal Home Page라 불리는 패키지를 개발하였고 이것이 최초의 공식적 PHP 버전이 되었다. 이후에 PHP : Hypertext Preprocessor라는 이름으로 사용하기 시작했다.

PHP는 웹 서버에 주로 사용하며, PHP를 사용하면 HTML 폼 데이터로의 접근이 용이하다. PHP의 다양한 데이터베이스 관리 시스템은 데이터베이스에 의한 웹 접근 프로그램 개발을 편리하게 해 준다.

7. 2000년대

2000년 : C#

C++에 기본을 두고, Visual Basic의 편의성을 결합하여 만든 객체지향 프로그래밍 언어이다. 모든 것을 객체로 취급하는 컴포넌트 프로그래밍 언어로, '시샵(C-sharp)'이라고 읽는다. 2000년 6월 Microsoft 사가 .NET 플랫폼을 위해 개발하였다. C++에 기본을 둔 언어로 Visual Basic과 Java, C++ 등의 장점을 지니며 Visual Basic이나 Java와도 비슷하다. 곧 비주얼 언어가 가진 사용자 친화성, C++의 객체지향성, Java의 분산 환경 처리에 적합한 다중성 등을 모두 지니는 컴포넌트 기반의 소프트웨어 개발 패러다임을 반영한다.

웹을 통해 정보와 서비스를 교환하고, 개발자들이 이식성 높은 애플리케이션을 만들어낼 수 있게 고안되었다. 즉, C#을 사용하면 대대적인 수정 없이도 하나 이상의 운영체제에서 사용될 수 있는 애플리케이션 프로그램들을 만들어낼 수가 있다. 따라서 프로그래머가 별도의 코드를 만들지 않고서도 새로운 제품이나 서비스를 빠르고 저렴하게 시장에 내놓을 수 있게 된다.

8. 미래

과거부터 수많은 사람들이 미래의 프로그래밍 언어를 예측해 왔다. 1960년대의 컴퓨터 학자들은 모든 프로그래머와 사용자들을 만족시킬 유일한 프로그래밍 언어가 개발될 것이며, 1970~1980년대의 학자들은 명세 언어(specification language)가 개발되면서 프로그래밍 언어는 쓸모가 없어질 것이라고 예측하였다.

하지만 지금까지 이러한 징조는 보이지 않는다. 모든 것들을 압도할만한 유일한 언어도 나오지 않았고, 프로그래밍 언어가 쓸모없어지지도 않았다. 오히려 프로그래밍 언어의 중요성은 더욱 증가하였다.

컴퓨터 언어는 조금씩 발전하고 있다. Java라는 획기적인 프로그래밍 언어가 등장하긴 하였지만 따지고 보면 이 역시 기존 언어의 장점들을 조합한 결과물일 뿐이다. 컴퓨터와 사람이 대화로 일처리를 하는 세상이 언제 올지 모른다. 컴퓨터가 발전하고 프로그래밍 언어도 발전되면서 미래에 펼쳐질 세상에 대한 상상력의 한계를 긋기란 힘들 것 같다.

요약

1 프로그래밍 언어의 역사는 1940년대 디지털 컴퓨터의 발전과 함께 시작된다고 할 수 있다. 1940년대 말 폰 노이만(John von Neumann)에 의해 최초로 프로그램 내장 방식의 컴퓨터가 등장한 이후, 프로그래밍 언어의 역사는 급속도로 발전하였다.

2 폰 노이만(John von Neumann)은 컴퓨터 프로그램의 언어 발전과 과정에 직접적으로 영향을 주는 두 개의 중요한 개념인 프로그램 내장 방식과 조건 제어 전이를 제안하였다.

3 어셈블리 언어는 어려운 기계어의 명령어를 move, jump, branch 등과 같은 쉬운 기호로 나타낸 것이다. 기계어와 어셈블리 언어는 기계 의존적이며 자연 언어와는 차이가 큰 구문을 사용했기에 '저급(low-level) 언어' 라 불린다.

4 1957년 개발된 FORTRAN은 과학 계산 목적으로 IBM에서 설계되었다.

5 MIT의 매카시(John McCarthy)는 LISP 언어를 만들었는데, 인공지능 조사를 위해 고안되었고, LISP 등장 이전에는 볼 수 없었던 체계를 가지게 되었다.

6 1960년에 과학적 이용을 위해 만들어진 ALGOL 60은 최초로 등장한 블록 구조 언어이다.

7 1960년 사무용 공통 프로그램 언어인 COBOL이 등장하였다.

8 PL/I는 1963년에 IBM에 의해 발명되고, 1964년에 IBM System/360 시스템과 동시에 출시된 크고 복잡한 블록 구조 언어이다.

9 BASIC은 간단한 문법 구조로 이루어져 있으며, 제어 구조는 GOTO 문과 GOSUB 문으로 구성되었다. 또한 반복문이 가능하며 수치, 문자열, 배열 데이터 타입을 제공했다.

10 Logo는 처음에 아이들에게 프로그래밍과 문제 해결 원리를 가르치기 위해 고안된 언어이다. 이는 단순한 체계와 그래픽 지향적 특징을 가진 LISP와 관련된 기능적인 언어이다.

11 BCPL은 초기의 블록 구조 절차 언어였고, 규모가 작은 애플리케이션에 이용되었다. 그것은 1970년대 발명된 B와 C 언어에 영향을 미쳤다.

12 Pascal은 컴퓨터 과학 교육을 위해 개발된 간단한 블록 구조 언어이다.

13 1970년 후반에서 1990년 초기까지 C는 특히 연구소와 산업체에서 대중화되었다. 오늘날 여전히 많은 개발자들에게 애용되고 있는 언어이다.

14 Smalltalk는 순수한 객체지향 언어이다. 객체는 지역 데이터와 연산들의 모임을 캡슐화한다.

15 Prolog는 대표적인 논리 프로그래밍으로, 매우 짧은 양의 코드로도 효율성을 지닌다. Prolog는 규모는 작지만 효율적이며, 숫자, 문자열, 심볼, 리스트 등의 풍부하고 다양한 데이터를 제공한다.

16 Modula 2는 Pascal의 후속 언어로 애플리케이션 체계를 구축하기 위해 개발되었다.

17 Ada는 객체지향 프로그래밍의 특징을 지닌 블록 구조 언어로 중첩 프로시저, 중첩 패키지, 엄격한 데이터 검사, 멀티태스킹, 형식의 안정성, 예외처리, 그리고 추상 데이터 타입 등의 특징을 갖는다.

18 C++는 C로부터 파생된 복잡한 객체지향 언어이다. C++의 체계는 클래스, 상속 그리고 다른 객체들에 필요한 다양한 확장명과 여분의 키워드를 가지고 있는 점이 C와 많이 닮아있다.

19 Perl은 기본적으로 블록 구조이며 또한 객체지향 프로그래밍을 지원한다.

20 Python은 객체지향적 언어이며, 높은 효율, 쉬운 사용법, 확장성을 가지고 있다.

21 Visual Basic은 효율적인 개발 과정을 위해 Basic의 구조를 발전시킨 언어이다.

22 Sun Microsystems의 직원에 의해 개발된 Java는 간단하고 편리한 객체지향적 언어이다. Java는 처음에는 가전제품의 소프트웨어를 개발하기 위한 언어로 만들어졌다.

요약

23 스크립트(Script)는 클라이언트 측 스크립트와 서버 측 스크립트로 구분할 수 있는데, 클라이언트 측 스크립트는 웹 서버에서 다운로드한 스크립트를 클라이언트 웹 브라우저에서 동작하는 것으로, JavaScript로 작성한 스크립트가 이에 해당된다. 그리고 서버 측 스크립트는 스크립트를 서버에서 실행하고 실행 결과를 클라이언트에게 전송하는 것으로, PHP, ASP 등으로 작성한 스크립트가 이에 해당된다.

24 C#은 C++에 기본을 두고, Visual Basic의 편의성을 결합하여 만든 객체지향 프로그래밍 언어이다.

연습문제

1 주요 프로그래밍 언어의 특징과 개발 목적을 기술하여라.

2 폰 노이만(von Neumann)이 개발한 두 개의 중요한 개념을 설명하여라.

3 과학 계산 목적으로 설계되었으며, 오늘날 언어에서 사용되고 있는 데이터 형식에 많은 영향을 미친 언어는?

4 컴퓨터 과학 교육을 위해 개발된 간단한 블록 구조 언어는?

5 사무처리용으로 만들어진 언어로, 미국 국방부를 중심으로 결성된 그룹인 CODASYL(Conference on Data System Language)에 의해 개발된 언어는?

6 PL/I 언어의 장·단점을 설명하여라.

7 BASIC 언어와 Visual BASIC 언어의 특징을 비교 설명하여라.

8 컴퓨터 과학 교육을 위해 개발된 간단한 블록 구조 언어이며, 강력한 타입 검사, 간단한 입출력 기능, 기본적인 데이터 구조, 배열, 편리한 제어 구조 그리고 간단하고 직접적인 메모리 운영이 특징인 언어는?

9 C 언어와 C++ 언어의 특징을 비교 설명하여라.

10 미국의 앨런 케이(Alan Kay)가 이끄는 Xerox의 Palo Alto Research Center에서 개발하였으며, 동적인 객체지향 언어는?

11 Prolog에 대해 설명하여라.

12 Pascal의 후속 언어로서 Pascal과는 다른 응용 소프트웨어 체계를 지원하기 위하여 탄생하였으며, 병행처리와 동적 메모리 관리가 뛰어난 언어는?

연습문제

13 Ada의 특징을 설명하여라.

14 Perl에 대해 설명하여라.

15 Java에 대해 설명하여라.

16 다음 시기의 프로그래밍 언어의 특징에 대해 설명하여라.

(1) 1950년 이전
(2) 1950년대
(3) 1960년대
(4) 1970년대
(5) 1980년대
(6) 1990년대
(7) 2000년대

17 프로그래밍 언어의 미래에 대해 전망하여라.

Chapter

03

구문

* **학습목표**

• 프로그래밍 언어의 구문을 기술하는 표기법인 BNF, EBNF에 대해 살펴본다.

• 언어 문장을 문법에 적용하여 유도하는 과정을 이해하기 쉬운 형태로 나타내는 파스 트리에 대해 살펴본다.

• 구문을 도식적으로 기술하는 방법인 구문 도표에 대해 살펴본다.

Section

01 문맥 자유 문법과 BNF

생성 규칙(production)은 해당 문법이 하나의 문자열을 어떻게 다른 문자열로 변환하는지에 대한 규칙을 의미한다.

1950년대 중반에 언어학자인 촘스키(Chomsky)는 자연 언어에 대해 4가지 언어 유형의 문법을 제안했다. 이 중 한 가지 유형인 문맥 자유 문법(context-free grammar)은 프로그래밍 언어의 구문을 기술하는 데 유용한 것으로 판명되었다. 문맥 자유 문법은 일련의 생성 규칙들로 구성되는데 다음과 같은 형식을 따른다.

```
V → w
```

여기서 V는 비단말 기호이고 w는 단말 또는 비단말로 구성된 문자열인데, 모든 생성 규칙에서 임의의 V에 해당하는 비단말 기호는 하나만으로 구성된다. 이것은 각 비단말 기호가 어떤 특수한 문맥에만 다른 문자열로 대치되는 것이 아니라 문맥에 관계없이 언제나 대치될 수 있음을 의미한다. 문맥 자유 문법에 대한 더 상세한 내용은 이 책의 범주를 넘으므로 설명은 생략한다.

1959년 파리에서 개최된 유네스코 학술회의에서 존 배커스(John Backus)는 문맥 자유 문법과 유사한 형식의 표기법에 의해 구문이 기술된 ALGOL 58에 대한 논문을 발표하였다.

언어의 구조를 의미하는 프로그래밍 언어의 구문이 초기에는 자연 언어로 기술되었다.

1년 후인 1960년 피터 나우어(Peter Naur)는 배커스의 표기법을 수정하여 ALGOL 60을 기술하였는데, 이 수정된 표기법은 배커스-나우어 형식(Backus-Naur Form) 또는 약어로 BNF로 알려지게 되었다.

BNF는 프로그래밍 언어의 구문을 기술하는 데 매우 자연스러운 표기법으로, C, Java, Ada를 포함한 대부분의 프로그래밍 언어의 정의에 지속적으로 사용되고 있다.

그러면 BNF 표기법에 대해 구체적으로 살펴보자.

한 언어의 구문을 기술하는 BNF는 생성 규칙들의 집합이다. 배정문에 대한 생성 규칙의 예는 다음과 같다.

```
<assign> → <id> = <expr>
```

이 규칙은 〈assign〉이 〈id〉 = 〈expr〉로 정의됨을 의미한다. → 왼쪽에 있는 〈assign〉은 정의되고 있는 구문 구조의 이름으로, LHS(left-hand side)라 불린다. 그리고 → 오른쪽에 있는 〈id〉 = 〈expr〉은 LHS의 정의로, RHS(right-hand side)라 불린다. 이 예에서 〈assign〉의 정의가 유용하려면 〈id〉와 〈expr〉이 미리 정의되어 있어야 한다.

다음은 앞의 생성 규칙을 따르는 배정문의 한 예로, 'A'는 〈id〉에, 'B + 10'은 〈expr〉에 해당된다.

```
A = B + 10
```

하나의 구문 구조는 다음과 같이 두 개 이상의 다른 정의를 가질 수 있다.

```
〈expr〉 → 〈expr〉 + 〈expr〉
〈expr〉 → 〈expr〉 - 〈expr〉
```

이때 논리 OR을 의미하는 기호인 '|'에 의해 하나의 규칙으로 나타낼 수 있다. 즉 '|' 기호는 선택적인 구조일 때 사용한다.

```
〈expr〉 → 〈expr〉 + 〈expr〉
        | 〈expr〉 - 〈expr〉
```

다음은 수에 대한 문법이다.

BNF를 문법이라고도 한다.

[문법 3-1] 수에 대한 문법

```
<number> → <number><digit>                            … ①
         | <digit>                                    … ②
<digit> → 0 | 1 | 2 | 3 | 4 | 5 | 6 | 7 | 8 | 9       … ③
```

여기에서 〈number〉, 〈digit〉와 같이 '〈 〉'로 묶인 기호를 비단말 기호(nonterminal symbol)라 하며, 0, 1, 2와 같이 프로그램에 직접 나타낼 수 있는 기호를 단말 기호(terminal symbol)라 한다. 그리고 →, 〈 〉, |와 같이 BNF 표기에서 사용되는 특수 기호를 메타 기호(meta-symbol)라 한다.

언어의 문장들은 BNF의 규칙을 적용해가며 생성되는데, 시작 기호(start symbol)라 불리는 비단말 기호에서 시작된다. 이러한 문장 생성 과정을 유도(derivation)라 부른다.

따라서 [문법 3-1]을 이용하여 number '123'을 다음과 같이 유도할 수 있다.

[문법 3-2] [문법 3-1]을 이용한 123의 유도

```
<number> ⇒ <number><digit>                  … ①에 의해
         ⇒ <number><digit><digit>           … ①에 의해
         ⇒ <digit><digit><digit>            … ②에 의해
         ⇒ 1<digit><digit>                  … ③에 의해
         ⇒ 12<digit>                        … ③에 의해
         ⇒ 123                              … ③에 의해
```

여기에서 시작 기호는 〈number〉이며, 기호 ⇒는 '유도한다'라고 읽는다. 상세한 과정은 다음과 같다.

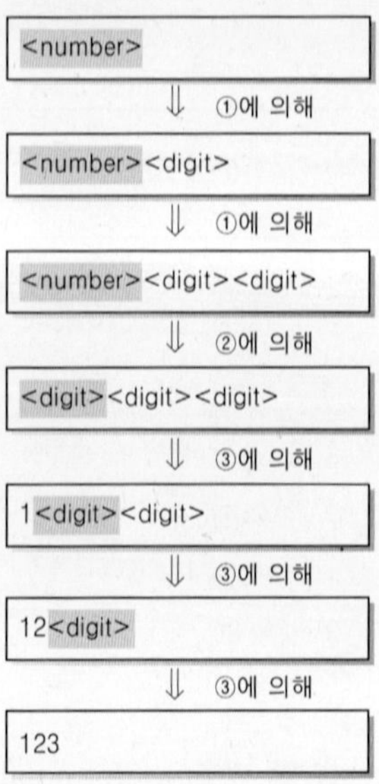

[문법 3-3]은 간단한 배정문에 대한 문법으로, 덧셈과 뺄셈 연산자 그리고 괄호를 가진 산술식을 우변으로 갖는 배정문이다.

[문법 3-3] 간단한 배정문에 대한 문법

```
<assign> → <id> = <expr>                        … ①
<id> → A | B | C                                … ②
<expr> → <expr> + <expr>                        … ③
       | <expr> - <expr>                        … ④
       | (<expr>)                               … ⑤
       | <number>                               … ⑥
<number> → <number><digit>                      … ⑦
         | <digit>                              … ⑧
<digit> → 0 | 1 | 2 | 3 | 4 | 5 | 6 | 7 | 8 | 9 … ⑨
```

다음 문장을 유도하는 과정을 살펴보자. 물론 시작 기호 <assign>에서 시작된다.

```
A = 3 + (5 - 2)
```

[문법 3-4] [문법 3-3]을 이용한 A = 3 + (5 − 2)의 유도

```
<assign> ⇒ <id> = <expr>                   … ①에 의해
         ⇒ A = <expr>                      … ②에 의해
         ⇒ A = <expr> + <expr>             … ③에 의해
         ⇒ A = <number> + <expr>           … ⑥에 의해
         ⇒ A = <digit> + <expr>            … ⑧에 의해
         ⇒ A = 3 + <expr>                  … ⑨에 의해
         ⇒ A = 3 + (<expr>)                … ⑤에 의해
         ⇒ A = 3 + (<expr> - <expr>)       … ④에 의해
         ⇒ A = 3 + (<number> - <expr>)     … ⑥에 의해
         ⇒ A = 3 + (<digit> - <expr>)      … ⑧에 의해
         ⇒ A = 3 + (5 - <expr>)            … ⑨에 의해
         ⇒ A = 3 + (5 - <number>)          … ⑥에 의해
         ⇒ A = 3 + (5 - <digit>)           … ⑧에 의해
         ⇒ A = 3 + (5 - 2)                 … ⑨에 의해
```

그러나 다음 문장은 [문법 3-3]에 의해 유도가 되지 않는다. 문법 규칙에 의해 유도되지 않는 문장은 문법에 맞지 않는 것이다.

```
AB = 5 + (A * 3)
```

Section

02 파스 트리

앞에서 임의의 문장을 정의된 BNF 문법에 적용하여 유도하는 과정을 살펴보았다. 이러한 유도 과정을 이해하기 쉬운 구조로 나타낸 것이 파스 트리인데 이에 대해 살펴보자.

파스 트리(parse tree)란 유도 과정을 이해하기 쉬운 트리 형태의 계층적 구조로 나타낸 것으로, 파스 트리의 시작 기호는 루트이다.

[문법 3-2]의 123을 유도하는 파스 트리는 다음과 같이 나타낸다.

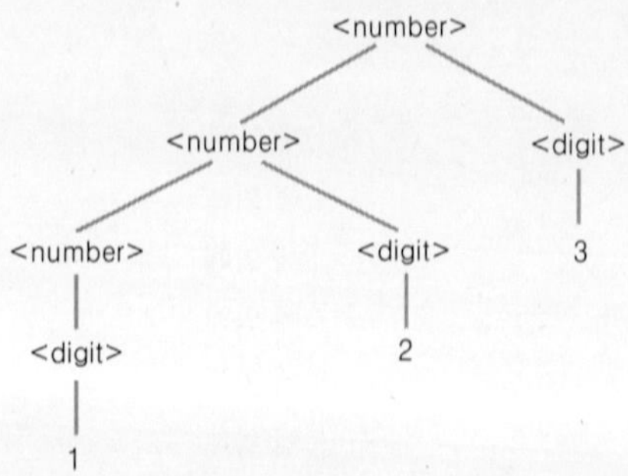

[그림 3-1] [문법 3-2]의 123 유도에 대한 파스 트리

파스 트리를 나타내는 과정을 살펴보자.

① 1단계

⟨number⟩ ⇒ ⟨number⟩⟨digit⟩

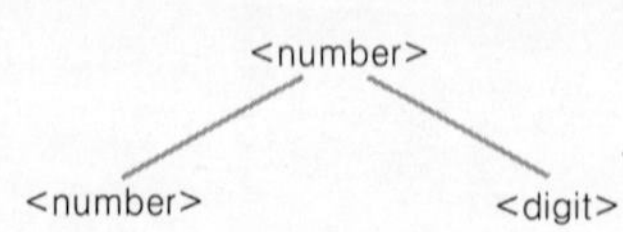

② 2단계 : 첫 번째 유도 결과의 ⟨number⟩를 ⟨number⟩⟨digit⟩로 대치

```
  ⟨number⟩⟨digit⟩
⇒ ⟨number⟩⟨digit⟩⟨digit⟩
```

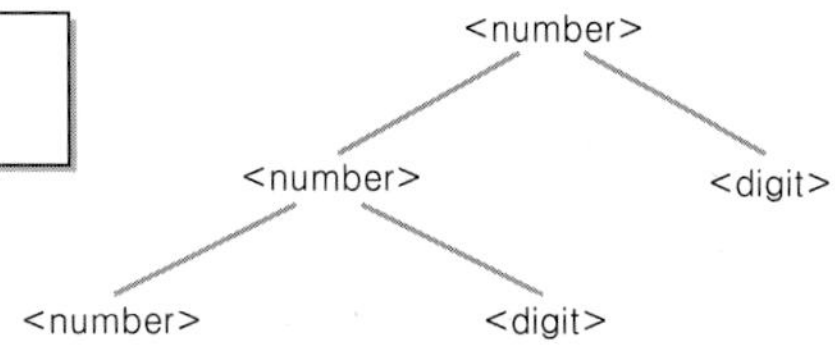

③ 3단계 : ⟨number⟩를 ⟨digit⟩로 대치

```
  ⟨number⟩⟨digit⟩⟨digit⟩
⇒ ⟨digit⟩⟨digit⟩⟨digit⟩
```

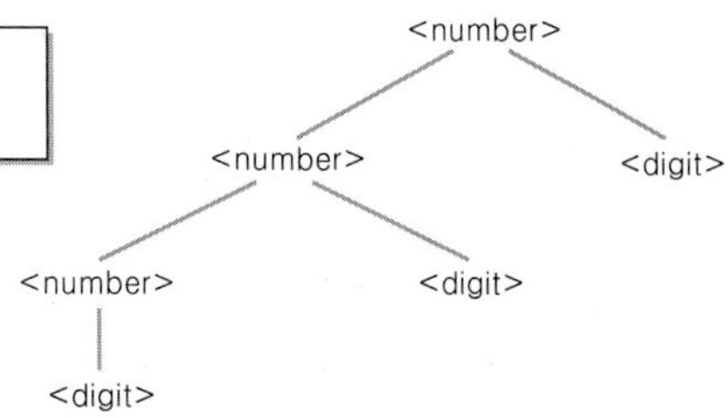

④ 4단계 : ⟨digit⟩를 1로 대치

```
  ⟨digit⟩⟨digit⟩⟨digit⟩
⇒ 1⟨digit⟩⟨digit⟩
```

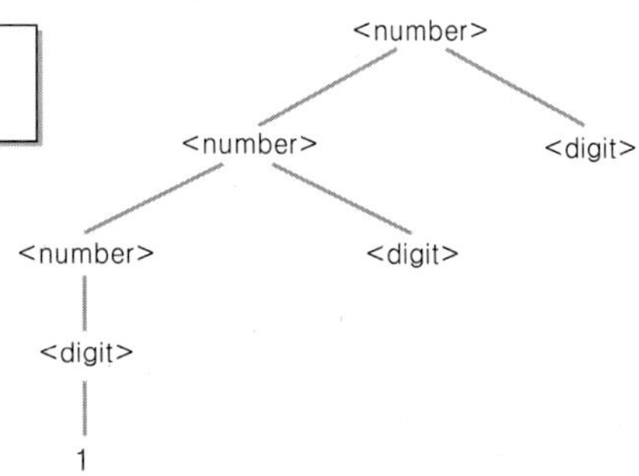

⑤ 5단계 : ⟨digit⟩를 2로 대치

```
  1⟨digit⟩⟨digit⟩
⇒ 12⟨digit⟩
```

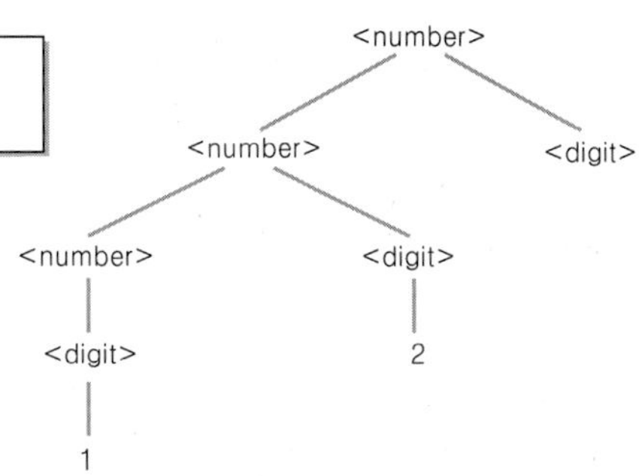

⑥ 6단계 : ⟨digit⟩를 3으로 대치

```
  12⟨digit⟩
⇒ 123
```

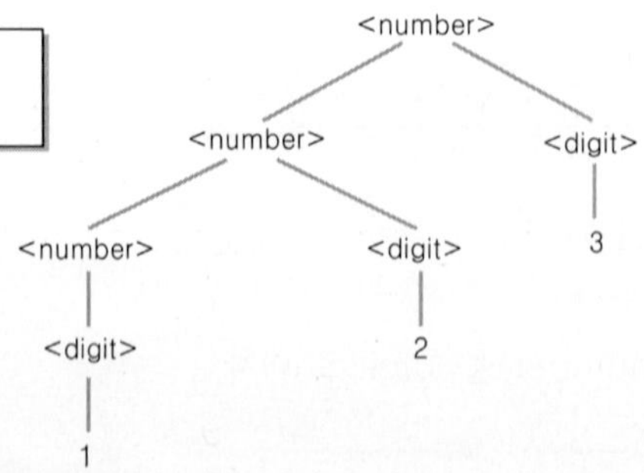

결국 [그림 3-1]과 같은 파스 트리가 완성된다.

파스 트리에서 내부 노드들은 비단말 기호로 표시되고, 모든 잎 노드(leaf node)들은 단말 기호로 표시된다.

또 다른 예인 [문법 3-4]의 A = 3 + (5 - 2) 유도를 파스 트리로 나타내면 다음과 같은데 직접 유도해 보기 바란다.

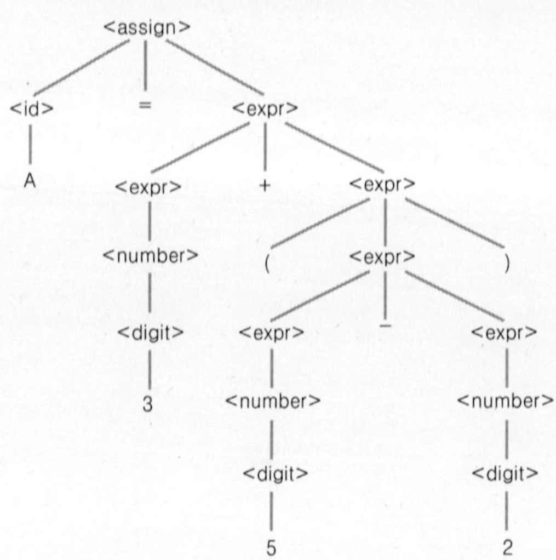

[그림 3-2] [문법 3-4]의 A = 3 + (5 - 2) 유도에 대한 파스 트리

Section

03 모호성과 연산자 우선순위

잘못된 문법은 유도 과정에 따라 다른 파스 트리가 만들어질 수 있는데, 이러한 문제를 확인하고 개선 방안을 살펴본다.

앞서 [문법 3-2]에서 유도한 '123'은 다음과 같이 유도할 수도 있다.

[문법 3-5] 123의 우우선 유도

```
<number> ⇒ <number><digit>
         ⇒ <number>3
         ⇒ <number><digit>3
         ⇒ <number>23
         ⇒ <digit>23
         ⇒ 123
```

[문법 3-5]와 같이 오른쪽에 있는 비단말 기호부터 대치해 가는 유도를 우우선 유도(rightmost derivation)라 하고, [문법 3-2]와 같이 왼쪽에 있는 비단말 기호부터 대치해 가는 유도를 좌우선 유도(leftmost derivation)라 한다.

[문법 3-5]의 유도 과정을 파스 트리로 나타내면 다음과 같은데, 이는 [그림 3-1]의 좌우선 유도에 대한 파스 트리와 같은 것을 알 수 있다.

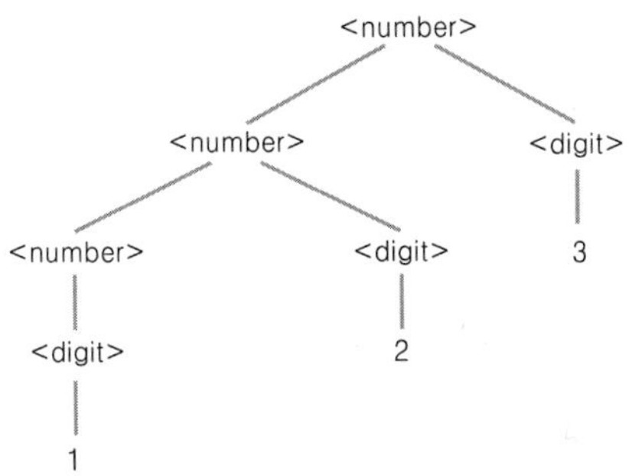

[그림 3-3] 123 우우선 유도에 대한 파스 트리

그러나 유도 과정에 따라 다른 파스 트리를 만들어내는 경우가 발생할 수 있는데 다음의 문법이 그러한 예이다.

[문법 3-6] 다른 파스 트리를 만들어내는 문법

```
<assign> → <id> = <expr>
<id> → A | B | C
<expr> → <expr> + <expr>
       | <expr> - <expr>
       | <expr> * <expr>
       | (<expr>)
       | <number>
<number> → <number><digit>
         | <digit>
<digit> → 0 | 1 | 2 | 3 | 4 | 5 | 6 | 7 | 8 | 9
```

다음과 같은 문장이 있다고 해 보자.

```
A = 3 + 5 * 2
```

첫 번째 유도 단계의 <expr>을 <expr> + <expr>로 대치하고, 두 번째 단계의 오른쪽 <expr>을 <expr> * <expr>로 대치하여 유도할 수 있다.

```
<assign> ⇒ <id> = <expr>
         ⇒ <id> = <expr> + <expr>
         ⇒ <id> = <expr> + <expr> * <expr>
                  ⋮
```

그리고 다음과 같이 첫 번째 유도 단계의 <expr>을 <expr> * <expr>로 대치하고, 두 번째 단계의 왼쪽 <expr>을 <expr> + <expr>로 대치하여 유도할 수도 있다.

```
<assign> ⇒ <id> = <expr>
         ⇒ <id> = <expr> * <expr>
         ⇒ <id> = <expr> + <expr> * <expr>
                  ⋮
```

이 두 유도를 파스 트리로 나타내면 다음과 같은데, 서로 다른 파스 트리가 되는 것을 알 수 있다.

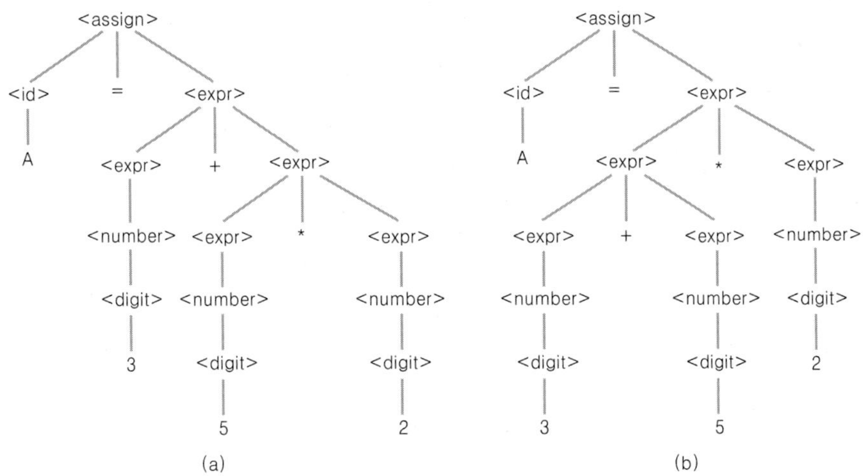

[그림 3-4] A = 3 + 5 * 2에 대한 두 개의 다른 파스 트리

[그림 3-4]의 (a) 파스 트리는 5*2를 한 결과에 3을 더해 13이 되고, (b) 파스 트리는 3+5를 한 결과에 2를 곱해 16이 된다.

이와 같이 같은 문장에 대해 두 개 이상의 서로 다른 파스 트리가 생성되는 문법을 가리켜 '모호하다(ambiguous)' 라고 말한다.

파스 트리의 아래쪽에 위치한 연산자는 위쪽에 위치한 연산자에 비해 먼저 연산되는 즉 높은 우선순위를 갖는다는 것을 의미한다. [그림 3-4](a) 파스 트리에서 * 연산자는 + 연산자에 비해 아래쪽에 위치하므로 높은 우선순위를 갖는다고 할 수 있다. 그러나 [그림 3-4](b) 파스 트리에서는 * 연산자에 비해 + 연산자가 더 높은 우선순위를 나타낸다. 결국 [문법 3-6]의 문법은 '모호하다' 고 할 수 있다.

이러한 문제가 발생하는 이유는 〈expr〉 정의 부분 때문인데, + 연산자와 * 연산자의 우선순위를 같게 했기 때문이다. 이를 해결하는 방법은 우선순위가 높은 * 연산자가 + 연산자보다 파스 트리의 아래쪽에 위치하도록 문법 규칙을 개정하는 것이다.

다음은 개정한 문법이다.

[문법 3-7] 우선순위를 반영한 문법

```
<assign> → <id> = <expr>
<id> → A | B | C
<expr> → <expr> + <expr>
       | <expr> - <expr>
       | <term>
<term> → <term> * <term>
       | <factor>
<factor> → (<expr>)
         | <number>
<number> → <number><digit>
         | <digit>
<digit> → 0 | 1 | 2 | 3 | 4 | 5 | 6 | 7 | 8 | 9
```

이 문법에 따라 A = 3 + 5 * 2에 대한 파스 트리를 나타내면 다음과 같은데, + 연산자가 * 연산자보다 파스 트리의 위쪽에 위치하게 되어 우선순위에 맞게 연산하게 된다.

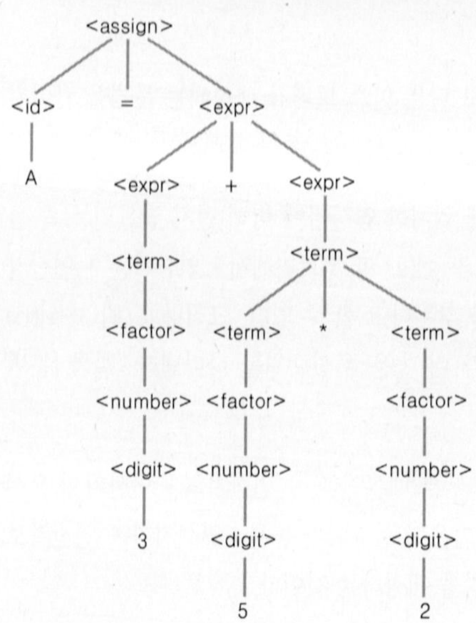

[그림 3-5] A = 3 + 5 * 2에 대한 파스 트리

그러나 아직 문제가 완전히 해결된 것은 아니다. 다음 문장에 대한 좌우선 유도의 파스 트리와 우우선 유도의 파스 트리를 나타내 보자.

```
B = 3 - 5 - 2
```

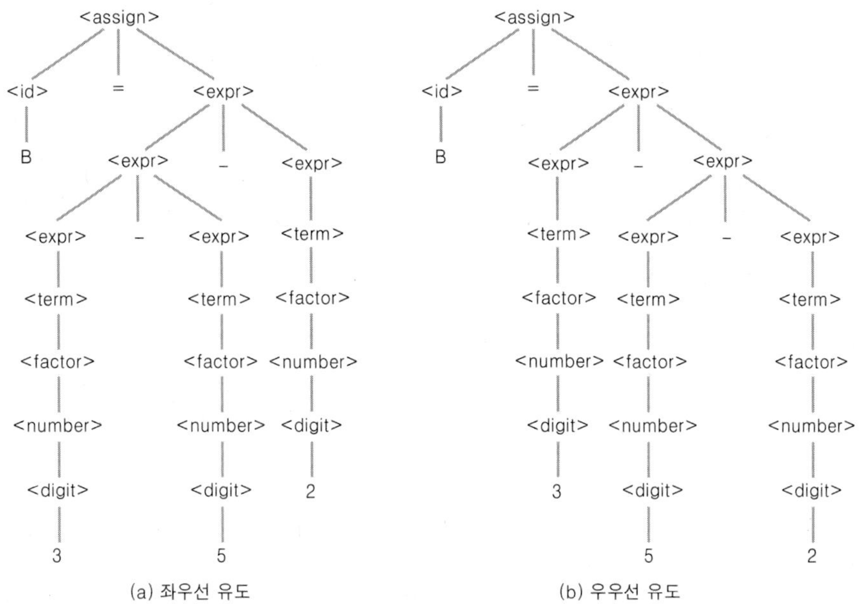

[그림 3-6] B = 3 - 5 - 2의 서로 다른 파스 트리

[그림 3-6](a) 좌우선 유도에 따라 연산하면 B = −4가 되는 반면, (b) 우우선 유도에 따라 연산하면 B = 0이 되는 문제가 발생한다.

이러한 문제가 발생하는 이유는 다음과 같은 규칙 때문이다.

```
<expr> → <expr> - <expr>
```

정의 부분의 ⟨expr⟩을 또 다시 ⟨expr⟩ − ⟨expr⟩로 대체할 때 대체될 ⟨expr⟩이 두 개가 있기 때문이다. 그러므로 정의 부분의 ⟨expr⟩을 다음과 같이 하나가 되게 하면 문제가 해결된다.

```
<expr> → <expr> - <term>
```

다음은 이를 반영한 문법이다.

[문법 3-8] 모호하지 않은 문법

```
<assign> → <id> = <expr>
<id> → A | B | C
<expr> → <expr> + <term>
       | <expr> - <term>
       | <term>
<term> → <term> * <factor>
       | <factor>
<factor> → (<expr>)
         | <number>
<number> → <number><digit>
         | <digit>
<digit> → 0 | 1 | 2 | 3 | 4 | 5 | 6 | 7 | 8 | 9
```

모호하지 않은 문법으로부터 생성되는 유도는 유도 방법에 상관없이 유일한 파스 트리를 갖는다.

이 문법에 적용하여 다음 문장에 대한 파스 트리를 나타내면 [그림 3-7]과 같다. 결국 좌우선 유도와 우우선 유도는 같은 파스 트리를 갖게 된다.

```
B = 3 - 5 - 2
```

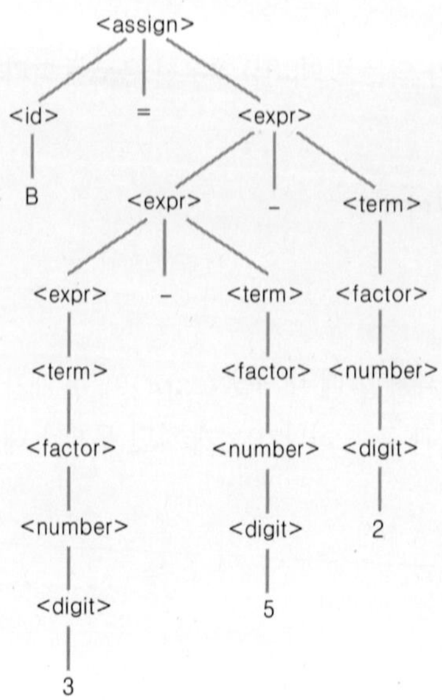

[그림 3-7] B = 3 - 5 - 2의 유일한 파스 트리

Section

04 EBNF

EBNF(Extended Backus-Naur Form)는 BNF가 지닌 몇 가지 사소한 불편을 개선한 표기법이다. 크게 세 가지 사항이 추가되었는데, 반복을 의미하는 { }와 옵션을 의미하는 [ ], 그리고 다중 선택을 의미하는 ( )이다.

1 { } 사용

앞서 사용한 다음 문법을 이용해서 여러 자리로 된 수를 생성할 수 있다.

```
〈number〉 → 〈number〉〈digit〉
           | 〈digit〉
〈digit〉 → 0 | 1 | 2 | 3 | 4 | 5 | 6 | 7 | 8 | 9
```

```
〈number〉 ⇒ 〈number〉〈digit〉
           ⇒ 〈number〉〈digit〉〈digit〉
           ⇒ 〈number〉〈digit〉〈digit〉〈digit〉
           ⇒ 〈digit〉〈digit〉〈digit〉〈digit〉
           ⇒ 1〈digit〉〈digit〉〈digit〉
           ⇒ 12〈digit〉〈digit〉
           ⇒ 123〈digit〉
           ⇒ 1234
```

이와 같이 일부 내용이 반복되는 경우가 자주 발생하는데 이러한 경우에 { }를 이용하면 된다. { }는 '0번 혹은 그 이상의 반복' 을 의미한다.

{ }를 사용하여 앞의 문법을 나타내 보자.

```
〈number〉 → 〈number〉〈digit〉
           | 〈digit〉
```

➡

```
〈number〉 → 〈digit〉{〈digit〉}
```

다음은 { }를 사용한 또 다른 예이다.

```
⟨expr⟩ → ⟨expr⟩ + ⟨term⟩
       |  ⟨term⟩
```

➡

```
⟨expr⟩ → ⟨term⟩{ + ⟨term⟩}
```

❷ [ ] 사용

C의 if 문을 BNF로 표현하면 다음과 같다.

```
⟨if⟩ → if (⟨expression⟩) ⟨statement⟩
     |  if (⟨expression⟩) ⟨statement⟩ else ⟨statement⟩
```

이 경우 else ⟨statement⟩는 옵션에 해당하는 부분인데, [ ]를 이용하면 다음과 같이 간단하게 나타낼 수 있다.

```
⟨if⟩ → if (⟨expression⟩) ⟨statement⟩ [else ⟨statement⟩]
```

❸ ( ) 사용

다음의 문법은 연산자에 해당하는 부분만 다르면서 하나만 선택되어야 하는 경우이다.

```
⟨term⟩ → ⟨term⟩ * ⟨factor⟩
       |  ⟨term⟩ / ⟨factor⟩
       |  ⟨term⟩ % ⟨factor⟩
```

이러한 경우에 ( )를 사용하면 편리하다. ( )를 사용해서 나타내면 다음과 같다. 선택 대상이 되는 *, /, %를 ( ) 에 넣고 | 로 구분한다.

```
⟨term⟩ → ⟨term⟩ (* | / | %) ⟨factor⟩
```

BNF로 표기한 [문법 3-8]을 EBNF로 나타내면 다음과 같이 간단해진다.

[문법 3-9] 배정문의 EBNF

```
<assign> → <id> = <expr>
<id> → A | B | C
<expr> → <term>{ (+|-)<term>}
<term> → <factor>{ * <factor>}
<factor> → (<expr>)
         | <number>
<number> → <digit>{<digit>}
<digit> → 0 | 1 | 2 | 3 | 4 | 5 | 6 | 7 | 8 | 9
```

Section 05

구문 도표

구문 도표(syntax diagram)는 구문을 도식적으로 기술하는 방법으로 EBNF와 곧바로 대응시킬 수 있다.

구문 도표에서 단말 기호는 원이나 타원으로 표현하고, 비단말 기호는 사각형으로 표현한다. 그리고 선과 화살표를 이용해서 순서를 표현한다. 예를 들어 살펴보자.

다음 규칙에 대한 구문 도표를 보자. 〈digit〉가 비단말 기호이므로 사각형으로 표현한다.

〈twocipher〉 → 〈digit〉〈digit〉

다음 규칙에 대한 구문 도표를 보자. 0과 1은 단말 기호이므로 원으로 표현한다.

〈binary〉 → 0 | 1

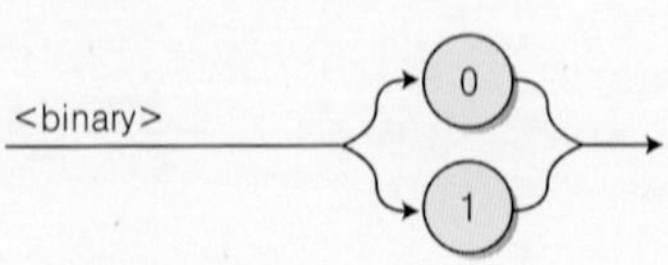

반복을 의미하는 { }를 사용하는 규칙에 대한 구문 도표를 보자.

〈loop〉 → {〈expr〉}

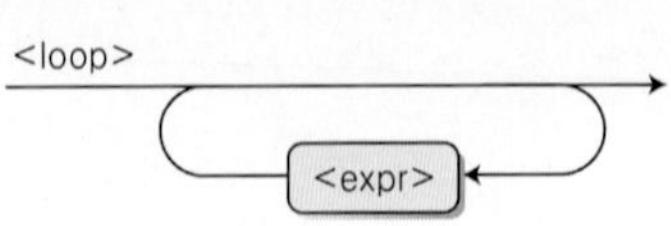

그러므로 다음 규칙에 대한 구문 도표는 아래와 같다.

〈expr〉 → 〈term〉 {+ 〈term〉}

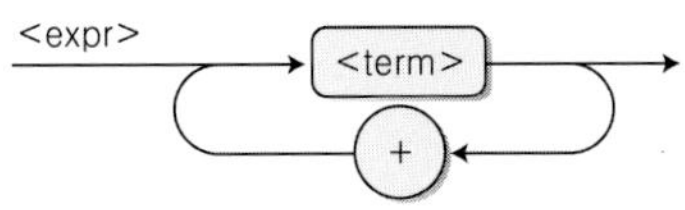

옵션에 해당하는 [ ]를 사용하는 규칙에 대한 구문 도표는 아래와 같다.

〈octet〉 → [0] 〈number〉

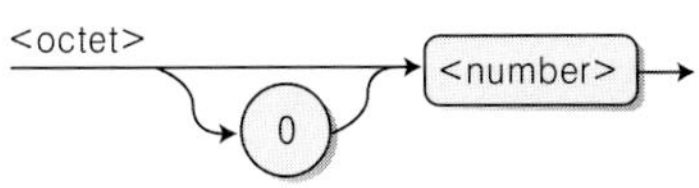

구문 도표는 보기에는 좋지만 많은 공간을 차지하는 문제점 때문에 BNF나 EBNF 형식을 일반적으로 사용한다.

요약

1 프로그래밍 언어의 구문은 언어의 구조를 의미한다.

2 문맥 자유 문법은 자연 언어에 대한 4가지 언어 유형의 문법 중 하나로, 프로그래밍 언어의 구문을 기술하는 데 유용하다.

3 BNF는 프로그래밍 언어의 구문을 기술하는 데 매우 자연스러운 표기법이다.

4 파스 트리는 문법 유도 과정을 이해하기 쉽게 트리 형태로 나타낸 것이다.

5 같은 문장에 대해 두 개 이상의 서로 다른 파스 트리가 생성되는 모호성이 발생하지 않게 해야 한다.

6 EBNF는 BNF가 지닌 몇 가지 사소한 불편을 개선한 표기법이다.

7 구문 도표는 구문을 도식적으로 기술하는 방법으로, EBNF와 곧바로 대응시킬 수 있다.

연습문제

1 [문법 3-3]을 사용하여 B = 23 - (7 + 5)를 유도하여라.

2 [문법 3-8]을 사용하여 다음 각각에 대한 파스 트리를 작성하여라.

(1) A = 2 * 3 + 4
(2) B = (2 + 3) * 4
(3) C = 2 * (3 + 4 * 5)

3 다음 각각에 대한 EBNF를 작성하여라.

(1) C의 switch 문
(2) C의 struct 정의

4 [문법 3-8]의 BNF 규칙을 EBNF와 구문 도표로 나타내어라.

Chapter

04

변수

*** 학습목표**

- 이름, 주소, 값, 타입, 영역, 속성이라는 특징을 갖는 변수에 대해 살펴본다.
- 변수에 변수와 관련된 속성을 연관시키는 바인딩에 대해 살펴본다.
- 변수에 이름과 데이터 타입 등의 속성을 부여하는 선언에 대해 살펴본다.
- 변수가 사용되는 범위와 관련된 블록, 영역에 대해 살펴본다.
- 변수에 메모리 공간을 바인딩하는 할당에 대해 살펴본다.
- 고정된 값을 가지는 식별자인 이름 상수에 대해 살펴본다.

Section

01 변수

명령형 언어는 메모리 위치를 의미하는 변수의 사용, 변수의 값을 바꾸는 배정문의 사용을 특징으로 갖는다고 1장에서 살펴보았다. 그러면 변수 개념에 대해 구체적으로 살펴보자.

일반적으로 변수를 메모리 주소에 대한 이름으로 생각하지만, 변수는 단순한 이름 이상의 의미를 지니는 중요한 개념이다.

다음과 같은 6가지의 속성들이 모여서 변수의 개념이 형성된다.

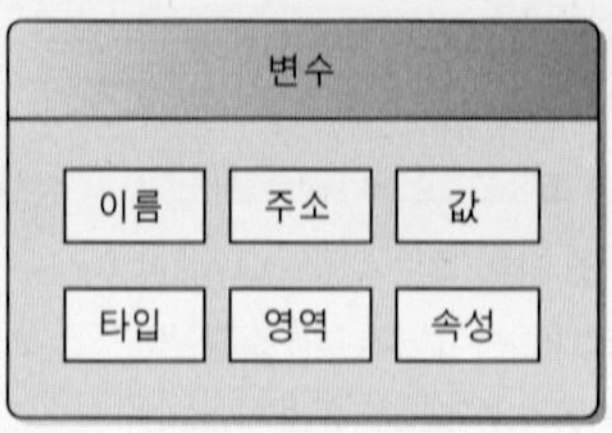

[그림 4-1] 변수의 다양한 속성들

우선 다음 C 언어 선언문을 이용해 속성에 대해 간단히 살펴보자.

```
int x;
```

① 이름 : 이름은 x가 된다.

x가 4바이트 크기라 가정한다.

② 주소 : 변수의 값이 저장될 메모리 주소로, [그림 4-2]에서 변수 x의 주소는 0x1001 ~ 0x1004임을 의미한다.

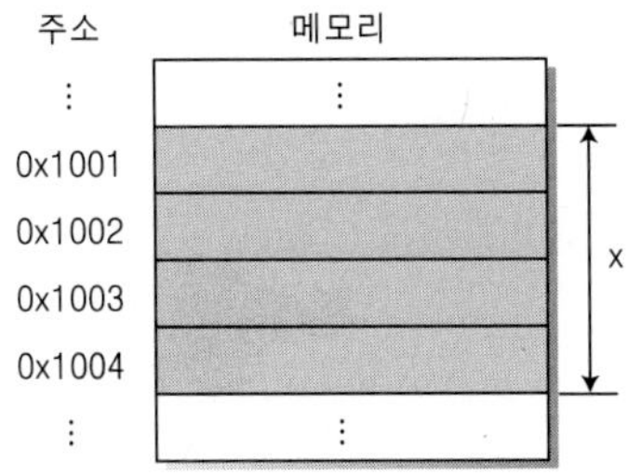

[그림 4-2] 변수 x의 주소

③ 값 : 변수의 값은 배정문에 의해 부여되는데, 다음 배정문을 실행하면 변수 x의 값은 20이 된다.

```
x = 20;
```

변수의 값은 변수의 주소에 저장된 내용을 의미하는 것으로, 다음과 같이 4바이트 영역에 고정소수점 형식으로 저장될 것이다.

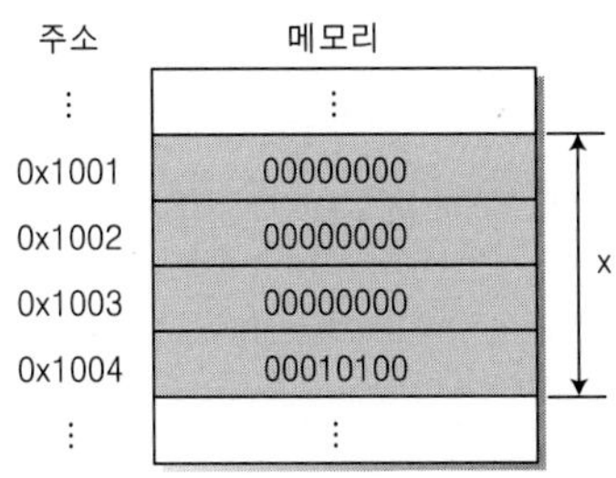

[그림 4-3] 값 20을 저장한 x

④ 타입 : 변수가 가질 수 있는 값의 범위와 이 값에 대한 연산들의 집합을 의미한다. 4바이트 크기의 int 형은 –2,147,483,648 ~ 2,147,483,647의 값의 범위와 덧셈, 뺄셈, 곱셈, 나눗셈, 나머지 연산 등의 연산을 갖는다.

⑤ 영역 : 변수 x의 사용이 허락되는 범위로, 상세한 내용은 3절에서 살펴볼 것이다.

⑥ 수명 : 변수 x가 메모리 주소에 할당되어 있는 기간으로, 상세한 내용은 4절에서 살펴볼 것이다.

그러면 우선 이름, 주소, 값, 타입에 대해 좀 더 상세하게 살펴보자.

❶ 이름

이름(name)은 프로그램에서 어떤 개체를 식별하기 위해서 사용되는 문자들의 스트링으로, 변수만을 위한 것이라기보다는 부프로그램, 이름 상수, 레이블과도 연관된다. 이름을 식별자(identifier)라 부르기도 한다.

프로그래밍 언어에서 이미 의미를 부여하여 사용하는 단어인 예약어(reserved word)는 이름으로 사용될 수 없다. 예를 들면, C 언어의 if, while, int 등이 예약어에 해당되므로 이름으로 사용할 수 없다.

어떤 프로그래밍 언어에는 미리 정의된 이름(predefined name)을 포함하는데, 이러한 이름은 미리 정의된 의미를 갖고 있으나 사용자에 의해 다시 정의되어 사용될 수 있다. 예를 들면, C 언어의 scanf, printf 등이 이에 해당된다.

좋은 이름은 이름만으로도 변수의 목적을 정확하게 전달할 수 있어야 하는데, 다음은 그 예로 설명이 불충분한 이름은 나쁜 이름이라 할 수 있다.

[표 4-1] 변수 이름에 대한 예제

변수의 목적	좋은 이름	나쁜 이름
현재 날짜	currentDate	date, current
성적의 합	sumOfScore	sum, score

❷ 주소

변수의 주소(address)는 변수의 값이 저장될 메모리 주소이다. 변수의 타입에 따라 변수에 할당되는 메모리의 크기에는 차이가 있는데, 다음 예에서 x는 4바이트 크기이고 ch는 1바이트 크기이다.

```
int x;
char ch;
```

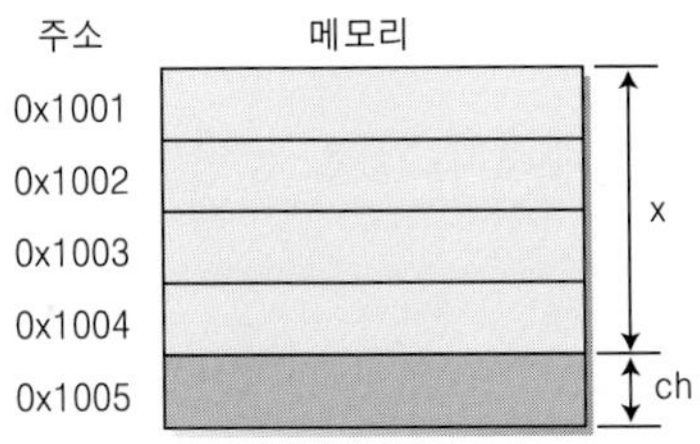

[그림 4-4] x와 ch 크기의 차이

C/C++에서 변수의 시작 주소를 알아내려면 변수 이름 앞에 앰퍼센드(&)를 붙이면 된다.

```
printf("%p", &x);
```

❸ 값

변수의 값은 그 변수의 주소에 저장된 내용을 의미한다. 변수의 값은 배정문에 의해 부여되는데, 다음 배정문은 변수 x의 주소에 값 20을 저장한다는 의미이다.

```
x = 20;
```

그리고 다음 배정문은 y의 값을 x의 주소에 저장하는 것을 의미한다.

y는 변수 이름이다.

```
x = y;
```

여기에서 x와 y 모두 변수 이름임에도 불구하고 배정문 왼쪽의 x는 주소를 의미하고, 오른쪽의 y는 y의 값을 의미한다. 이러한 이유로 변수의 주소를 l-value(배정문의 왼쪽에 나타나므로)라 부르고, 변수의 값을 r-value(배정문의 오른쪽에 나타나므로)라 부른다.

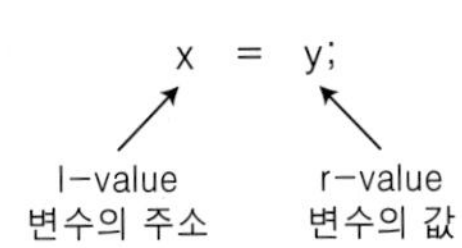

[그림 4-5] l-value와 r-value

❹ 타입

변수의 타입(type)은 변수가 가질 수 있는 값의 범위와 그 값에 대해 수행할 수 있는 연산의 집합을 의미한다.

예를 들면, 다음 C++ 문장에서 변수 x는 −2,147,483,648 ~ 2,147,483,647의 값을 가질 수 있으며 덧셈, 뺄셈, 곱셈, 나눗셈, 나머지 연산을 수행할 수 있다. 그리고 변수 check는 TRUE 또는 FALSE의 값을 가질 수 있으며 and, or, not 등의 연산을 수행할 수 있다.

```
int x;
bool check;
```

다양한 타입에 대해서는 5장에서 상세하게 살펴볼 것이다.

Section

02 바인딩

변수에 변수와 관련된 속성을 연관시키는 것을 바인딩이라 하는데 이에 대해 살펴보자.

변수는 하나의 이름에 다양한 속성이 연결되어 형성된다. 다음 Java 선언문은 이름 x에 '정수(integer)' 타입과 값 20이 연결된다.

```
int x = 20;
```

이와 같이 이름에 속성을 연관시키는 과정을 바인딩(binding)이라고 한다. 그리고 바인딩이 일어나는 시간을 바인딩 시간(binding time)이라 하는데, 바인딩 시간에 따라 바인딩을 정적 바인딩(static binding)과 동적 바인딩(dynamic binding)으로 분류할 수 있다.

[표 4-2] 바인딩 시간에 따른 바인딩 분류

바인딩	설명
정적 바인딩	실행 시간 전에 일어나고 프로그램 실행 과정에서 변하지 않은 상태로 유지되는 바인딩
동적 바인딩	실행 시간 중에 일어나거나 프로그램 실행 과정에서 변경되는 바인딩

예를 들어, 다음 선언은 '정수(integer)' 타입을 이름 x에 정적으로 바인딩하는 것이고,

```
int x;
```

다음 C++ 문장은 할당한 기억장소를 y에 동적으로 바인딩하는 것이다.

```
ptr = new int;
```

바인딩 시간은 [표 4-3]과 같이 더 세분화할 수 있다.

[표 4-3] 세분화된 바인딩 시간

바인딩 시간	설명
언어 정의 시간	프로그래밍 언어를 정의할 때 이루어지는 바인딩
언어 구현 시간	언어에 대한 번역기를 구현할 때 이루어지는 바인딩
번역 시간	원시 프로그램을 번역할 때 이루어지는 바인딩
링크 시간	프로그램을 라이브러리와 링크할 때 이루어지는 바인딩
적재 시간	프로그램의 실행을 위해 메모리로 적재할 때 이루어지는 바인딩
실행 시간	프로그램을 실행할 때 이루어지는 바인딩

이들 바인딩 시간의 예를 살펴보면 다음과 같다.

- 언어 정의 시간
  - C 언어의 int 타입이 정수 값을 가진다는 의미를 바인딩
  - '+' 기호에 덧셈 연산자라는 의미를 바인딩
- 언어 구현 시간
  - C 언어의 int 타입에 가능한 값의 범위를 바인딩
  - 정수에 컴퓨터 내에서의 표기법을 바인딩
- 번역 시간
  - 다음 C 선언문에서 변수 x에 타입 int를 바인딩

```
int x;
```

- 링크 시간
  - 라이브러리 부프로그램 호출에 부프로그램 코드를 바인딩
- 적재 시간
  - 전역 변수에 메모리 주소를 바인딩
- 실행 시간
  - 다음 C 배정문에서 변수 x에 값 20을 바인딩

```
x = 20;
```

Section

03 선언, 블록, 영역

변수와 관련된 주요 고려사항으로 선언, 블록, 영역이 있는데 이에 대해 살펴보자.

1. 선언

선언(declaration)은 변수에 이름과 데이터 타입 등의 속성을 부여하는 문장인데, 명시적 선언(explicit declaration)과 묵시적 선언(implicit declaration)으로 구분할 수 있다.

이 절에서는 데이터 타입 위주로 살펴볼 것이다.

[표 4-4] 선언의 종류

선언	설명
명시적 선언	선언문을 사용하여 변수 이름을 나열하고 이들에 속성을 부여하는 방법
묵시적 선언	선언문을 사용하지 않고 디폴트 규칙에 의해서 변수에 속성을 부여하는 방법

다음 C 선언문은 변수 x의 데이터 타입을 예약어 int를 사용하여 명시적으로 지정하는 명시적 선언의 예이다.

```
int x;
```

묵시적 선언을 사용하는 언어에는 FORTRAN과 Perl이 있다. FORTRAN은 선언문 없이 변수 이름을 그냥 사용하면 그 이름이 선언된 것으로 간주한다. 특히 변수 이름이 'I', 'J', 'K', 'L', 'M', 'N' 으로 시작되면 정수 타입으로 선언되고, 그렇지 않으면 실수 타입으로 선언된다.

그리고 유사한 묵시적 선언을 사용하는 Perl에서는 $로 시작되는 변수는 스칼라 타입이고, @로 시작되는 변수는 배열이고, %로 시작되는 변수는 해시 구조체이다. 그러므로 $edu, @edu, 그리고 %edu는 서로 연관성이 없는 별개의 변수이다.

C와 C++에서는 선언과 정의를 구별해야 한다. 선언은 부분적인 속성을 바인딩하는 것이고, 정의(definition)는 모든 잠재적인 속성을 바인딩하는 것이다. 예를 들어, 다음의 함수 원형(또는 선언)은 함수의 이름, 매개 변수와 반환 값의 타입만을 기술하고, 함수의 코드는 기술하지 않으므로 선언에 해당하는 것이다.

```
int max (int num1, int num2);
```

반면 다음의 함수 정의는 함수의 코드를 포함해서 모든 것을 기술하므로 정의에 해당된다.

```
int max (int num1, int num2)
{
   if (num1 > num2)
      return num1;
   return num2;
}
```

❷ 블록

일련의 문장 집합으로 자체적인 선언을 가질 수 있는 프로그램 단편을 블록(block)이라 한다.

이러한 블록 개념을 처음 도입한 언어는 ALGOL 60으로 begin~end로 묶어 블록을 표현한다. 다음은 ALGOL 60의 예이다. a, b 두 개의 블록으로 이루어진 구조로 블록 a에서는 i와 j를 선언하고 있고, 블록 b에서는 x와 y를 선언하고 있다.

```
a: begin integer i, j;
     b: begin real x, y;
          ⋮
        end b;
     ⋮
   end a;
```

[그림 4-6] ALGOL 60의 블록

임의의 블록 내의 선언을 지역적(local)이라 하고, 블록 밖의 선언을 비지역적(nonlocal)이라 하는데, [그림 4-6]의 변수 i와 j는 블록 a에 대해 지역적이지만 블록 b에 대해서는 비지역적이다.

Ada에서 블록은 다음과 같이 declare로 시작하는 begin~end로 표현한다.

```
declare
  선언문
begin
  문장들
end;
```

단, 선언문이 없을 경우에는 declare 절을 생략하여 표현한다.

```
begin
  문장들
end;
```

다음은 블록을 사용한 Ada 예로, 08행에서 13행까지가 블록에 해당된다.

Ada 컴파일러는 libre.adacore.com에서 구할 수 있다.

[소스 4-1] 블록을 사용하는 Ada 예제

```
01 with TEXT_IO;
02 use TEXT_IO;
03 procedure block is
04    package INT_IO is new TEXT_IO.INTEGER_IO (integer);
05    use INT_IO;
06 begin
07    put("before block");
08    declare
09       X: integer := 1;
10    begin
11       put("block");
12       put(X);
13    end;
14    put("behind block");
15 end block;
```

C 기반 언어의 블록은 복합문(compound statement)이라 하는데 중괄호로 묶어 표현한다. 다음 C 예는 두 개의 블록으로 된 구조로, 하나는 func 본체를 나타내는 블록이고 다른 하나는 func 본체 안에 내포된 블록이다.

```
void func(void)
{
    int i, j;
    {
        double x, y;
            ⋮
    }
        ⋮
}
```

[그림 4-7] C의 블록

❸ 영역

영역(scope)이란 이름의 사용이 허락되고 있는 범위를 의미한다. 예를 들어, 다음 C 예에서 변수 x의 영역은 선언된 지점부터 func 함수의 끝까지이다.

```
void func(void)
{
    int x;   ─┐
      ⋮       │ x의 영역
}            ─┘
```

[그림 4-8] 영역을 위한 C 함수

영역은 정적 영역과 동적 영역으로 구분할 수 있다. 이들에 대해 살펴보자.

정적 영역

ALGOL 60에서 처음 도입한 정적 영역(static scoping)은 현재 대부분의 언어에서 사용되고 있다. 정적 영역은 이름에 해당하는 변수를 찾을 때 외향적인 구조를 따르는데, 자신을 포함하고 있는 블록에서 선언되었는지 살펴보고, 아니면 그 바깥쪽 블록에서 선언되었는지를 살펴본다.

임의의 블록에서 변수 x에 대한 참조가 이루어졌을 때 변수 x의 선언문을 찾는 과정은 다음과 같다.

우선 임의의 블록에 속한 선언문에서 x에 대한 선언문이 있는지를 찾는다. 만약 없으면 임의의 블록을 포함하고 있는 바깥쪽 블록의 선언문에서 x에 대한 선언문이 있는지를 찾는다. 이러한 과정은 x에 대한 선언문을 찾을 때까지, 또는 가장 큰 블록의 선언문에서도 x를 발견하지 못할 때까지 계속된다. 만약 가장 큰 블록의 선언문에서도 x를 발견하지 못하면 선언되지 않은 변수 오류가 발생된다.

다음 ALGOL 예를 통해 살펴보자.

[소스 4-2] 정적 영역을 위한 ALGOL 예제

```
01  a: begin integer i, j; real x, y;
02     b: begin integer x, y;
                 ⋮
03           i := x;
04           j := y;
05        end b;
06     c: begin real i, j;
                 ⋮
07           x := i;
08           y := j;
09        end c;
                 ⋮
10     end a;
```

01~10행, 02~05행, 06~09행이 각각 블록 a, b, c에 해당된다. 블록 a는 블록 b와 블록 c의 바깥쪽 블록이다. 블록 a에서 정수 타입 i, j와 실수 타입 x, y를 선언하고 있고, 블록 b에서 정수 타입 x와 y를 선언하고 있다. 그리고 블록 c에서는 실수 타입 i와 j를 선언하고 있다. 03행에서 변수 i와 x를 사용하고 있는데, 이 변수 i와 x에 대한 선언문을 찾아보자.

03행을 포함하고 있는 블록 b의 선언문(02행)에 변수 i에 대한 선언이 있는지 찾아보면, 변수 i에 대한 선언을 찾을 수 없다. 그러므로 블록 b의 바깥쪽 블록인 블록 a의 선언문(01행)에 변수 i에 대한 선언문이 있는지 찾아보면, 변수 i에 대하여 선언하고 있는 것을 알 수 있다. 그러므로 변수 i는 01행의 i에 해당된다. 반면 x는 블록 b의 선언문인 02행에서 선언하고 있으므로 x는 02행의 x에 해당된다. 마찬가지 방식을 적용하면 04행의 j는 01행의 j에, y는 02행의 y에 해당된다. 그리고 07행의 x는 01행의 x에, i는 06행의 i에, 08행의 y는 01행의 y에, j는 06행의 j에 해당된다.

또 다른 예인 다음의 C++ 예제를 보자.

[소스 4-3] 정적 영역을 위한 C++ 예제

```
01 #include <iostream>
02 using std::cout;
03 using std::endl;
04
05 int x;
06
07 void func(void)
08 {
09     double x;
10     x = 3.14;
11     cout << x << endl;
12 }
13
14 int main(void)
15 {
16     x = 20;
17     cout << x << endl;
18     func();
19
20     return 0;
21 }
```

05행 x의 영역은 선언된 지점부터 이 프로그램 끝까지이고, 09행 x의 영역은 선언된 지점부터 이 선언이 속한 블록의 끝인 12행까지이다. 특히 지역 변수인 09행의 x에 대비해 05행의 x를 전역 변수라 한다. 10행의 x는 func 함수 내에서 지역적으로 선언된 09행의 x에 해당된다. 그리고 16행의 x는 main 함수에서 지역적으로 선언된 x가 없으므로 전역 변수인 05행의 x에 해당된다.

기본적으로 func 함수 내부에서 05행의 x는 접근할 수 없으나 C++에서는 영역 지정 연산자 ::를 사용하면 전역 변수에 접근할 수 있다. 다음 프로그램에서 11행의 ::x는 영역 지정 연산자를 이용해서 전역 변수인 05행의 x를 나타낸 것이다.

[소스 4-4] 영역 지정 연산자를 사용하는 C++ 예제

```
01 #include <iostream>
02 using std::cout;
03 using std::endl;
04
05 int x;
06
07 void func(void)
08 {
09     double x;
10     x = 3.14;
11     ::x = 30;
12     cout << x << endl;
13 }
14
15 int main(void)
16 {
17     x = 20;
18     cout << x << endl;
19     func();
20     cout << x << endl;
21
22     return 0;
23 }
```

Ada에도 이와 유사한 기능을 제공하고 있는데 점 표기법을 이용하여 바깥 영역에서 선언된 변수에 접근이 가능하다. 예를 들어, 바깥 영역인 Main 부프로그램에서 선언된 x는 Main.x로 접근할 수 있다. 다음 Ada 예제에서 10행이 그 예이다.

[소스 4-5] Ada 예제

```
with TEXT_IO;
use TEXT_IO;
procedure Main is
   package INT_IO is new TEXT_IO.INTEGER_IO (integer);
   use INT_IO;
   x: integer := 10;
   procedure Sub is
      x: string(1..3) := "abc";
   begin
      Main.x := 20;
      put(x);
   end Sub;
begin
   Sub;
   put(x);
end Main;
```

기본적으로 내포된 블록에서 선언된 변수를 외부에서 접근할 수 없다. 다음 C++ 예에서 07~09행 블록에서 선언된 변수인 x를 블록 밖인 10행에서 접근하려고 하므로 선언되지 않은 변수 오류가 발생하게 된다.

[소스 4-6] 오류가 발생하는 C++ 예제

```
01 #include <iostream>
02 using std::cout;
03 using std::endl;
04
05 int main(void)
06 {
07     {
08         int x;
09     }
10     x = 30;
```

```
    cout << x << endl;

    return 0;
}
```

동적 영역

APL, SNOBOL 4, 그리고 LISP 초기 버전에서 적용된 방식이 동적 영역(dynamic scoping)이다. 동적 영역은 이름에 해당하는 변수를 찾을 때 외향적인 구조에 기반하지 않고, 부프로그램들의 호출 순서에 기반한다. 먼저 자신을 포함하고 있는 블록에서 선언되었는지를 보고, 아니면 자신을 포함한 블록(부프로그램)을 호출한 문장을 포함하고 있는 블록에서 선언된 것인지를 조사한다. 이러한 과정은 해당 변수를 찾을 때까지 계속된다. 따라서 동적 영역을 적용하는 언어의 변수에 대한 영역은 실행 시간에 결정된다.

다음 LISP 예를 통해 살펴보자. 다음 예에서 ->는 LISP 인터프리터의 프롬프트이고, -> 오른쪽 내용은 입력한 내용이다.

```
01  -> (defvar s 10)
02  -> (defun f (x) (+ x s))
03  -> (defun g (s) (f (+ s 11)))
04  -> (g 5)
```

01행은 동적 영역 변수 s를 10으로 선언한 것이다. 02행은 함수 f (x)를 (+ x s)로 정의한 것인데, + x s는 일반적인 수식 x+s를 의미한다. 그리고 03행은 함수 g (s)를 f (+ s 11)로 정의한 것이다. 04행의 (g 5)는 g 함수를 호출하는 것으로, 5는 인수에 해당된다.

04행에서 g 함수를 호출하면 03행의 g 함수가 실행되는데 s가 5가 되어 f (16)을 호출한다. 그러면 02행의 f 함수가 실행되는데 x가 16이 되어 (+ 16 s)가 계산된다. 여기에서 s에 해당되는 변수를 찾을 때 f 함수에서 선언되었는지를 알아보면, 그렇지 않은 것을 알 수 있다. 그러면 이 f 함수를 호출한 문장을 포함하고 있는 함수 g에서 s가 선언되었는지를 보는데 s를 5로 선언하고 있다. 그러므로 02행의 s는 5가 되어 결국 21이 계산된다.

만약 s가 정적 영역 변수라면 02행의 s는 01행의 s가 되어 10이 되었을 것이다.

Section

04 할당

변수에 속성을 연관시키는 것을 바인딩이라 한다고 앞에서 살펴보았는데, 특히 변수에 메모리 공간을 바인딩하는 것을 할당이라 한다. 이에 대해 살펴보자.

변수에 메모리 공간을 바인딩하는 과정을 기억장소 할당(allocation)이라 하고, 변수로부터 바인딩이 해제된 메모리 공간을 가용 공간으로 돌려주는 과정을 회수(deallocation)라 한다. 변수가 특정 메모리 주소에 바인딩되어 있는 시간을 수명(lifetime)이라 하는데, 변수의 수명은 변수가 메모리 공간에 바인딩될 때 시작되며 회수될 때 종료된다.

변수의 할당은 수명에 따라 크게 정적 할당, 스택 기반 할당, 동적 할당으로 분류된다. 이들 내용에 대해 살펴보기에 앞서 변수 할당과 관련된 메모리 구조를 살펴보면 다음과 같다.

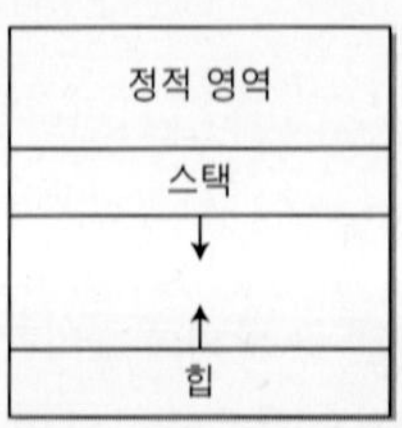

[그림 4-9] 변수 할당과 관련된 메모리 구조

정적 영역은 크기가 정해져 있는 반면 스택과 힙은 필요에 따라 서로 반대 방향으로 영역이 성장할 수 있다.

그러면 정적 할당, 스택 기반 할당, 동적 할당에 대해 살펴보자.

❶ 정적 할당

정적 할당(static allocation)은 변수에 메모리 공간이 정적으로 할당되는 것으로, 한번 할당되면 프로그램 실행이 종료될 때까지 할당 상태가 그대로 유지된다.

정적 할당이 이루어지는 메모리 공간은 [그림 4-9]의 정적 영역인데, 주로 전역 변수가 정적 할당을 한다. 전역 변수는 프로그램 실행 전체 과정에 사용되므로 정적 할당이 바람직하다.

다음 C 예제의 01행의 변수 x가 전역 변수로 정적 할당을 하여 메모리의 정적 영역에 할당된다.

```
01  int x;
02  int main(void)
03  {
          ⋮
```

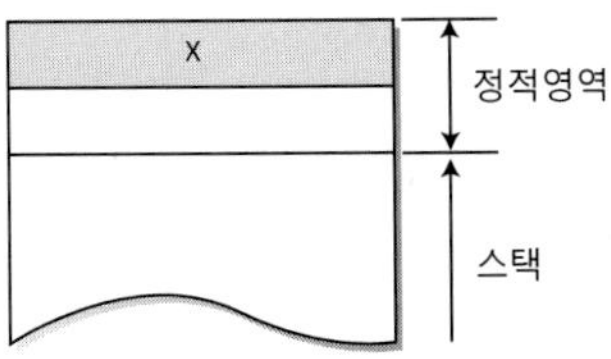

[그림 4-10] 정적 영역에 할당

부프로그램 내부에서 선언되는 지역 변수들은 일반적으로 스택 기반 할당을 한다. 그러나 지역 변수도 정적 할당을 하면 편리한 경우가 있는데, C와 C++에서는 static을 이용해서 지역 변수를 정적으로 할당할 수 있다.

다음 C 예제에서 05행의 count 변수는 지역 변수임에도 불구하고 정적 할당을 한다. 그러므로 func 함수가 종료되어도 count는 메모리에서 회수되지 않고 그대로 유지된다.

[소스 4-7] 정적 할당을 하는 지역 변수의 예

```
01  #include<stdio.h>
02
03  int func(void)
04  {
05      static int count = 0;
06      count++;
07      return count;
08  }
09  int main(void)
```

```
{
   int i;
   for (i=0; i<10; i++)
      printf("%d ", func());
   return 0;
}
```

결국 출력되는 결과는 다음과 같다.

```
1 2 3 4 5 6 7 8 9 10
```

❷ 스택 기반 할당

스택 기반 할당(stack based allocation)은 자동 할당(automatic allocation)이라고도 하는데, 변수의 타입은 정적으로 할당되지만 메모리 공간은 실행 시간 중에 할당된다. 스택 기반 할당이 이루어지는 메모리 공간은 [그림 4-9]의 스택인데, 주로 지역 변수가 스택 기반 할당을 한다.

다음 C 예제에서 03행의 a, 04행의 x, 08행의 x, y가 스택 기반 할당을 하는 지역 변수이다.

[소스 4-8] 스택 기반 할당을 하는 지역 변수의 예

```
01  void func(void)
02  {
03     int a;
04     double x;
           ⋮
05  }
06  int main(void)
07  {
08     int x, y;
09     func();
           ⋮
10  }
```

메모리에 할당되는 과정을 살펴보자.

08행의 선언문을 실행하면 x와 y가 다음과 같이 스택에 할당된다.

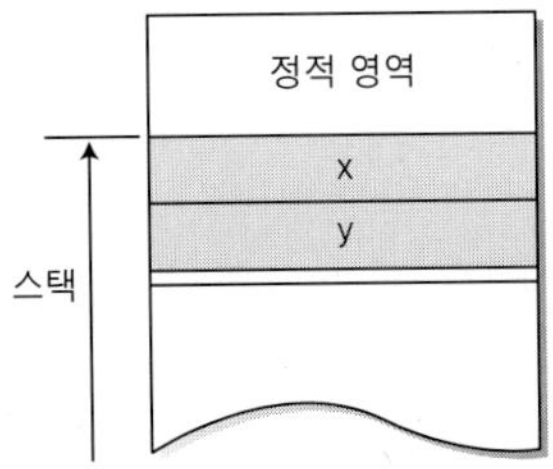

[그림 4-11] main 함수의 x와 y 할당

09행의 func 함수 호출에 의해 03행과 04행의 선언문이 실행되면 a와 x가 다음과 같이 스택에 할당된다.

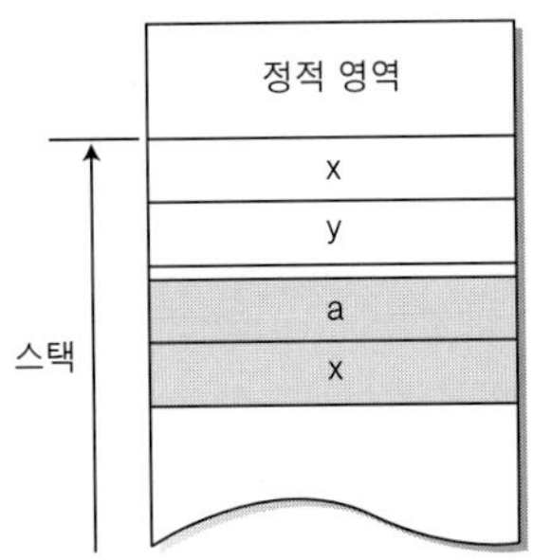

[그림 4-12] func 함수의 a와 x 할당

그리고 func 함수의 실행이 종료되면 a와 x는 스택에서 회수된다. [소스 4-7]의 정적 변수인 count는 함수가 종료되어도 메모리에서 회수되지 않는다는 점과 차이가 있다.

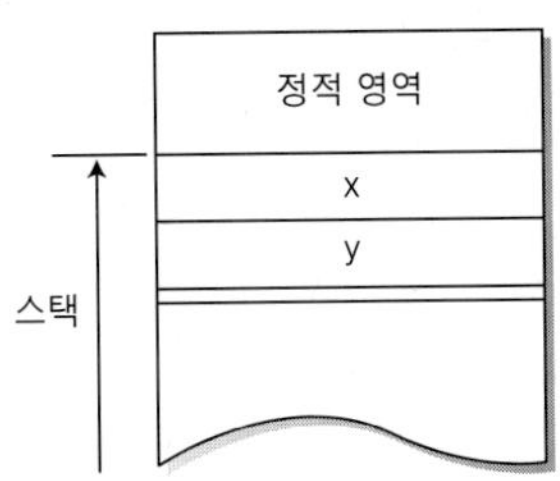

[그림 4-13] func 함수의 a와 x 회수

main 함수가 종료되면 x와 y도 스택에서 회수된다.

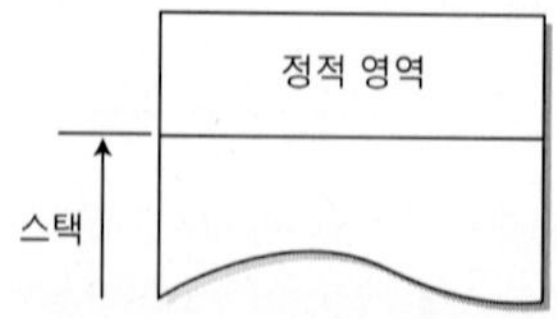

[그림 4-14] main 함수의 x와 y 회수

❸ 동적 할당

동적 할당(dynamic allocation)은 명시적인 명령어에 의해 실행 시간에 할당된다. 동적 할당이 이루어지는 메모리 공간은 [그림 4-9]의 힙(heap)인데, 동적으로 할당된 영역은 포인터나 참조 변수를 통해서 참조할 수 있다.

C에서는 동적 할당을 위한 함수로 malloc(Memory ALLOCation)을 제공하고 있고, 동적으로 할당된 영역을 회수하는 함수로 free를 제공하고 있다. 단, 이들 함수를 이용하기 위해서는 stdlib.h 헤더 파일을 인클루드해야 한다.

다음 예는 동적으로 메모리를 할당하고 회수하는 C 코드이다.

[소스 4-9] 동적 할당을 하는 C 예제

```
01  int *ptr;
02  ptr = (int *)malloc(sizeof(int));
03  *ptr = 20;
04  free(ptr);
```

01행에서 포인터 변수 ptr을 선언하고, 02행에서 malloc을 이용해 메모리를 동적으로 할당하고 ptr이 이 영역을 가리키게 한다. 이러한 과정을 거친 후의 메모리 구조는 다음과 유사한데, 힙에 동적으로 할당된 영역(그림에서는 음영으로 처리된 부분)을 ptr이 가리킨다.

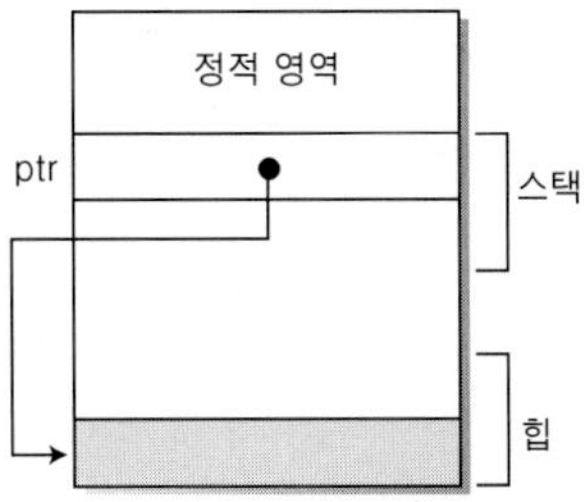

[그림 4-15] ptr이 동적으로 할당된 영역을 가리킴

동적으로 할당된 영역에 20을 저장하기 위해서는 03행과 같이 포인터 변수를 이용해야 한다. *ptr은 ptr이 가리키는 영역을 의미하므로 동적으로 할당된 영역에 20을 배정한다.

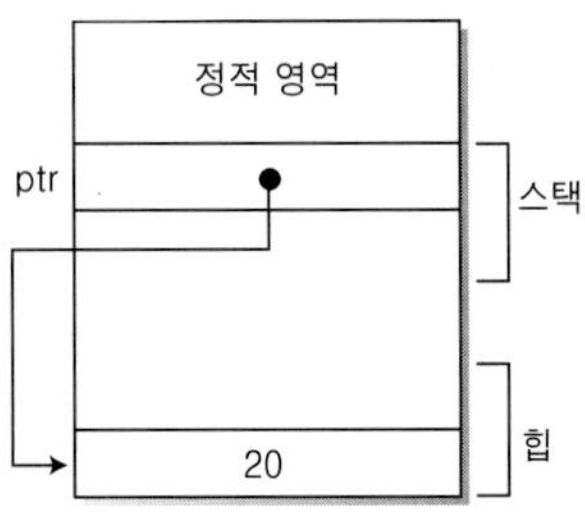

[그림 4-16] ptr이 가리키는 영역에 20을 배정

그리고 04행에서 free 함수를 실행하면 동적으로 할당된 영역이 회수된다.

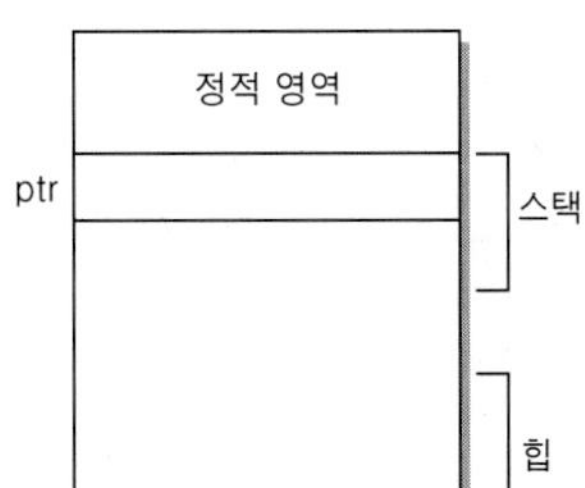

[그림 4-17] 동적으로 할당된 영역의 회수

반면 함수를 사용하는 C와는 달리 C++에서는 동적 할당과 관련된 연산자를 기본적으로 제공하고 있는데 이는 new와 delete이다. C로 된 [소스 4-9]를 C++로 나타내면 다음과 같이 간단히 나타낼 수 있다.

[소스 4-10] 동적 할당을 하는 C++ 예제

```
int *ptr;
ptr = new int;
*ptr = 20;
delete ptr;
```

동적 할당은 실행 시간 중에 삽입 · 삭제가 자주 발생하는 연결 리스트나 트리 구조에서 흔히 사용되는데, Pascal과 Ada 등에서도 동적 할당을 제공한다.

Section

05 이름 상수

이름 상수(named constant)는 프로그램 전반에 걸쳐 고정된 값을 가지는 식별자로, 변수와는 달리 값이 변경될 수 없다.

이름 상수를 사용하면 판독성과 프로그램의 신뢰성을 증진시킬 수 있는데, 먼저 판독성을 향상시키는 예를 살펴보자.

다음 C 예에서는 상수 3.14159를 사용하고 있다.

```
area = 5 * 5 * 3.14159;
```

3.14159 대신에 이름 상수 pi를 사용하여 다음과 같이 나타내면 판독성이 향상된다.

C에서는 const를 사용하여 변수를 선언하면 이름 상수가 된다.

```
const double pi = 3.14159;
area = 5 * 5 * pi;
```

다음으로 프로그램의 신뢰성을 향상시키는 예를 살펴보자.

다음 C 예에서는 학생 수를 의미하는 상수 100이 배열 첨자, for 문 등 여러 곳에서 사용되고 있다. 만약 학생 수가 200으로 변경되면 학생 수를 의미하는 100을 모두 200으로 변경해야 한다. 그러나 이는 불편한 작업이고, 또한 학생 수를 의미하지 않는 100을 200으로 변경하는 실수를 범할 수도 있다.

```
int score[100];
        ⋮
for (i=0; i<100; i++) {
        ⋮
}
average = sum / 100;
```

이러한 경우 학생 수를 의미하는 상수 100 대신에 이름 상수 number를 사용하여 다음과 같이 나타내면 이러한 불편함이 해소되어 프로그램의 신뢰성을 높일 수 있다.

```
const int number = 100;
int score[number];
          ⋮
for (i=0; i<number; i++) {
          ⋮
}
average = sum / number;
```

학생 수가 200으로 변경되더라도 이름 상수를 선언하는 문장만 수정하면 된다.

```
const int number = 200;
```

Ada는 다음과 같이 constant를 사용하여 이름 상수를 선언하고

```
number: constant integer := 100;
```

Java는 다음과 같이 final을 사용하여 이름 상수를 선언한다.

```
final int number = 100;
```

C와는 달리 Ada, C++, Java는 이름 상수에 값을 동적으로 바인딩하는 것을 허용한다. 예를 들어, 다음 선언문은 C에서는 불가능하지만 C++에서는 가능하다.

```
const int current = (int)time(0);
```

이름 상수를 사용하는 프로그램에서 같은 내용을 표현하기 위해 다른 곳에서는 일반적인 상수를 사용하는 것은 매우 위험하다. 이름 상수의 값을 변경했을 때 모든 값이 변경되었다고 생각하는 오류를 범할 수 있기 때문이다.

요약

1 변수는 이름, 주소, 값, 타입, 영역, 속성들이 모여서 변수의 개념이 형성된다.

2 이름은 프로그램에서 어떤 개체를 식별하기 위해서 사용되는 문자들의 스트링이다.

3 변수의 주소는 변수의 값이 저장될 메모리 주소이다.

4 변수의 값은 그 변수의 주소에 저장된 내용이다.

5 변수의 타입은 변수가 가질 수 있는 값의 범위와 그 값에 대해 수행할 수 있는 연산의 집합을 의미한다.

6 바인딩은 이름에 속성을 연관시키는 과정을 의미한다.

7 바인딩이 일어나는 시간인 바인딩 시간은 실행 시간 전에 일어난다. 이는 프로그램 실행 과정에서 변하지 않은 상태로 유지되는 바인딩인 정적 바인딩과 실행 시간 중에 일어나거나 프로그램 실행 과정에서 변경되는 바인딩인 동적 바인딩으로 분류된다.

8 선언은 변수에 이름과 데이터 타입 등의 속성을 부여하는 문장이다.

9 블록은 일련의 문장 집합으로, 자체적인 선언을 가질 수 있는 프로그램 단편을 의미한다.

10 영역이란 이름의 사용이 허락되고 있는 범위를 의미하는데, 이름에 해당하는 변수를 찾을 때 외향적인 구조를 따르는 정적 영역과 이름에 해당하는 변수를 찾을 때 부프로그램들의 호출 순서에 기반하는 동적 영역으로 분류된다.

11 변수에 메모리 공간을 바인딩하는 과정을 기억장소 할당이라 하고, 변수로부터 바인딩이 해제된 메모리 공간을 가용 공간으로 돌려주는 과정을 회수라 한다.

12 변수의 할당은 수명에 따라 크게 정적 할당, 스택 기반 할당, 동적 할당으로 분류된다.

요약

13 정적 할당은 변수에 메모리 공간이 정적으로 할당되는 것으로, 한번 할당되면 프로그램 실행이 종료될 때까지 할당 상태가 그대로 유지된다.

14 스택 기반 할당에서 변수의 타입은 정적으로 할당되지만 메모리 공간은 실행 시간 중에 할당된다.

15 동적 할당은 명시적인 명령어에 의해 실행 시간에 할당된다.

16 이름 상수는 프로그램 전반에 걸쳐 고정된 값을 가지는 식별자를 의미한다.

연습문제

1 다음 변수들의 속성에서 (가)와 (나)에 들어갈 내용은?

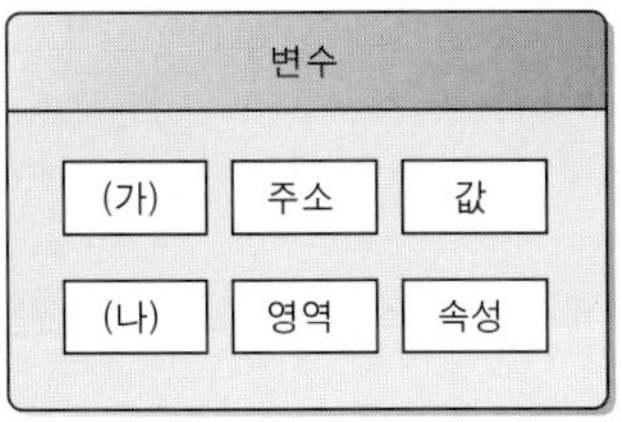

2 l-value와 r-value에 대해 설명하여라.

3 정적 바인딩과 동적 바인딩에 대해 설명하여라.

4 다음 세분화된 바인딩 시간에서 (가)와 (나)에 들어갈 내용은?

바인딩 시간	설명
언어 정의 시간	프로그래밍 언어를 정의할 때 이루어지는 바인딩
(가)	언어에 대한 번역기를 구현할 때 이루어지는 바인딩
번역 시간	원시 프로그램을 번역할 때 이루어지는 바인딩
링크 시간	프로그램을 라이브러리와 링크할 때 이루어지는 바인딩
(나)	프로그램의 실행을 위해 메모리로 적재할 때 이루어지는 바인딩
실행 시간	프로그램을 실행할 때 이루어지는 바인딩

5 다음 선언의 종류에서 (가)와 (나)에 들어갈 내용은?

선언	설명
(가)	선언문을 사용하여 변수 이름을 나열하고 이들에 속성을 부여하는 방법
(나)	선언문을 사용하지 않고 디폴트 규칙에 의해서 변수에 속성을 부여하는 방법

연습문제

6 다음과 같은 가상 언어로 된 프로그램에 대해 정적 영역 규칙을 적용할 때와 동적 영역 규칙을 적용할 때의 출력 결과는 무엇인가?

```
program main;
   var a, b : integer;
   procedure print;
      begin
         write(a); write(b);
      end print;
   procedure func;
      var a, b : integer;
      begin
         a=2; b=3;
         call print;
      end func;
   begin
      a=0; b=1;
      call func;
   end main.
```

7 변수의 할당을 수명에 따라 분류하고 설명하여라.

8 정수 타입의 영역 두 개를 동적으로 할당해서 각각 20과 30을 저장한다. 그리고 이 두 개의 값을 교환하는 C 프로그램을 작성하여라.

9 이름 상수를 사용할 때 얻어지는 장점에 대해 설명하여라.

Chapter 05

데이터 타입

＊학습목표

- 변수가 가질 수 있는 값들의 집합과 그 값들에 대한 연산의 집합을 의미하는 데이터 타입에 대해 살펴본다.
- 수치 타입에 해당하는 정수 타입과 부동소수점 타입에 대해 살펴본다.
- true와 false 값을 가지는 불린 타입에 대해 살펴본다.
- 문자 타입과 문자열 타입에 대해 살펴본다.
- 사용자 정의 순서 타입에 해당하는 열거 타입과 부분 범위 타입에 대해 살펴본다.
- 구조적 데이터 타입에 해당하는 배열 타입, 레코드 타입, 공용체 타입에 대해 살펴본다.
- 메모리 주소를 값으로 갖는 포인터 타입에 대해 살펴본다.

Section

01 데이터 타입의 개요

프로그램의 모든 데이터에는 타입(type)이 있다. 예를 들어, 다음 C 문장에서 12는 정수 타입이고 3.456은 부동소수점 타입이다.

```
x = 12 + 3.456;
```

변수의 타입은 흔히 선언에 의해 명시적으로 변수에 바인딩된다는 것을 4장에서 살펴보았다. 다음 C 선언은 타입 int를 변수 x에 바인딩하는 것이다.

```
int x;
```

그리고 다음 C 선언은 타입 double을 변수 y에 바인딩하는 것이다.

```
double y;
```

반면 이름에 타입을 묵시적으로 바인딩하는 언어도 있는데, 다음의 Pascal 선언은 상수 MAX에 정수 타입을 묵시적으로 바인딩한다.

```
const MAX = 100;
```

그러므로 데이터 타입이란 그 타입의 변수가 가질 수 있는 값들의 집합이라 할 수 있다. 따라서 다음의 int 타입의 변수 x가 가질 수 있는 값은 −2,147,483,648부터 2,147,483,647까지의 정수들의 집합이다.

32비트로 된 2의 보수 형태로 저장된다고 가정한 경우이다.

```
int x;
```

이러한 데이터 타입은 가질 수 있는 값들의 집합뿐만 아니라 이러한 값들에 적용할 수 있는 연산들의 집합도 포함한다. 예로 정수나 부동소수점 타입에 대한 +, −, *, / 등의 연산을 들 수 있다.

결국 데이터 타입이란 가질 수 있는 값들의 집합과 그 값들에 대한 연산의 집합이라 정의할 수 있다.

이러한 데이터 타입에는 정수 타입, 부동소수점 타입과 같이 해당 언어에서 기본적으로 제공하는 기본 데이터 타입과 레코드 타입과 같이 기본 데이터 타입을 이용하여 사용자가 생성하는 사용자 정의 데이터 타입(user-defined data type)이 있다.

그러면 다양한 데이터 타입에 대해 살펴보자.

Section

02 수치 타입

다음 C 문장에서 12와 3.14159265가 수치 타입 데이터에 해당된다.

```
x = 12 + 3.14159265;
```

초기의 프로그래밍 언어에서부터 제공되던 수치 타입은 지금도 중요한 역할을 하고 있다. 수치 타입에는 정수 타입과 부동소수점 타입이 있는데 이들에 대해 살펴보자.

❶ 정수 타입

가장 기본적인 수치 타입인 정수(integer) 타입과 관련된 주요 관심사항은 정수 값을 표현하는 데 사용하는 바이트 수이다.

FORTRAN과 같은 언어는 정수를 표현하는 데 한 가지 크기만을 제공하지만, Java와 C와 같은 언어는 여러 가지 크기를 제공한다.

예를 들어 Java는 byte, short, int, long의 4가지 정수 타입을 제공하는데 각각의 크기와 표현 범위는 [표 5-1]과 같다.

[표 5-1] Java의 정수 타입

타입	크기	표현 범위
byte	1바이트	-128 ~ 127
short	2바이트	-32,768 ~ 32,767
int	4바이트	-2,147,483,648 ~ 2,147,483,647
long	8바이트	-9,223,372,036,854,775,808 ~ 9,223,372,036,854,775,807

대부분의 컴퓨터는 2의 보수 표기법을 사용하여 정수를 표현하므로 1바이트 크기의 byte

타입이 표현할 수 있는 최소값은 -2^7인 −128이고 최대값은 2^7-1인 127이다. 그리고 4바이트 크기의 int 타입이 표현할 수 있는 최소값은 -2^{31}인 −2,147,483,648이고 최대값은 $2^{31}-1$인 2,147,483,647이다.

다음은 byte 타입 변수 x에 200을 배정하는 문장이다. byte 타입이 저장할 수 있는 최대값은 127이므로 200을 저장하려는 이 문장은 문제가 발생한다. 이러한 문제를 오버플로(overflow)라 한다.

```
byte x;
x = 100 + 100;
```

C와 C++와 같은 언어는 비부호 정수(unsigned integer) 타입도 제공하는데 이러한 타입은 0과 양의 정수만을 표현하는 타입이다. C와 C++에서 제공하는 정수 타입의 종류는 다음과 같다. 여기에서 unsigned로 시작되는 타입이 비부호 정수에 해당된다.

[표 5-2] C/C++의 정수 타입

타입	크기	표현 범위
short int	2바이트	−32,768 ~ 32,767
unsigned short int	2바이트	0 ~ 65,536
int	2바이트 또는 4바이트	−32,768 ~ 32,767 또는 −2,147,483,648 ~ 2,147,483,647
unsigned int	2바이트 또는 4바이트	0 ~ 65,536 또는 0 ~ 4,294,967,295
long int	4바이트	−2,147,483,648 ~ 2,147,483,647
unsigned long int	4바이트	0 ~ 4,294,967,295

구체적으로 정수를 어떻게 표현하는지는 『IT CookBook, 컴퓨터 개론』(한빛미디어, 2006)을 참고하기 바란다.

❷ 부동소수점 타입

부동소수점(floating-point) 타입은 실수를 표현하는 것이다. 과거의 컴퓨터들은 부동소수점 표현 방식이 일치하지 않았으나, 최근 대부분의 컴퓨터들은 IEEE 754 표준 형식을 사용해서 부동소수점을 표현한다.

언어에서는 컴퓨터 하드웨어에서 지원하는 표현 방식을 사용하는데, 대부분의 언어는 float과 double이라는 두 개의 타입을 제공한다. 일반적으로 float 타입은 4바이트 크기로 수를 표현하고, double 타입은 8바이트 크기로 수를 표현한다.

C 언어는 sizeof를 사용하면 데이터 타입의 크기(바이트)를 알 수 있다. 다음은 float 타입과 double 타입의 크기를 확인하는 문장이다.

```
printf("float: %dbytes\ndouble: %dbytes", sizeof(float),
sizeof(double));
```

IEEE 754 표준 형식은 다음과 같다. 단일 정밀도가 float 타입에 해당되고, 이중 정밀도가 double 타입에 해당된다.

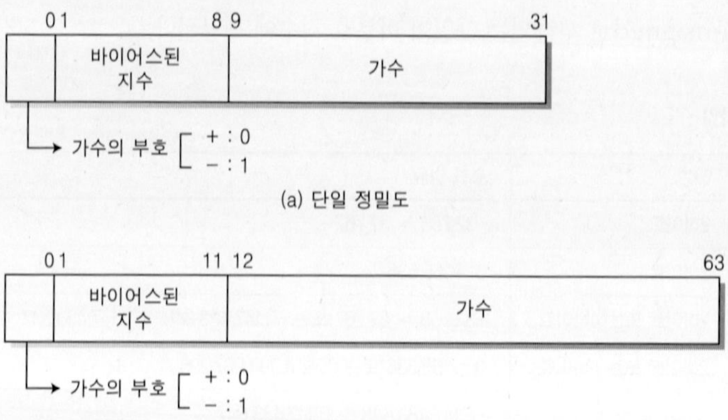

(a) 단일 정밀도

(b) 이중 정밀도

[그림 5-1] IEEE 754 부동소수점 형식

여기에서 가수는 다음 형식의 가수에 해당되고, 바이어스된 지수는 다음 형식의 지수에 바이어스를 더한 값이 된다.

$$\text{가수} \times \text{밑수}^{\text{지수}}$$

구체적인 표현 방법은 『IT CookBook, 컴퓨터 개론』(한빛미디어, 2006)을 참고하기 바란다.

단일 정밀도는 이중 정밀도에 비해 연산 속도는 빠른 장점이 있으나 정밀도는 떨어지는 단점이 있다.

Section

03 불린 타입

불린(boolean) 타입은 true와 false라는 두 개의 값을 갖는데, 조건이 true인지 false인지를 파악할 때 사용된다.

불린 타입은 ALGOL 60에서 처음 도입되었는데, C를 제외한 대부분의 언어에서 제공하고 있다. 불린 타입 데이터에 대한 대표적인 연산으로 and, or, not이 있는데, 변수 x와 y가 불린 타입일 때 다음과 같이 동작한다.

최근 C 버전은 불린 타입을 제공한다.

[표 5-3] and, or, not 연산

x	y	x and y	x or y	not x
true	true	true	true	false
true	false	false	true	false
false	true	false	true	true
false	false	false	false	true

C++에서 and 연산자는 &&, or 연산자는 ||, 그리고 not 연산자는 !이다. 다음은 불린 타입 변수를 이용해서 ch에 저장된 값이 영문자인지를 판별하는 C++ 예이다.

```
bool upperCheck, lowerCheck;
          ⋮
upperCheck = (ch >= 'A' && ch <= 'Z');
lowerCheck = (ch >= 'a' && ch <= 'z');
if (upperCheck || lowerCheck) {
          ⋮
}
```

Section

04 문자 타입

다음 C 문장에서 'a'가 문자 타입 데이터에 해당된다.

```
ch = 'a';
```

이와 같은 문자 타입은 문자 코딩 기법을 사용하여 표현한다. 대부분의 언어에서 사용되는 코딩 기법은 ASCII(American Standard Code for Information Interchange)로 0부터 127까지의 값을 이용해서 128개의 서로 다른 문자를 표현한다.

그러나 ASCII로는 각 나라별 언어를 표현할 수 없다. 이러한 문제를 해결한 코드가 유니코드(unicode)인데 16비트로 한 문자를 표현하여 65,536개의 서로 다른 문자를 표현할 수 있다. 이러한 유니코드를 사용하는 언어가 Java와 C#이다.

다음은 Java로 문자 타입의 변수 ch를 선언하고 '\u0041'로 초기화하는 문장인데, '\u'는 유니코드를 의미하는 표기이고 '0041'은 16진수 값이다.

```
char ch = '\u0041';
```

다음은 문자 타입 변수 ch에 '한'에 대한 유니코드를 저장하고 출력하는 Java 프로그램이다.

[소스 5-1] 유니코드를 사용하는 Java 예제

```
public class unicode{
   public static void main(String[] args){
      char ch = '\ud55c';
      System.out.println(ch);
   }
}
```

Section

05 문자열 타입

문자열은 문자들의 나열을 의미하는 것으로, 다음 C 문장에서 "Hello"가 문자열 타입 데이터에 해당된다.

```
printf("Hello");
```

FORTRAN과 ALGOL 60은 수치 계산을 강조하는 언어로, 문자열 데이터 처리에 대해서는 빈약하였다. 그러나 1960년대 중반에 들어 프로그래밍 언어에 문자열 처리를 위한 기능들이 크게 요구되기 시작하였다. 첫째, 변수들이 문자열을 값으로 가질 수 있도록 하는 것이고, 둘째, 문자들의 순서를 기반으로 하여 관계 연산자를 문자열 비교에 그대로 사용할 수 있도록 하는 것이다. 이러한 기능을 제공한 첫 번째 언어가 PL/I로, 문자열을 값으로 가질 수 있는 변수를 선언할 수 있다.

다음은 PL/I에서 길이가 10인 문자열 변수 A를 선언하는 문장으로 배정된 문자열의 길이가 10보다 작으면 공백으로 채워진다.

```
DCL A CHAR(10);
```

반면 다음 선언은 문자열의 길이가 50보다 작으면 공백으로 채우지 않고 해당 문자열의 길이만큼의 크기로 자른다.

```
DCL A CHAR(50) VARYING;
```

PL/I은 문자열과 관련된 여러 가지 연산을 제공한다.

LENGTH SUBSTR INDEX VERIFY TRANSLATE

| 는 문자열과 문자열을 연결하는 연산으로, 다음 문장을 실행하면 A에는 'PROGRAMMING LANGUAGE'가 배정된다.

```
A = 'PROGRAMMING ' | 'LANGUAGE' ⇨ 'PROGRAMMING LANGUAGE'
```

LENGTH는 문자열의 길이를 알아내는 연산으로, 위의 A에 대해 다음 문장을 실행하면 20을 반환한다.

```
LENGTH(A) ⇨ 20
```

SUBSTR(A, I, J)는 문자열 A의 I번째 문자로 시작해서 J개의 문자열을 추출한다. 결과로 'LANG'을 추출한다.

```
SUBSTR(A, 13, 4) ⇨ 'LANG'
```

INDEX(A, B)는 문자열 A에서 문자열 B의 위치를 찾아 정수 값으로 반환하는데, 만약 문자열 A에 문자열 B가 없으면 0을 반환한다.

그리고 VERIFY(A, B)는 문자열 A에서 문자열 B에 속하지 않는 첫 번째 문자의 위치를 정수 값으로 반환하는데, 만약 B에 속하지 않는 문자가 없으면 0을 반환한다.

다음은 문자열 B에서 영문자가 아닌 문자의 위치를 찾아 반환한다.

```
VERIFY(B, 'ABCDEFGHIJKLMNOPQRSTUVWXYZ')
```

TRANSLATE(A, B, C)는 문자열 A에서 C에 해당하는 문자를 문자 B로 교체한다. 따라서 다음은 문자열 B에서 문자 '-'를 문자 '_'로 교체한다.

```
TRANSLATE(B, '_', '-')
```

이러한 PL/I의 문자열 타입은 구현이 어렵고 실행 시간 측면에서 비효율적이다. 이에 Pascal에서는 이러한 문자열을 기본 타입에서 제외시키고 단일 문자들의 배열을 이용해서 문자열을 처리할 수 있게 하였다. 다음은 Pascal 예로, char 타입의 배열을 이용해서 문자열을 저장할 수 있는 name을 선언한 것이다.

```
var name: array[1..20] of char;
```

Pascal의 이러한 방법은 C와 C++에서도 사용되고 있는데, char 배열을 이용하여 문자열을 처리한다.

```
char str[] = "programming";
```

그리고 C와 C++는 문자열을 처리하는 라이브러리 함수들을 제공한다. 대표적인 함수는 다음과 같다.

strcat   strcmp   strcpy   strlen   strchr

strcat(s, t)는 문자열 t를 문자열 s 끝에 연결한다. 그리고 strcmp(s, t)는 문자열 s와 t의 코드 값의 크기를 비교하는 함수로, 주로 다음과 같은 형식으로 사용하는데 두 문자열이 같으면 if 조건이 참이 된다.

```
if (!strcmp(s, t)) {
        ⋮
}
```

strcpy(s, t)는 문자열 t를 문자열 s에 복사한다. 그러므로 다음 문장은 "programming"을 str에 복사하고 이를 출력하므로 "programming"이 출력된다.

```
strcpy(str, "programming");
printf("%s", str);
```

strlen(s)는 문자열 s의 길이를 반환한다. 그러므로 다음은 "linux"의 바이트 수인 5를 반환한다.

```
strlen("linux")
```

그리고 strchr(s, c)는 문자열 s에서 문자 c가 처음으로 발견된 위치를 반환한다. 그러므로 다음 문장은 "ABCDEF"에서 문자 'D'가 처음으로 발견된 위치를 반환하게 되어 결국 "DEF"가 출력된다.

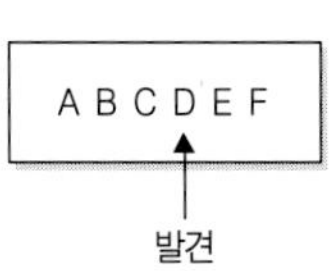


```
printf("%s", strchr("ABCDEF", 'D'));
```

C와 C++는 char 포인터를 이용해서 문자열을 처리할 수도 있다.

```
char *str = "programming";
```

특히 C++는 표준 클래스 라이브러리를 통해 제공되는 string 클래스를 이용해서 문자열을 처리할 수 있다. 다음은 string 클래스를 이용해서 문자열을 지원하는 예이다.

```
string str = "programming";
```

Java 역시 char 배열을 이용해서 문자열을 이용할 수 있다.

```
char[ ] str = {'p', 'r', 'o', 'g', 'r', 'a', 'm', 'm', 'i',
                'n', 'g'};
```

또한 Java는 문자열을 처리하는 String 클래스가 기본 타입으로 지원된다.

```
String str = "programming";
```

문자열을 표현하기 위해 C, C++, Java 등 많은 언어는 0으로 끝나는 문자열 형식을 사용한다. 이러한 형식으로 표현하는 경우 문자열 "String"은 메모리에 다음과 같이 표현되는데, 0은 1바이트 크기를 차지한다.

'S'	't'	'r'	'i'	'n'	'g'	0

[그림 5-2] 0으로 끝나는 문자열 형식

그러므로 C와 C++에서 문자열 "String"은 S, t, r, i, n, g 각각 1바이트와 문자열의 끝을 의미하는 0을 위한 1바이트까지 포함하여 7바이트를 차지한다.

Section

06 사용자 정의 순서 타입

순서 타입(ordinal type)은 변수가 가질 수 있는 값들을 나열해 놓은 타입으로 양의 정수 집합과 연관된다. 사용자가 정의할 수 있는 순서 타입에는 열거 타입과 부분 범위 타입이 있는데 이들에 대해 살펴보자.

1. 열거 타입

열거 타입(enumeration type)에서 가질 수 있는 모든 값들은 타입 정의에서 정해지는 이름 상수이다. 이러한 이름 상수를 열거 상수(enumeration constant)라 한다.

다음은 enum day 열거 타입을 정의한 C 예제로, SUN, MON, …, SAT의 열거 상수에는 정수 값 0, 1, …, 6이 묵시적으로 할당된다.

```
enum day {SUN, MON, TUE, WED, THU, FRI, SAT};
```

다음과 같이 임의의 정수를 명시적으로 할당할 수도 있는데, JAN에는 1이, FEB에는 2, …가 할당된다.

```
enum months {JAN=1, FEB, MAR, APR, MAY, JUN, JUL, AUG, SEP,
OCT, NOV, DEC};
```

다음은 정의된 enum day 타입을 이용해서 변수 currentDay를 선언하는 예이다. currentDay가 가질 수 있는 값은 SUN, MON, …, SAT이다.

```
enum day currentDay;
```

이와 같은 열거 타입은 주로 가독성을 향상시키기 위해 사용되는데, 다음과 같이 작성하는 것보다는

```
if (currentDay == 1)
```

다음과 같이 열거 타입을 사용하는 것이 좀 더 읽기 쉽다.

```
if (currentDay == MON)
```

이러한 열거 타입 변수 currentDay에 MON을 배정해 보자.

```
currentDay = MON;
```

C에서는 MON에 할당된 수치 값인 1을 배정해도 같은 의미를 지닌다.

```
currentDay = 1;
```

그러나 C++에서는 열거 타입 변수에 수치 값을 배정하면 오류가 발생한다. 단, 다음과 같이 캐스트(cast) 연산자를 이용해서 명시적으로 타입 변환을 하면 이러한 문제는 해결된다.

```
currentDay = (day)1;
```

❷ 부분 범위 타입

부분 범위 타입(subrange type)은 미리 정의된 열거 타입 또는 정수의 부분 집합을 값으로 하는 타입이다.

부분 범위 타입은 Pascal과 Ada에서 제공하는데, Ada에서는 subtype을 사용해서 부분 범위 타입을 정의한다. 다음은 Ada에서 day라는 열거 타입을 정의한 것이다.

```
type day is (SUN, MON, TUE, WED, THU, FRI, SAT);
```

이렇게 정의된 day 타입의 부분 집합을 값으로 하는 부분 범위 타입인 workday를 정의하는 방법은 다음과 같다.

```
subtype workday is day range MON..FRI;
```

다음은 이와 같이 정의된 workday 타입의 변수를 선언하는 예이다.

```
today: workday;
```

변수 today에 workday 타입에 속하는 값을 배정할 수 있다.

```
today := TUE;
```

그러나 workday 타입의 변수에 day에는 속하나 workday에 속하지 않는 값을 배정하는 것은 부적합하다.

Section

07 배열 타입

여러 데이터를 묶어서 하나의 단위로 처리하는 데이터 타입을 구조적 데이터 타입(structured data type)이라 한다. 구조적 데이터 타입은 배열, 레코드, 공용체로 구분할 수 있는데 이 절에서는 배열에 대해 살펴보고 레코드와 공용체는 08절과 09절에서 살펴볼 것이다.

배열(array)은 집합체의 첫 번째 원소의 상대적 위치로 원소를 식별하는 동질형 데이터의 모임이다.

배열의 원소는 배열 이름과 첨자에 의해 참조되는데, 배열 이름이 먼저 오고 다음에 소괄호나 대괄호에 둘러싸인 첨자가 온다.

FORTRAN이나 Ada에서는 다음과 같이 소괄호를 이용해서 배열 원소를 나타낸다.

```
A(2)
```

이와 같이 소괄호를 사용할 때의 문제점은 부프로그램 호출 형식과 비슷하여 구분하기가 어렵다는 점이다.

반면 ALGOL 60, Pascal, C 등의 언어는 다음과 같이 대괄호를 이용해서 배열 원소를 나타내는데, 이는 부프로그램 호출과 쉽게 구분할 수 있다.

```
A[2]
```

다음은 이름이 A, 크기가 5, 그리고 원소의 타입이 int인 배열을 C로 선언한 것이다.

```
int A[5];
```

이 배열의 구조를 도식화하면 다음과 같다.

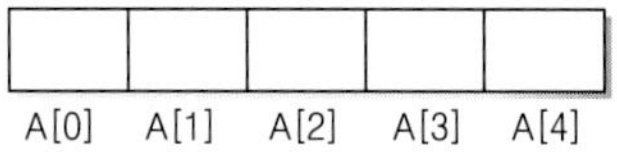

[그림 5-3] C의 배열 A 구조

그림에서 알 수 있듯이 첨자가 0으로 시작된다. 반면 FORTRAN은 첨자가 1로 시작되고, Ada는 첨자의 시작 값을 프로그래머가 지정해야 한다. 다음은 Ada에서 첨자가 -2로 시작되는 배열을 선언한 예이다.

```
A: array (-2..2) of integer;
```

이 배열의 구조는 다음과 같다. 여기에서 첨자는 -2, -1, …, 2가 된다.

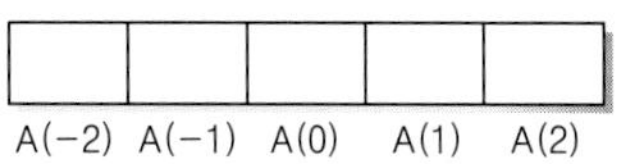

[그림 5-4] Ada의 배열 A 구조

그러면 배열 원소의 주소를 계산하는 방법을 살펴보자.

첫 번째 원소의 첨자가 a이고, 배열의 시작 주소가 base, 각 원소의 크기가 size라 할 때 A[i]의 주소는 다음과 같이 계산된다.

A[i]의 주소 = base + (i − a) × size

[그림 5-5]와 같은 배열 구조의 A[3]의 주소를 계산해 보자. A[0]의 시작 주소는 200이고, 각 원소의 크기는 4바이트라고 가정한다.

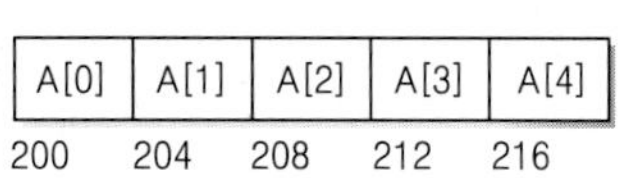

[그림 5-5] 배열 예 (1)

배열의 시작 주소가 200이므로 base는 200이다. 그리고 i는 3이며 배열의 첨자가 0으로 시작되므로 a는 0이 된다. 그리고 각 원소의 크기인 size는 4가 된다. 이 값들을 공식에 대입하면 212가 된다.

```
base + (i - a) × size
= 200 + (3 - 0) × 4
= 212
```

또 다른 예로 다음과 같은 배열 구조의 A(0)의 주소를 구해 보자. A(−2)의 시작 주소는 200이고, 각 원소의 크기는 4바이트라 가정한다.

A(−2)	A(−1)	A(0)	A(1)	A(2)
200	204	208	212	216

[그림 5-6] 배열 예 (2)

배열의 시작 주소인 base는 200이고, i는 0, 배열의 시작 첨자인 a는 −2가 된다. 그리고 각 원소의 크기인 size는 4가 되어 공식에 대입하면 208이 된다.

```
base + (i - a) × size
= 200 + (0 - (-2)) × 4
= 208
```

지금까지 살펴본 구조의 배열에서는 첨자를 1개만 사용해서 원소를 나타냈는데, 이러한 배열을 1차원 배열이라 한다.

첨자를 여러 개 사용해서 원소를 나타낼 수도 있는데, 이를 다차원 배열이라 한다. 예로 다음과 같이 첨자를 2개 사용하여 원소를 나타내는 배열을 2차원 배열이라 한다.

```
A[1][2]   A(1, 2)
```

다차원 배열에서는 2차원 배열이 주로 사용되므로 2차원 배열 위주로 살펴보자.

C, C++와 Java에서는 다음과 같이 배열의 배열을 선언하여 2차원 배열을 구성한다.

```
int A[3][2];                  … C
int[ ][ ] A = new int [3][2];   … Java
```

이들 언어와는 달리 FORTRAN과 Ada에서는 다차원 배열 구조를 별도로 사용한다.

```
INTEGER A(3, 2)                     … FORTRAN
A: array (1..3, 1..2) of integer;   … Ada
```

2차원 배열에서 첫 번째 첨자는 행을, 두 번째 첨자는 열을 나타낸다. 예를 들어 다음과 같이 C로 선언된 3행 2열 배열 A의 구조는 [그림 5-7]과 같다.

```
int A[3][2];
```

	1열	2열
1행	A[0][0]	A[0][1]
2행	A[1][0]	A[1][1]
3행	A[2][0]	A[2][1]

[그림 5-7] 3행 2열의 2차원 배열

[그림 5-7]은 2차원 배열을 논리적인 구조로 나타낸 것으로, 실제 메모리에 저장될 때는 연속적으로 나열되어 저장된다. 메모리에 저장되는 방식에 따라 2차원 배열은 행 중심 저장 방식과 열 중심 저장 방식으로 구분된다. 행 중심 저장 방식은 먼저 첫째 행, 다음에 둘째 행, … 식으로 저장하고, 열 중심 저장 방식은 먼저 첫째 열, 다음에 둘째 열, … 식으로 저장한다. FORTRAN은 열 중심 저장 방식이고, 대부분의 언어들은 행 중심 저장 방식이다.

다음은 [그림 5-7]의 2차원 배열 A를 행 중심 저장 방식과 열 중심 저장 방식으로 메모리에 저장할 때의 구조를 나타낸 것이다.

1행		2행		3행	
A[0][0]	A[0][1]	A[1][0]	A[1][1]	A[2][0]	A[2][1]

(a) 행 중심 저장 방식

1열			2열		
A[0][0]	A[1][0]	A[2][0]	A[0][1]	A[1][1]	A[2][1]

(b) 열 중심 저장 방식

[그림 5-8] 2차원 배열의 두 가지 저장 방식

그러면 2차원 배열에서의 원소의 주소를 구해 보자. 2차원 배열 A[n][m]에서 첫 번째 원소의 행과 열의 첨자가 a이고, 시작 주소가 base, 원소의 크기가 size라 할 때 A[i][j]의 주소를 구하는 공식은 다음과 같다.

> 행 중심 저장 방식 : A[i][j]의 주소 = base + (m×(i−a) + (j−a)) × size
> 열 중심 저장 방식 : A[i][j]의 주소 = base + (n×(j−a) + (i−a)) × size

[그림 5-9]의 예를 이용해서 A[2][0]의 주소를 구해 보자. 배열은 A[3][2]이므로 n이 3이고, m이 2이고, 행과 열의 첨자는 0이다. 그리고 시작 주소는 200이고, 각 원소의 크기는 4라고 가정하자.

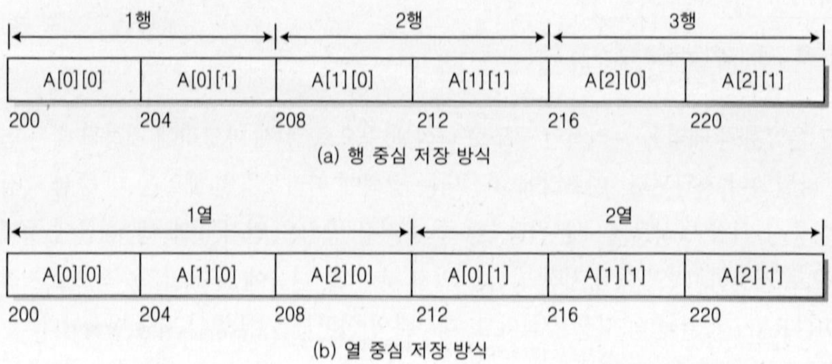

[그림 5-9] 2차원 배열 요소의 주소

행 중심 저장 방식의 A[2][0] 주소는 다음과 같이 공식에 대입하면 216이 된다.

```
base + (m×(i-a) + (j-a)) × size
= 200 + (2×(2-0) + (0-0)) × 4
= 216
```

그리고 열 중심 저장 방식의 A[2][0] 주소는 다음과 같이 공식에 대입하면 208이 된다.

```
base + (n×(j-a) + (i-a)) × size
= 200 + (3×(0-0) + (2-0)) × 4
= 208
```

C/C++에서 배열을 초기화하는 형식은 다음과 같다.

```
int intArray[5] = {1, 2, 3, 4, 5};
int matrix[2][3] = {1, 2, 3, 4, 5, 6};
```

배열의 크기를 생략하면 초기 값의 개수에 따라 배열의 크기가 정해진다. 단, 2차원 배열은 행의 크기만 생략할 수 있다.

```
int intArray[] = {1, 2, 3, 4, 5};
int matrix[][3] = {1, 2, 3, 4, 5, 6};
```

다음은 Ada에서 배열을 초기화하는 예이다.

```
intArray: array(1..5) of integer := (1, 2, 3, 4, 5);
```

=>를 사용하여 값들의 위치를 직접 지정할 수 있다. 예를 들어 intArray(2)는 5로, intArray(4)는 10으로 초기화하고, 나머지는 0으로 초기화해 보자.

=>를 arrow라 한다.

```
intArray: array(1..5) of integer := (2=>5, 4=>10, others=>0);
```

다음은 이 예를 이용해서 구현한 Ada 프로그램이다.

[소스 5-2] 배열을 초기화하는 Ada 예제

```
with TEXT_IO;
use TEXT_IO;
procedure test is
   package INT_IO is new TEXT_IO.INTEGER_IO (integer);
   use INT_IO;
   intArray: array(1..5) of integer := (2=>5, 4=>10, others=>0);
   index: integer;
begin
   index := 1;
   while index <= 5 loop
      put(intArray(index));
      index := index + 1;
   end loop;
end test;
```

Section

08 레코드 타입

배열과 또 다른 구조적 데이터 타입인 레코드에 대해 살펴보자.

레코드(record)는 집합체의 원소를 이름으로 식별하는 이질형 데이터의 모임이다.

레코드는 이질적인 데이터들을 하나로 묶어서 관리한다. 학생에 대한 정보를 예로 들면, 이름, 학번, 주소, 학과, 학년 등의 학생에 대한 정보들을 하나의 레코드로 묶으면 관리하기 편하다.

레코드는 1960년대 초기에 COBOL에 도입된 이후 대부분의 언어에서 제공하고 있다. C에서는 레코드를 구조체(structure)라 한다.

다음은 Pascal로 레코드를 정의한 예로, name, number, address 3개의 이질적인 데이터들을 하나의 레코드로 묶은 것이다.

```
type
   student = record
      name: packed array[1..20] of char;
      number: integer;
      address: packed array[1..30] of char
   end;
```

정의된 레코드인 student 타입의 변수 A의 선언은 다음과 같다.

```
var A: student;
```

이와 같은 레코드를 C로 정의하고 변수 A를 선언한 예는 다음과 같다.

```
struct student {
   char name[20];
   int number;
   char address[30];
```

```
};
struct student A;
```

그리고 다음은 이를 Ada로 나타낸 것이다.

```
type student is record
   name: string (1..20);
   number: integer;
   address: string (1..30);
end record;
A: student;
```

이와 같이 생성된 변수 A의 구조를 도식화하면 다음과 같다.

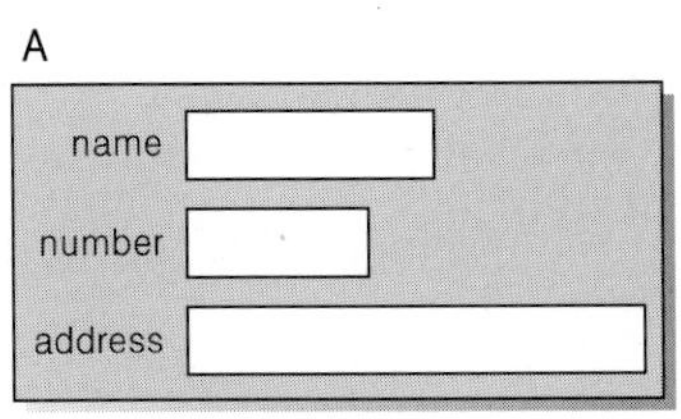

[그림 5-10] 레코드 타입의 변수 A의 구조

레코드를 이루고 있는 데이터들을 필드(field)라 하는데, 필드에 접근하는 표현 형식은 언어에 따라 차이가 있으나 C, Pascal, Ada는 변수 이름을 쓰고, 그 뒤에 도트(.), 그리고 필드 이름을 차례로 쓴다. 다음은 변수 A의 number 필드에 10을 저장하는 C, Pascal과 Ada 문장이다.

```
A.number = 10;      … C
A.number := 10;     … Pascal, Ada
```

반면 COBOL은 다음과 같은 형식을 사용하는데, A 레코드의 NUMBER 필드를 의미한다.

```
NUMBER OF A
```

레코드는 또 다른 레코드를 필드로 할 수 있다. 다음은 Ada 예로, student 레코드의 grade 필드가 score 레코드 타입이다. 물론 score 레코드 타입의 필드를 사용하기 위해서는 score 레코드가 먼저 정의되어 있어야 한다.

```
type score is record
   korean: integer;
   math: integer;
   computer: integer;
end record;
type student is record
   name: string (1..20);
   number: integer;
   address: string (1..30);
   grade: score;
end record;
```

다음은 이러한 레코드 타입의 변수를 선언한 것이다.

```
A: student;
```

이 변수의 구조는 다음과 같다.

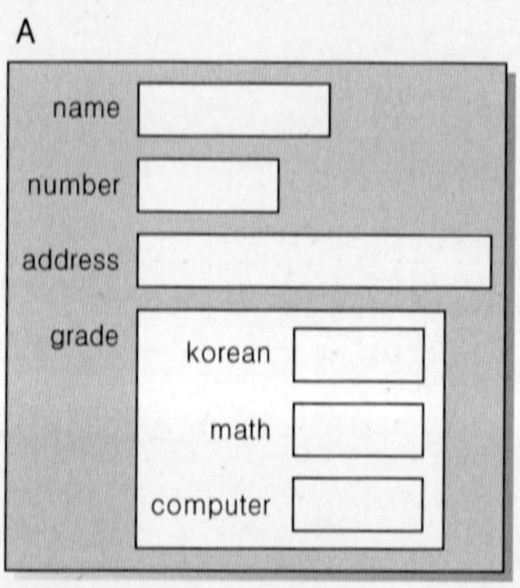

[그림 5-11] 중첩된 레코드 타입 변수 A의 구조

변수 A의 math 필드에 접근하려면 다음과 같이 A, 도트(.), grade, 도트(.), 그리고 math 필드 순으로 쓰면 된다.

```
A.grade.math
```

Ada에서는 한 번에 레코드 타입 변수의 모든 필드에 값을 배정할 수 있다.

```
type score is record
   korean: integer;
   math: integer;
   computer: integer;
end record;
student: score;
student := (70, 80, 90);
```

C/C++ 레코드에 대해서는 동등 연산자 적용이 불가능하지만 Ada 레코드에 대해서는 동등연산자 적용이 가능하다. 다음은 레코드에 대해 동등연산자를 적용하는 Ada 예이다.

```
type score is record
   math: integer;
   computer: integer;
end record;
student1, student2: score;
student1 := (70, 80);
student2 := (70, 80);
if student1 = student2 then
   put("equal");
else
   put("not equal");
end if;
```

Section

09 공용체 타입

배열, 레코드와 또 다른 구조적 데이터 타입인 공용체에 대해 살펴보자.

공용체(union)는 레코드와 형식이 유사하지만 구조체와는 달리 모든 필드가 같은 메모리를 공유하면서 필요에 따라 한 필드만을 사용할 수 있다.

공용체는 여러 타입의 필드 중 상황에 따라 한 멤버만을 필요로 하는 경우에 사용한다. 예를 들어, 각 종류의 상품을 구분하기 위해 음료수는 float 타입의 liter(용량), 과일은 int 타입의 number(개수), 꽃은 char 배열의 name(이름)이라 하자. liter, number, name은 동시에 사용되는 경우는 없고 상황에 따라 하나만 사용되는데 이러한 경우에 공용체를 사용하는 것이 바람직하다.

공용체를 표현할 때 FORTRAN에서는 EQUIVALENCE를, C/C++에서는 union을 사용한다. 앞의 예에 union을 사용하여 C/C++의 공용체로 표현해 보자.

```
union product {
    float liter;
    int number;
    char name[10];
};
```

정의된 공용체인 product 타입의 변수의 선언은 다음과 같다.

```
union product A;
```

이와 같이 생성된 변수 A의 구조는 다음과 같다. liter, number, name 필드는 같은 메모리를 공유하며 한 순간에 한 개의 필드만 사용할 수가 있다.

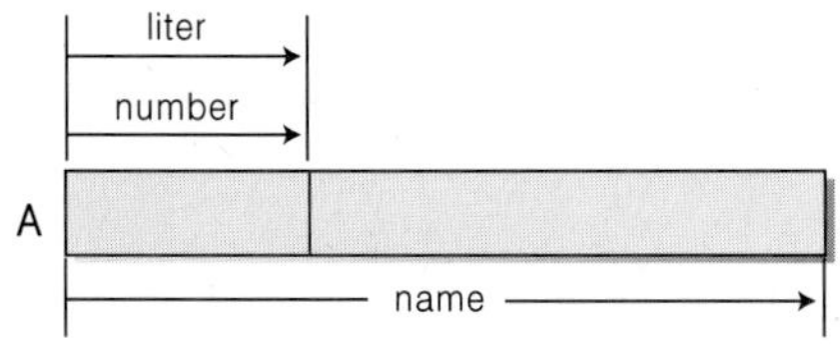

[그림 5-12] 공용체 타입 변수 A의 구조

필드에 접근하는 형식은 레코드와 동일한데, 다음은 A의 liter 필드를 나타낸 것이다.

```
A.liter
```

type이 A의 상품 종류를 위한 변수라면 다음과 같이 프로그램을 작성해 볼 수 있을 것이다.

```
switch(type) {
   case DRINK:
      printf("%f\n", A.liter);
      break;
   case FRUIT:
      printf("%d\n", A.number);
      break;
   case FLOWER:
      printf("%s\n", A.name);
      break;
   default:
      printf("bad type\n");
}
```

Ada는 판별자(discriminant)를 이용하는 또 다른 형식의 공용체가 있는데 이를 가변 레코드(variant record)라고 한다.

다음 예에서 name과 no 필드는 어느 경우에나 사용되지만 판별자에 해당하는 kind가 DRINK이면 liter 필드가 사용되고, kind가 FRUIT이면 size와 number가 사용된다. 그리고 kind가 FLOWER이면 bunch 필드가 사용된다.

```
type Class is (DRINK, FRUIT, FLOWER);
type product(kind: Class) is record
   name: string(1..5);
   no: integer;
   case kind is
      when DRINK =>
```

```
            liter: float;
         when FRUIT =>
            size: integer;
            number: integer;
         when FLOWER =>
            bunch: integer;
      end case;
   end record;
```

정의된 가변 레코드인 product 타입의 변수의 선언은 다음과 같다. goods1의 kind는 DRINK가 되고, goods2의 kind는 FRUIT가 된다.

```
   goods1: product(DRINK);
   goods2: product(FRUIT);
```

그러므로 goods1은 name, no 외에 liter 필드로 이루어지고, goods2는 name, no, size, number 필드로 이루어진다. 다음은 각 필드에 값을 배정하는 문장이다.

```
   goods1.name := "cider";
   goods1.no := 1;
   goods1.liter := 1.5;
   goods2:= (kind=>FRUIT, name=>"apple", no=>2, size=>3,
             number=>5);
```

Section

10 포인터 타입

C 언어가 저급 언어로 불리기도 하는 가장 큰 이유는 포인터 타입의 지원 때문이다. 포인터 타입에 대해 살펴보자.

1. 포인터의 개요

포인터(pointer) 타입은 변수가 임의의 객체를 참조하기 위해 메모리 주소를 값으로 갖는 타입이다. 초기의 언어에는 포인터 개념이 포함되지 않았으나 Pascal, C, C++, Ada 등 최근 언어들은 포인터 개념을 제공하고 있다.

포인터 개념이 도입된 큰 이유는 동적으로 기억장소를 관리하기 위해서이다. 앞에서 살펴본 배열은 정적 구조로, 프로그램 실행 중에 크기가 변할 수 없다. 때문에 데이터의 크기(개수)를 미리 예측할 수 없는 프로그램에서 배열 구조를 사용해서 구현하는 것은 비효율적이며 문제가 발생할 수도 있다.
이러한 문제를 해결하는 방법이 포인터를 이용해서 프로그램 실행 중에 필요에 따라 동적으로 기억장소를 할당받아 데이터를 저장하는 것이다. 동적으로 할당받는 메모리 공간을 힙(heap)이라고 하며, 이미 '4장 3절_동적 할당'에서 살펴보았다.

그러면 C 언어를 중심으로 포인터 개념에 대해 살펴보자.

포인터 변수는 데이터를 저장하는 변수가 아니라 다른 임의의 개체를 참조하기 위해 주소를 저장하는 변수이다. 다음은 포인터 변수의 개념을 이해하기 위한 C의 예이다.

```
int a=3;
int *ptr;
ptr = &a;
printf("%d", *ptr);
```

C에서 포인터 변수를 선언할 때 02행과 같이 변수 이름 앞에 에스터리스크(*)를 붙인다. ptr은 포인터 변수로 int 타입의 데이터를 저장하고 있는 메모리 주소를 저장할 수 있게 된다.

포인터 변수와 일반적인 변수를 구분하기 위해 그림에서 포인터 변수 이름 옆에 (*) 표기를 했다.

03행의 &a는 변수 a의 메모리 주소를 의미하는 것으로, 03행은 변수 a의 주소를 ptr에 저장하게 된다. 그러면 ptr은 a를 가리키게 되는데 이를 도식화하면 다음과 같다.

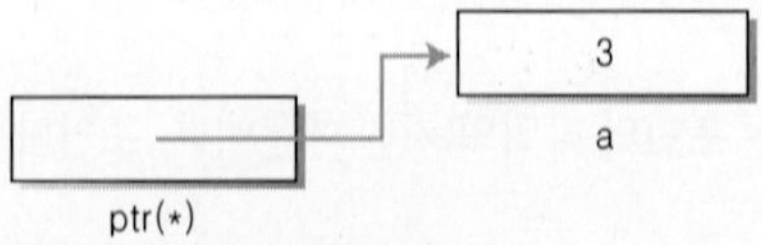

[그림 5-13] a를 가리키는 ptr

선언이 아닌 실행 문장에서 포인터 변수 앞에 *를 붙이면 ptr이 가리키는 곳을 의미한다. 그러므로 04행의 *ptr은 ptr이 가리키는 곳이므로 3이 된다. 여기서 *를 역참조 연산이라 한다.

❷ 포인터를 이용한 동적 기억장소 관리

포인터의 간단한 개념에 대해 살펴보았으니 포인터를 이용해서 동적 기억장소를 관리하는 내용에 대해 살펴보자.

구체적인 이해를 위해 C의 예를 이용해서 살펴보자. 다음과 같은 구조체를 정의해 보자.

```
struct list {
    int data;
    struct list *next;
};
```

struct list 타입의 포인터 변수 ptr을 선언한다. 생성되는 ptr은 struct list 타입 데이터를 저장하고 있는 메모리 주소를 저장할 수 있다.

```
struct list *ptr;
```

4장에서 살펴보았듯이 동적으로 메모리를 할당하는 함수는 malloc이다. 다음을 실행하면 동적으로 메모리를 할당하고 ptr이 이 영역을 가리키게 된다.

```
ptr = (struct list *)malloc(sizeof(struct list));
```

이를 도식화하면 다음과 같다. 동적으로 할당된 영역은 이름이 없으므로 무명 변수(anonymous variable)라 한다.

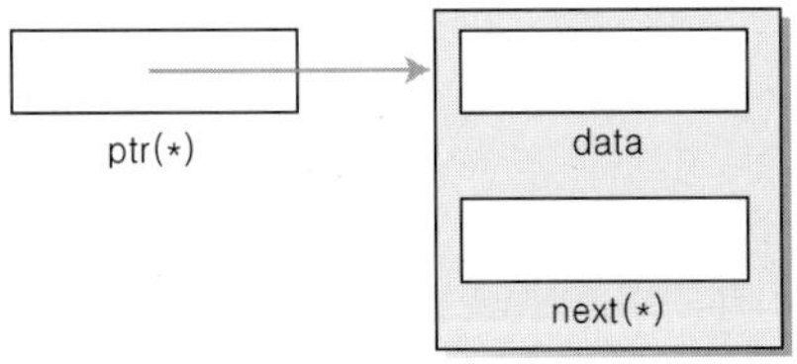

[그림 5-14] 동적으로 할당된 영역을 ptr이 가리킴

ptr이 가리키고 있는 영역의 data에 접근하는 표현 형식은 포인터 변수 이름인 ptr을 쓰고, ->, 그리고 data를 차례로 쓰면 된다. 다음은 data에 10을 저장하는 문장이다.

```
ptr->data = 10;
```

그리고 또 다른 메모리 영역을 동적으로 할당받고 ptr->next가 이 영역을 가리키게 하는 코드는 다음과 같다.

```
ptr->next = (struct list *)malloc(sizeof(struct list));
```

이를 도식화하면 다음과 같다.

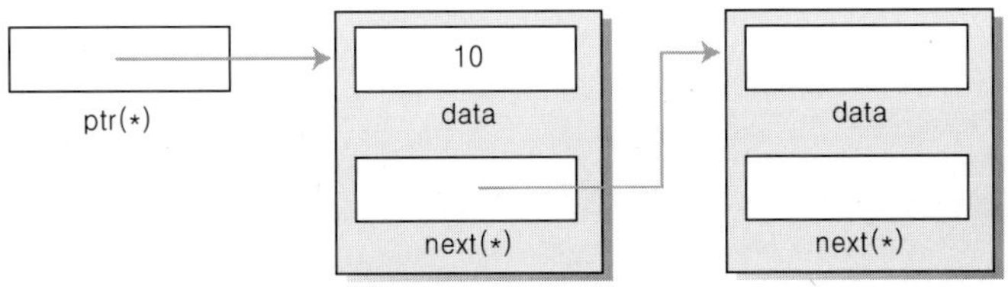

[그림 5-15] 새롭게 할당된 영역을 ptr->next가 가리킴

새롭게 생성된 영역의 data에 20을 저장하는 문장은 다음과 같다. [그림 5-15]와 비교해 보면 쉽게 이해할 수 있을 것이다. 'ptr이 가리키는 next가 가리키는 data'에서 '~이(가) 가리키는'을 '->'로 대체하면 'ptr->next->data'의 표현을 얻을 수 있게 된다.

```
ptr->next->data = 20;
```

현재 next는 아무 것도 가리키지 않는다. 이러한 경우에 일반적으로 다른 영역을 가리키고 있지 않음을 의미하는 NULL을 저장한다.

```
ptr->next->next = NULL;
```

이 상태에서 다음과 같이 실행한다.

```
ptr->next = NULL;
```

그러면 [그림 5-16]과 같이 20을 저장한 영역은 더 이상 접근할 수 없게 된다. 이러한 변수를 쓰레기(garbage)라 하는데 메모리 낭비 문제를 발생시킨다.

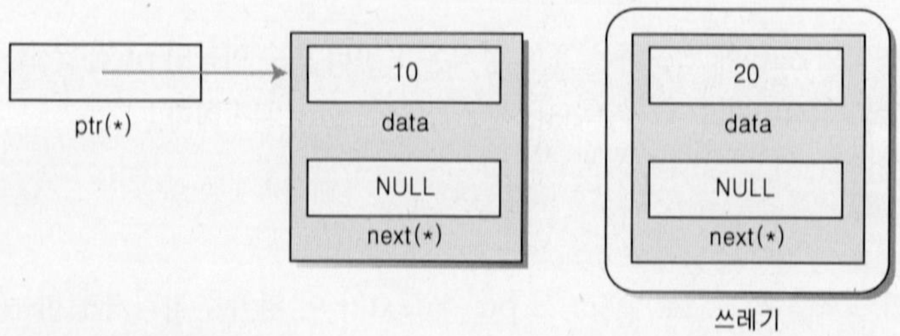

[그림 5-16] 쓰레기 발생

이러한 문제를 해결하기 위해 C에서는 동적으로 할당된 영역을 회수하기 위해 free 함수를 제공한다. 그러므로 다음과 같이 실행하면 쓰레기가 발생하지 않게 된다. free(ptr->next)는 ptr->next가 가리키는 영역을 메모리에서 회수한다.

```
free(ptr->next);
ptr->next = NULL;
```

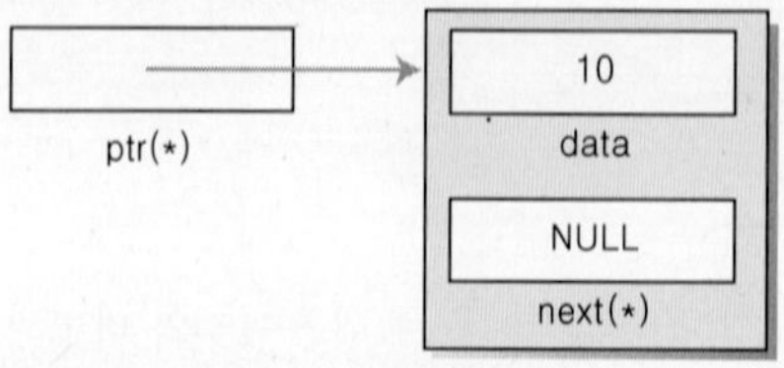

[그림 5-17] 동적으로 할당된 영역 회수

살펴본 일련의 과정을 Ada로 나타내면 다음과 같다. Ada에서는 access를 이용해서 포인터 변수를 선언한다.

[소스 5-3] Ada를 이용한 동적 기억장소 관리

```
01 with TEXT_IO;
02 use TEXT_IO;
03 procedure pointer is
04    package INT_IO is new TEXT_IO.INTEGER_IO (integer);
05    use INT_IO;
06    type list;
07    type ptrList is access list;
08    type list is record
09       data: integer;
10       next: ptrList;
11    end record;
12    ptr: ptrList;
13 begin
14    ptr := new list'(10, null);
15    ptr.next := new list'(20, null);
16    put(ptr.data);
17    put(ptr.next.data);
18 end pointer;
```

06행은 list라는 타입이 있다는 것을 알리는 것이고, 07행은 list 타입의 객체를 가리키는 ptrList 포인터 타입을 생성한 것이다.

08~11행은 list 레코드를 정의하는 부분인데, 10행의 next는 list 타입의 데이터를 저장하고 있는 주소를 저장할 수 있는 포인터 변수이다.

12행은 list 타입의 데이터를 저장하고 있는 주소를 저장할 수 있는 ptr 변수를 선언한 문장이다. 그리고 14행은 동적 할당을 받아 ptr이 가리키게 하는데 data에는 10이, next에는 null이 할당된다.

15행은 ptr이 가리키는 영역의 next가 새로운 영역을 동적으로 할당받아 가리키게 하는 문장이다. ptr이 가리키고 있는 영역의 next에 접근할 때 ->를 사용하는 C와는 달리 도트(.)를 사용해서 표현한다.

단, Ada는 동적으로 할당된 영역을 회수하는 기능을 제공하지 않으므로 쓰레기가 발생한다.

❸ 참조 타입

C++는 참조 타입(reference type)이라는 포인터 타입을 추가적으로 제공한다.

참조 타입 변수는 변수 선언과 동시에 반드시 초기화되어야 하며 그 후에는 값을 변경할 수 없다. 참조 타입 변수는 선언할 때 변수 이름 앞에 &를 붙인다.

다음은 참조 타입 변수의 사용 예이다. 02행에서 참조 타입 변수 ref를 선언하는데 그 후에 val과 ref는 이름만 다르고 같은 변수가 된다. 결국 03행을 실행하면 val도 20이 된다.

```
01  int val = 10;
02  int &ref = val;
        ⋮
03  ref = 20;
```

부프로그램과 관련된 내용은 7장에서 살펴볼 것이다.

이러한 참조 타입 변수는 부프로그램의 형식 매개변수로 사용할 때 매우 유용하다. 포인터를 형식 매개변수로 이용하는 부프로그램은 이해하기가 어렵고 안정성도 낮은데 참조 타입 변수를 형식 매개변수로 사용하면 부담 없이 주소에 의한 전달 효과를 낼 수 있다.

다음 부프로그램은 포인터를 이용해서 main의 count 변수의 값을 1 증가시키는 예이다.

```
void incr (int *ptr)
{
   (*ptr)++;
}
int main (void)
{
      ⋮
   incr (&count);
      ⋮
}
```

반면 다음은 참조 타입 변수를 이용해서 main의 count 변수의 값을 1 증가시키는 예인데, 판독하기가 쉽고 프로그램의 안정성도 높다.

```
void incr (int &ref)
{
   ref++;
}
int main (void)
{
      ⋮
   incr (count);
      ⋮
}
```

Java는 안정성을 향상시키기 위해 주소를 직접 다루는 포인터 타입을 완전히 없애고, C++의 참조 타입을 확장한 형태의 기능을 두고 있다. 그리고 C#은 Java의 참조와 C/C++의 포인터를 모두 제공한다.

요약

1 데이터 타입이란 가질 수 있는 값들의 집합과 그 값들에 대한 연산의 집합이다.

2 데이터 타입에는 정수 타입, 부동소수점 타입과 같이 해당 언어에서 기본적으로 제공하는 기본 데이터 타입과 레코드 타입과 같이 기본 데이터 타입을 이용하여 사용자가 생성하는 사용자 정의 데이터 타입이 있다.

3 정수 타입은 값을 표현하는 데 사용하는 크기가 다양하다.

4 부동소수점 타입은 실수를 표현하는 것으로, 최근 대부분의 컴퓨터들은 IEEE 754 표준 형식을 사용해서 부동소수점을 표현한다.

5 불린 타입은 true와 false라는 두 개의 값을 갖는데, 조건이 true인지 false인지를 파악할 때 사용된다.

6 문자 타입은 ASCII, 유니코드 등 문자 코딩 기법을 사용하여 표현된다.

7 문자열 타입은 문자들의 나열을 의미하는 것으로, PL/I에서 처음으로 문자열 타입이 제공되었다.

8 순서 타입은 변수가 가질 수 있는 값들을 나열해 놓은 타입으로, 양의 정수 집합과 연관된다. 사용자가 정의할 수 있는 순서 타입에는 열거 타입과 부분 범위 타입이 있다.

9 열거 타입에서 가질 수 있는 모든 값들은 타입 정의에서 정해지는 이름 상수이다.

10 부분 범위 타입은 미리 정의된 열거 타입 또는 정수의 부분 집합을 값으로 하는 타입이다.

11 하나의 단위로 처리하는 데이터 타입을 구조적 데이터 타입이라 하는데, 배열, 레코드, 공용체로 구분할 수 있다.

12 배열은 집합체의 첫 번째 원소의 상대적 위치로 원소를 식별하는 동질형 데이터의 모임이다.

13 레코드는 집합체의 원소를 이름으로 식별하는 이질형 데이터의 모임이다.

14 공용체는 레코드와 형식이 유사하지만 구조체와는 달리 모든 필드가 같은 메모리를 공유하면서 필요에 따라 한 필드만을 사용할 수 있다.

15 포인터 타입은 변수가 임의의 객체를 참조하기 위해 메모리 주소를 값으로 갖는 타입이다.

연습문제

1 사용하고 있는 C 컴파일러에서 short, int, long, float, double 타입의 크기가 어떻게 되는지 확인하여라.

2 다음 불린 타입에 대한 연산에서 (가)와 (나)에 들어갈 내용은?

x	y	(가)	(나)	not x
true	true	true	true	false
true	false	false	true	false
false	true	false	true	true
false	false	false	false	true

3 유니코드를 이용해서 '글'을 문자 타입 변수에 저장하고 이를 출력하는 프로그램을 Java로 작성하여라.

4 C의 라이브러리 함수인 strcpy를 구현하여라.

5 열거 타입을 사용할 때 장점을 얻을 수 있는 프로그램을 작성하여라.

6 다음 Ada 부분 범위 타입의 정의에서 (가)와 (나)에 들어갈 내용은?

```
type day is (SUN, MON, TUE, WED, THU, FRI, SAT);
(  가  ) workday is day (  나  ) MON..FRI;
```

7 다음과 같은 조건의 1차원 배열 arr에서 arr[3] 요소의 주소를 계산하여라.

> 배열의 시작 주소는 200이고, 배열의 첨자는 0으로 시작된다. 그리고 배열 요소의 크기는 4바이트이다.

8 다음과 같은 조건의 행 중심 2차원 배열 arr[5][3]에서 arr[3][2] 요소의 주소를 계산하여라.

> 배열의 시작 주소는 200이고, 행과 열의 첨자는 0으로 시작된다. 그리고 배열 요소의 크기는 4바이트이다.

9 3차원 배열에서 원소의 주소를 계산하는 수식을 작성하여라(행 중심 저장 방식과 열 중심 저장 방식 각각에 대해).

10 다음 C 언어와 Ada의 레코드 선언에서 (가), (나), (다)에 들어갈 내용은?

C 언어	Ada

(가) student {
char name[20];
int number;
};
	(나) student is (다)
	name: string (1..20);
	number: integer;
	end record;

11 레코드 타입과 공용체 타입을 비교해서 설명하여라.

12 다음 동적으로 메모리를 할당하고 ptr이 가리키게 하는 C 언어 문장에서 (가)에 들어갈 내용은?

```
struct list {
   int data;
   struct list *next;
};
struct list *ptr;
ptr = (struct list *)( 가 )(sizeof(struct list));
```

13 형식 매개변수가 포인터 타입보다 참조 타입인 경우에 얻어지는 장점에 대해 예를 통해 설명하여라.

Chapter 06

식과 제어문

＊학습목표

- 계산을 표현하는 기본적인 수단인 식에 대해 살펴본다.
- 둘 이상의 실행 경로에서 하나를 선택할 수 있는 수단인 조건문에 대해 살펴본다.
- 특정 부분을 반복해서 실행되도록 하는 반복문에 대해 살펴본다.
- 프로그램의 실행 순서를 특정 위치로 바꾸는 무조건 분기문에 대해 살펴본다.
- 대표적인 프로그래밍 설계 기법인 구조적 프로그래밍에 대해 살펴본다.

Section

01 식

식(expression)은 계산을 표현하는 기본적인 수단으로, 연산자, 피연산자, 괄호, 함수 호출 등으로 구성된다.

연산자는 일반적으로 한 개의 피연산자를 갖는 단항 연산자(unary operator)와 두 개의 피연산자를 갖는 이항 연산자(binary operator)로 구분하는데, C 기반 언어에서는 다음 예와 같은 세 개의 피연산자를 갖는 삼항 연산자(ternary operator)도 사용한다.

삼항 연산자는 '식1 ? 식2 : 식3' 형식으로, 식1이 참이면 식2가, 식1이 거짓이면 식3이 값이 된다.

```
(i%2) ? "odd" : "even"
```

대부분의 프로그래밍 언어에서 이항 연산자는 다음과 같이 피연산자들 사이에 위치한다.

```
x + y
```

그러나 LISP는 다음과 같이 연산자가 피연산자들보다 앞에 위치한다.

```
(+ x y)
```

연산자가 피연산자들 사이에 위치하는 표기법을 중위 표기법(infix notation)이라 하고, 연산자가 피연산자들보다 앞에 위치하는 표기법을 전위 표기법(prefix notation)이라 한다. 그리고 연산자가 피연산자들보다 뒤에 위치하는 표기법을 후위 표기법(postfix notation)이라 한다.

다음은 이들을 비교한 예이다.

[표 6-1] 표기법 비교

중위 표기법	2 * 3	1 * 2 - 3
전위 표기법	* 2 3	- * 1 2 3
후위 표기법	2 3 *	1 2 * 3 -

함수 호출에서 함수 이름을 연산자로 보고 실매개변수를 피연산자로 보면, 함수 호출은 전위 표기 형식을 사용한다고 할 수 있다. C의 연산자를 이용한 다음 식을 예로 들어 보자.

```
1 + 2 * 3
```

위의 식을 함수 호출로 나타내면 다음과 유사하다. 이 함수 호출에서 add와 mul을 연산자로, 1, 2, 3을 피연산자로 보면 이는 전위 표기법이라 할 수 있다.

```
add(1, mul(2, 3))
```

그러면 식의 평가 순서에 대해 연산자와 피연산자로 구분해서 살펴보자.

❶ 연산자 평가 순서

여러 개의 연산자로 이루어진 식에서는 연산자 평가 순서가 중요하다. 어떤 연산자가 먼저 평가되느냐에 따라 연산 결과가 달라지기 때문이다. 연산자 평가 순서는 우선순위, 결합 규칙, 그리고 괄호에 의해 결정된다.

x가 1, y가 2, 그리고 z가 3의 값을 갖는다고 할 때 다음 식을 생각해 보자.

```
x + y * z
```

왼쪽에서 오른쪽으로 평가되면 x+y가 먼저 평가되어 3이 되고, 그 후 3*z가 평가되어 결과는 9가 된다. 만약 오른쪽에서 왼쪽으로 평가되면 y*z가 먼저 평가되어 6이 되고, 그 후에 x+6이 평가되어 결과는 7이 된다. 평가되는 순서에 따라 전혀 다른 결과를 얻게 되는 것이다.

그래서 모든 프로그래밍 언어는 일반 대수법칙과 같이 연산자들에 우선순위를 부여하여 높은 우선순위의 연산자가 먼저 평가되도록 하고 있다. 대부분의 명령형 프로그래밍 언어의 연산자 우선순위는 거의 동일하다. 지수 연산자가 가장 높은 우선순위를 가지며, 다음에 곱셈과 나눗셈, 그 다음에 덧셈과 뺄셈의 순이다.

[표 6-2]는 몇 개 언어에서의 우선순위를 나타낸 것이다.

[표 6-2] 연산자 우선순위

FORTRAN	C	Ada	우선순위
**	후위 ++, --	**	↑ 높음
*, /	전위 ++, --, !	*, /, mod, rem	
+, -	*, /, %	+, -, not	
.EQ., .NE., .LT., .LE., .GT., .GE.	+, -	=, /=, <, <=, >, >=	
.NOT.	<, <=, >, >=	and, or, not	
.AND.	==, !=		
.OR.	&&		
	||		↓ 낮음

+에 비해 *의 우선순위가 높으므로 다음 식에서 y*z 연산이 먼저 평가된다.

```
x + y * z
```

FORTRAN과 Ada의 **는 지수 연산자이므로 우선순위가 가장 높다. x가 2, y가 3, z가 4의 값을 갖는다고 할 때, 다음 식은 **, *, + 순으로 평가되어 결과는 164가 된다.

```
x + y ** z * x
```

그러면 다음과 같이 같은 우선순위의 연산자가 여러 개 있는 경우를 생각해 보자. x가 1, y가 2, 그리고 z가 3의 값을 갖는다고 하자.

```
x - y + z
```

왼쪽에 위치한 -가 먼저 평가되면 결과는 2가 되는 반면에 오른쪽에 위치한 +가 먼저 평가되면 결과는 -4가 된다.

같은 우선순위의 연산자라 하더라도 평가되는 위치에 따라 전혀 다른 결과를 가져올 수 있다. 이러한 경우를 대비해서 프로그래밍 언어는 결합 규칙을 정해놓고 있다. 왼쪽에서부터 오른쪽으로 평가하는 것을 좌 결합 규칙이라 하고, 오른쪽에서부터 왼쪽으로 평가하는 것을 우 결합 규칙이라 한다. 대부분의 언어는 지수 연산자를 제외한 연산자에 대해서는 좌 결합 규칙을 적용하고, 지수 연산자는 우 결합 규칙을 적용한다. 그러므로 앞의 식은 좌 결합 규칙이 적용되어 결과는 2가 된다.

Ada는 지수 연산자에 대해 결합 규칙을 갖고 있지 않다.

FORTRAN에서 지수 연산자는 우 결합 규칙을 적용한다. 그러므로 다음 식은 y**z가 먼저 평가된다.

```
x ** y ** z
```

반면 Ada에서 지수 연산자는 결합 규칙을 갖지 않는다. 그러므로 Ada에서의 다음 식에서는 컴파일 오류가 발생하는데 이유는 어떤 연산자가 먼저 평가될지 모르기 때문이다.

```
x ** y ** z
```

이러한 경우에는 괄호를 사용하여 다음과 같이 순서를 명확히 정해 주어야 한다.

```
(x ** y) ** z        또는        x ** (y ** z)
```

괄호를 이용하면 우선순위와 결합 규칙에 관계없이 괄호 안의 연산이 먼저 평가된다. 곱셈이 덧셈보다 우선순위가 높지만 다음 식에서는 괄호 안의 덧셈이 먼저 평가된다.

```
x * (y + z)
```

모든 연산자의 평가 순서를 괄호로 표현하면 우선순위나 결합 규칙을 기억할 필요가 없다는 장점이 있다. 그러나 식의 작성을 지루하게 하고 판독성을 떨어뜨리는 단점이 있다. APL이라는 언어는 우선순위를 두지 않고 평가 순서를 결정할 때 괄호를 이용하도록 하고 있다.

두 개의 피연산자 값을 비교하는 관계 연산자는 [표 6-2]에서 확인할 수 있듯이 일반적으로 산술 연산자에 비해 우선순위가 낮다. 그리고 and, or, not 등의 불린 연산자 역시 일반적으로 산술 연산자에 비해 우선순위가 낮다.

❷ 피연산자 평가 순서

다음 식에서 왼쪽 피연산자 x와 오른쪽 피연산자 y 중 무엇이 먼저 평가되어도 같은 결과가 나올 것이다.

```
x + y
```

그러나 어느 쪽 피연산자가 먼저 평가되느냐에 따라 결과가 달라질 수 있다. 다음 C 프로그램을 살펴보자.

[소스 6-1] 문제가 있는 C 예제

```
01  #include <stdio.h>
02  int x = 10;
03  int func(void)
04  {
05     x = 20;
06     return 30;
07  }
08  int main(void)
09  {
10     printf("%d\n", x + func());
11     return 0;
12  }
```

10행의 x+func()에서 왼쪽 피연산자인 x가 먼저 평가되면 x는 10이 되고, 그 후 func() 함수가 호출되어 30이 반환되고 최종적으로 40이 출력된다.

```
[x] + [func()]
10     30
```

반면 오른쪽 피연산자인 func() 함수가 먼저 평가되면 func 함수가 호출되어 05행에 의해 x는 20이 되고, 06행에서 30을 반환하여 09행의 func() 함수는 30이 된다. 그 후 왼쪽 피연산자인 x가 평가되는데 이때 x 값은 20이다. 결국 50이 출력된다.

```
[x] + [func()]
20     30
```

func 함수에서 x의 값을 변경하기 때문에 이러한 일이 발생하는 것인데, 이를 함수의 부작용(side effect)이라 한다. 피연산자의 평가 순서에 따라 다른 결과가 나오는 문제를 해결하기 위한 방법으로 함수에서 부작용을 일으키지 못하도록 하는 것과 피연산자의 평가 순서를 정해놓는 것을 생각해 볼 수 있다.

첫 번째 방법은 함수의 기능을 지극히 제한하는 것으로, 적용하기가 쉽지 않다. 두 번째 방법은 피연산자의 평가 순서를 정해놓는 것이다. 이를 적용하고 있는 언어는 바로 Java로,

피연산자들의 평가 순서를 왼쪽에서 오른쪽으로 정해놓고 있다. 그러므로 다음 Java 예는 08행에서 x가 먼저 평가되고 func() 함수가 나중에 평가되어 40이라는 결과를 얻는다.

[소스 6-2] 문제가 없는 Java 예제

```
01 public class operand{
02      static int x=10;
03      public static int func(){
04          x = 20;
05          return 30;
06      }
07      public static void main(String[] args){
08          System.out.println(x + func());
09      }
10 }
```

반면 C와 C++에서는 피연산자의 평가 순서를 정해놓지 않고 있다. 그러므로 [소스 6-1]의 C 예는 올바르지 않은 프로그램으로, 임의의 컴파일러에서 40이란 결과가 나왔다고 하더라도 다른 컴파일러에서도 40이 나오리라고 판단할 수 없다.

③ 단락회로 평가

식의 단락회로 평가(short-circuit evaluation)란 모든 피연산자와 연산자를 평가하지 않고서도 식의 결과가 결정되는 것을 의미한다.

다음 불린 식은 x의 값에 관계없이 true가 된다.

```
true or x
```

그리고 다음 불린 식도 x의 값에 관계없이 false가 된다.

```
false and x
```

이와 같이 식의 값을 계산하는 중에 식의 나머지 부분을 평가하지 않고도 결과가 결정되어 계산을 중지하는 것을 단락회로 평가라 한다.

좀 더 구체적인 예로 다음 C 식을 살펴보자.

```
ch >= 'A' && ch <= 'Z'
```

앞의 식에서 ch<'A'이면 두 번째 관계식인 ch <= 'Z'의 true, false 여부와는 관계없이 false가 되어 두 번째 관계식은 평가하지 않는다.

단락회로 평가를 지원하지 않는다고 가정하고 data 배열에서 key를 탐색하는 다음 C 코드를 살펴보자.

```
int data[5];
int index=0;
    ⋮
while (index <= 4 && data[index] != key)
   index++;
```

단락회로 평가를 지원하지 않는다면 첫 번째 식의 값과 관계없이 두 번째 식도 항상 평가된다. 따라서 index가 5가 되어 index<=4가 거짓이 되어도 data[index]!=key를 평가하게 되는데 이렇게 되면 data[5]!=key에 의해 배열 첨자 범위를 이탈하는 일이 발생하게 될 것이다. 그러나 단락회로 평가를 지원하면 index가 5가 되어 index<=4가 거짓이 될 때 두 번째 식을 평가하지 않게 되어 배열 첨자 범위를 이탈하는 일이 발생하지 않게 된다.

부작용을 포함하는 식의 경우에는 단락회로 평가를 조심해서 사용해야 하는데 다음 예를 보자.

```
(x > y) || (x++ % 2)
```

여기에서 두 번째 식은 x<=y인 경우에만 평가되므로 x 값 역시 x<=y인 경우에만 증가된다. 항상 x 값이 증가되리라 생각하고 프로그램을 작성했다면 이 프로그램으로는 원하는 결과를 얻지 못할 것이다.

Pascal의 and, or은 단락회로 평가를 지원하지 않으나 C, C++, Java의 &&, ||는 단락회로 평가를 지원한다.

Ada는 단락회로 평가를 지원하는 연산자와 지원하지 않는 연산자를 구분하는데, and then과 or else 연산자는 단락회로 평가를 지원하고, and와 or 연산자는 단락회로 평가를 지원하지 않는다. 다음은 단락회로 평가를 하는 and then을 이용한 Ada의 예이다.

```
while (index <= lastindex) and then (data(index) /= key) loop
      index = index + 1;
end loop;
```

4 중복 연산자

일반적으로 산술 연산자는 두 가지 이상의 목적으로 사용된다. 예를 들어 +는 정수 덧셈과 부동소수점 덧셈에 사용되는데 정수 덧셈과 부동소수점 덧셈은 실제 수행되는 내용에는 차이가 있다. 또한 Java와 같은 언어에는 +가 문자열을 연결하는 데 사용되기도 한다.

```
10 + 20;
1.2 + 3.14;
"Hello" + "world"
```

이와 같이 하나의 기호가 두 가지 이상의 목적으로 사용되는 연산자를 중복 연산자(overloaded operator)라 한다. 정수 덧셈과 부동소수점 덧셈에 같은 기호인 +를 사용해도 어떤 혼란도 일으키지 않고 신뢰성도 떨어뜨리지 않는다. 만약 이들 연산을 위해 다음과 같이 서로 다른 기호를 사용한다면 오히려 혼란스러워질 것이다.

```
10 +@ 20;
1.2 +# 3.14;
"Hello" +? "world"
```

번역기는 피연산자의 데이터 타입에 따라 목적을 구분한다. 예를 들어 5+7과 같이 피연산자가 정수 타입이라면 정수 덧셈을 하고, 5.2+7.3과 같이 피연산자 타입이 부동소수점이라면 부동소수점 덧셈을 하게 된다.

C++와 Ada는 프로그래머가 중복 연산자를 직접 정의해서 사용할 수도 있다. 프로그래머가 분수 곱셈을 하는 함수를 작성하고 함수의 이름을 *라 하면 *는 분수 곱셈을 하는 데도 사용할 수 있게 된다. 만약 A와 B가 분수 타입의 변수라면 A*B는 분수 곱셈을 하게 된다.

다음은 분수 곱셈을 하는 중복 연산자 *에 대한 Ada 예로, 10행~13행이 분수 곱셈을 하는 함수 *를 정의하는 부분이고, 18행이 중복 연산자 *를 이용해서 분수를 의미하는 fraction 타입 변수인 x와 y에 대한 곱셈을 하는 부분이다.

[소스 6-3] 사용자가 직접 정의한 중복 연산자 *를 사용하는 Ada 예제

```
with TEXT_IO;
use TEXT_IO;
procedure overloadOperator is
   package INT_IO is new TEXT_IO.INTEGER_IO (integer);
   use INT_IO;
   type fraction is record
      numerator: integer;
      denominator: integer;
   end record;
   function "*"(A, B: fraction) return fraction is
   begin
      return (A.numerator*B.numerator, A.denominator*B.denominator);
   end "*";
   x, y, result: fraction;
begin
   x := (2, 3);
   y := (4, 5);
   result := x * y;
   put(result.numerator);
   put('/');
   put(result.denominator);
end overloadOperator;
```

Section

02 조건문

프로그램은 위에서부터 아래로 한 문장씩 순차적으로 실행된다. 그러나 제어문을 이용하면 프로그램 실행 순서에 변화를 가져올 수 있다. 제어문은 조건문, 반복문, 무조건 분기문으로 구분할 수 있다. 먼저 조건문에 대해 살펴보자.

조건문(conditional statement)은 조건에 따라 둘 또는 그 이상의 실행 경로 중에서 하나를 선택할 수 있는 수단을 제공하는 문장이다. 조건문은 조건이 참이냐 거짓이냐에 따라 선택하는 if 문과 조건에 따라 여러 경로 중 하나를 선택하는 case 문(또는 switch 문)으로 구분할 수 있다.

1. if 문

if 문은 조건이 참이냐 거짓이냐에 따라 실행되는 문장을 달리하고자 할 때 사용하는 것으로, FORTRAN에서 다음과 같은 두 가지 형태의 if 문을 처음 도입했다.

```
IF(식) L1, L2
IF(식) L1, L2, L3
```

첫 번째 if 문은 식이 참이면 레이블 L1로 분기하고, 거짓이면 레이블 L2로 분기한다. 그리고 두 번째 if 문은 식의 값이 음수이면 레이블 L1로, 0이면 레이블 L2로, 그리고 양수이면 레이블 L3으로 분기한다. 이후 버전에서는 첫 번째 if 문은 사라지고 다음과 같은 if 문이 새롭게 도입되었는데 식이 참이면 문장을 실행하고 거짓이면 문장을 실행하지 않는다.

```
IF(식) 문장
```

다음은 사용 예이다.

```
IF(I .GT. 10) K = 20
```

이 if 문은 참인 경우에 한 문장만 실행 가능하고 둘 이상의 문장은 불가능하다. 때문에 조건식이 참인 경우에 실행될 문장이 여러 개인 경우에는 다음과 같이 GO TO 문을 사용해야 하는 불편함이 있다.

```
10 IF(식)  GO TO 20
   문장1
   문장2
   GO TO 10
20 문장3
```

이후 버전인 FORTRAN 77은 이러한 문제를 보완하여 다음과 같은 형식의 블록 if 문을 추가하였다.

```
IF(식) THEN
   문장들
ELSE
   문장들
ENDIF
```

THEN 다음에 나오는 문장들을 then 절이라 하고 ELSE 절 다음에 나오는 문장들을 else 절이라 하는데, 식이 참이면 then 절을 실행하고 거짓이면 else 절을 실행한다. 다음은 그 예이다.

```
IF(L .GT. M) THEN
   ISUM = ISUM + L
   LCNT = LCNT + 1
ELSE
   ISUM = ISUM + M
   MCNT = MCNT + 1
ENDIF
```

대부분의 언어는 if 문을 제공한다. 다음은 C의 if 구조인데 else 이하는 옵션에 해당된다.

```
if(식)
   문장1;
else
   문장2;
```

이에 대한 EBNF는 다음과 같다.

```
<if> → if (<expression>) <statement> [else <statement>]
```

만약 식이 참이거나 거짓인 경우에 실행될 문장이 여러 개라면 다음과 같이 중괄호로 묶으면 된다.

중괄호로 묶인 문장들을 복합문이라 한다.

```
if(식) {
   문장1;
   문장2;
    ⋮
} else {
   문장n;
   문장n+1;
    ⋮
}
```

다음과 같은 C 예는 else가 첫 번째 if와 연결되는 것인지 두 번째 if와 연결되는 것인지 모호하다.

```
if(식1)
if(식2)
   문장1;
else
   문장2;
```

이러한 모호성을 현수 else(dangling else) 문제라 하는데, Pascal과 C에서는 'else는 이미 연결된 else가 없는 가장 가까운 if와 결합한다' 는 규칙을 적용하고 있다. 그러므로 앞

예제의 else는 두 번째 if와 연결된다. 만약 첫 번째 if와 연결을 시키려면 다음과 같이 중괄호로 두 번째 if 문을 묶으면 된다.

```
if(식1) {
  if(식2)
    문장1;
} else
  문장2;
```

다음 예제에서 if 절은 널(null)이고, 처리해야 할 문장이 else 절에 있다. 즉 strcmp(name, "korea")가 참인 경우에는 아무런 처리를 하지 않고 거짓인 경우에 /* 처리해야 할 문장 */을 처리하게 되어있는데 바람직한 구조가 아니다.

```
if (strcmp(name, "korea"))
    ;
else {
    /* 처리해야 할 문장 */
}
```

다음과 같이 if 조건을 부정으로 하고, 처리해야 할 문장을 if 절로 옮기고, else 절을 지우는 것이 바람직한 코딩 방법이다. 즉 if 절에 의미 있는 문장을 놓는 것이 바람직하다.

```
if (!strcmp(name, "korea")) {
    /* 처리해야 할 문장 */
}
```

else의 오른쪽에 또 다른 if 문을 놓을 수 있는데 C의 형식은 다음과 같다. 식1이 참이면 문장1을, 식1이 거짓이고 식2가 참이면 문장2를, 식1과 식2가 모두 거짓이면 문장3을 실행한다. 물론 문장에는 복합문이 올 수 있다.

```
if(식1)
  문장1;
else if(식2)
  문장2;
else
  문장3;
```

Ada의 if 문 형식은 다음과 같은데, FORTRAN과 유사하게 if 문 끝에 end if가 위치한다. then 절과 else 절에는 단일 문장뿐만 아니라 둘 이상의 문장도 위치할 수 있다.

```
if 식 then
  문장들
else
  문장들
end if;
```

Ada 역시 else의 오른쪽에 또 다른 if 문을 놓을 수 있다.

```
if 식1 then 문장들
else if 식2 then 문장들
    else 문장들
    end if;
end if;
```

여기서 if 구조의 끝을 의미하는 end if를 if의 개수만큼 마지막 부분에 나타내야만 한다. 이러한 불편함은 else if 대신에 새로운 예약어 elsif를 사용하면 해결되는데, 중첩된 if의 끝을 의미하는 end if는 쓰지 않는다. 다음은 사용 형식으로, 앞의 경우보다 간소화된 것을 알 수 있다.

```
if 식1 then 문장들
elsif 식2 then 문장들
else 문장들
end if;
```

❷ case 문과 switch 문

case 문과 switch 문은 조건에 따라 여러 경로 중 하나를 선택할 때 사용하는데 ALGOL W에서 처음 도입되었으며 형식은 다음과 같다. 식의 값이 1이면 문장1이, 2면 문장2가, …, n이면 문장n이 선택되어 실행된다.

```
case 식 of
begin
   문장1; 문장2; …; 문장n
end
```

C 언어와 Java는 switch 문을 이용하는데 그 형식은 다음과 같다. 식의 값이 상수1이면 문장들1, 문장들2, …, 문장들n이 실행되고, 상수2이면 문장들2, …, 문장들n이 실행된다. 일치하는 상수가 없을 경우에는 문장들n이 실행되는데 default가 없으면 아무 일도 하지 않고 switch 구조를 빠져나온다. 물론 상수1, 상수2, …는 서로 달라야 한다.

```
switch(식) {
   case 상수1:
        문장들1
   case 상수2:
        문장들2 …
   default:
        문장들n
}
```

만약 식의 값이 상수1일 때 문장들1만 실행되고, 상수2일 때 문장들2만 실행되고, …, 일치하는 상수가 없을 때 문장들n이 실행되게 하고 싶으면 다음과 같이 break를 사용하면 된다. switch 구조에서 break를 만나면 switch 구조를 벗어난다.

```
switch(식) {
   case 상수1:
        문장들1
        break;
   case 상수2:
        문장들2
        break; …
   default:
        문장들n
}
```

Ada의 case 문은 ALGOL W의 case 문을 기반으로 하는데 형식은 다음과 같다. 여기서 when others는 생략이 가능하다. Ada는 C와는 달리 선택리스트들이 식에서 나타날 수 있는 결과를 모두 포함하고 있어야 한다. 만약 모든 결과를 선택리스트에 나타낼 수 없으면 others를 이용하면 된다.

```
case 식 is
  when 선택리스트1 => 문장들1
  when 선택리스트2 => 문장들2
      ⋮
  when others => 문장들n
end case;
```

C/C++/Java의 switch는 상수만 가능했으나 Ada의 case는 상수는 물론이고 3|5|7과 같은 상수들의 나열, 90..100과 같은 범위도 가능하다는 장점이 있다.

만약 일치하는 선택리스트가 없을 때 아무 작업도 실행하고 싶지 않다면 다음과 같이 null을 others 부분에 놓으면 된다.

```
case 식 is
      ⋮
  when others => null
end case;
```

다음은 Ada의 case 문 사용 예로, score가 0~100 사이의 값을 갖는 scoreRange 타입이므로 others 절을 사용하지 않았다. 만약 score가 integer 타입이라면 others 절을 사용해야 한다.

[소스 6-4] case 문을 사용하는 Ada 예제

```
with TEXT_IO;
use TEXT_IO;
procedure caseGrade is
   package INT_IO is new TEXT_IO.INTEGER_IO (integer);
   use INT_IO;
```

```
   subtype scoreRange is integer range 0..100;
   score: scoreRange;
   grade: character;
begin
   put("score: ");
   get(score);
   case score is
      when 90..100 => grade := 'A';
      when 80..89 => grade := 'B';
      when 70..79 => grade := 'C';
      when 60..69 => grade := 'D';
      when 0..59 => grade := 'E';
   end case;
   put(grade);
end caseGrade;
```

Section

03 반복문

반복문(iterative statement)은 특정 부분을 반복해서 실행되게 하는 문장이다. FORTRAN의 DO 문이 반복문의 효시라 할 수 있는데, 최근 언어에서는 반복문을 크게 while 문과 for 문으로 구분한다.

1. FORTRAN의 DO 문

FORTRAN의 DO 문의 형식은 다음과 같다. 변수가 초기값을 갖고 한 번씩 반복할 때마다 증가값만큼 증가되면서 종료값보다 작거나 같은 동안 '문장들'을 실행한다. 증가값은 생략할 수 있는데, 생략하면 반복할 때마다 변수의 값은 1씩 증가된다.

```
      DO 레이블 변수=초기값, 종료값 [, 증가값]
         문장들
 레이블 CONTINUE
```

다음 예는 I가 1의 초기값을 갖고 반복할 때마다 1씩 증가되면서 5보다 작거나 같은 때 문장들을 실행한다.

```
      DO 10 I=1, 5
         문장들
   10 CONTINUE
```

다음 예에서는 증가값 2가 있으므로 I 값은 반복할 때마다 2씩 증가된다.

```
      DO 10 I=1, 5, 2
         문장들
   10 CONTINUE
```

❷ while 문

C/C++/Java의 while 문 형식은 다음과 같은데, 식이 참인 동안 문장을 반복해서 실행한다. while 문을 만나면 먼저 식을 평가하는데 거짓이면 '문장'을 실행하지 않고 while 구조를 종료한다. 그러나 식이 참이면 '문장'을 실행하고 다시 식을 평가한다. 이러한 동작은 식이 참인 동안 반복된다.

```
while(식)
    문장;
```

이에 대한 EBNF는 다음과 같다.

```
〈while〉 → while (〈expression〉) 〈statement〉
```

C/C++/Java의 while 문 형식의 '문장'에는 복합문이 올 수 있다.

```
while(식) {
    문장1;
    문장2;
      ⋮
}
```

Ada의 while 문 형식은 다음과 같은데, loop와 함께 표현한다.

```
while 식 loop
    문장들
end loop;
```

다음은 while 문을 이용해서 1부터 10까지의 합을 구하는 Ada 예제이다.

[소스 6-5] while 문을 사용하는 Ada 예제

```
with TEXT_IO;
use TEXT_IO;
procedure sum is
   package INT_IO is new TEXT_IO.INTEGER_IO (integer);
   use INT_IO;
   index, result: integer;
begin
   index := 1;
   result := 0;
   while index <= 10 loop
      result := result + index;
      index := index + 1;
   end loop;
   put(result);
end sum;
```

살펴본 while 문은 식이 시작부터 거짓이면 반복 문장은 한 번도 실행되지 않는다. 반복 문장을 적어도 한 번은 실행되도록 하는 반복문이 있는데, 바로 C/C++/Java의 do 문이다. do 문을 만나면 먼저 '문장'을 실행하고, 마지막 부분에서 종료 조건인 식을 평가한다. 식이 참이면 반복하고, 거짓이면 do 구조를 종료한다.

```
do
  문장;
while(식);
```

이 do 문을 while로 나타내면 다음과 같다.

```
문장;
while(식)
  문장;
```

while 문에서와 마찬가지로 do 문의 '문장'에도 복합문이 올 수 있다.

```
do {
   문장1;
   문장2;
      ⋮
} while(식);
```

do 문에서는 반복 문장이 단일 문장일지라도 중괄호로 묶는 것이 while 문과의 혼란을 피할 수 있다.

```
do {
   문장;
} while(식);
```

while과 do 구조는 반복의 종료 지점을 시작 혹은 끝에 명시하고 있는데, 반복 내의 임의의 지점에서 종료하는 것이 필요할 때가 있다. 이러한 경우에 사용하는 것이 C/C++/Java에서는 break이고, Ada에서는 exit이다.

그러나 시작(혹은 끝) 부분의 종료 지점과 내부 종료 지점을 동시에 사용하는 것은 프로그램 구조를 복잡하게 한다. 그러므로 내부 종료 지점을 사용할 경우에는 시작(혹은 끝) 종료 지점이 없는 구조를 사용하는 것이 바람직하다. C의 경우에는 다음과 같이 종료 조건식을 1로 하면 된다.

C++와 Java에서는 1 대신 true를 사용하는 것이 일반적이다.

```
while(1) {
      ⋮
   if(…) break;
      ⋮
}
```

그리고 Ada에서는 다음과 같이 while 부분을 생략하고 exit를 사용하면 같은 효과를 낼 수 있다.

```
loop
    ⋮
  exit when …;
    ⋮
end loop;
```

③ for 문

C/C++/Java의 for 문 형식은 다음과 같다. 식1은 초기화를 위한 것이고, 식2는 종료 조건을 판단하는 식이다. 또, 식3은 '문장' 실행 후에 평가되는데 흔히 반복 변수의 값을 변환할 때 사용된다. for 문을 만나면 먼저 식1을 평가한다. 그 후에 식2를 평가하는데, 참이면 '문장'을 실행하고 거짓이면 for 구조를 종료한다. 식2가 참이어서 '문장'을 실행하면 식3을 평가하고 다시 식2를 평가한다. 이러한 동작은 식2가 참인 동안 반복된다. '문장'에는 단일 문장과 복합문이 올 수 있다.

```
for(식1; 식2; 식3)
  문장;
```

C/C++/Java의 for 문 형식에서 식1, 식2, 식3은 옵션에 해당한다. 그러므로 모두 생략하여 다음과 같이 나타낼 수도 있는데 항상 참인 경우가 된다.

```
for( ; ; )
  문장;
```

다음은 for에 대한 EBNF 표기이다.

```
〈for〉 → for ([〈expression〉];[〈expression〉];[〈expression〉]) 〈statement〉
```

for 구조를 while을 이용해서 나타내면 다음과 같다.

```
식1;
while(식2) {
   문장;
   식3;
}
```

다음 예에서 볼 수 있듯이 for 문은 반복 변수를 사용해서 임의의 횟수만큼 반복할 때 주로 사용한다.

```
for(i=0; i<size; i++)
   sum = sum + data[i];
```

C++, Java, 그리고 C 최근 버전은 다음과 같이 for 구조 내에서 변수를 선언할 수 있는데, 이 변수 i는 for 구조 내에서만 사용할 수 있는 지역 변수이다.

```
for(int i=0; i<size; i++)
   sum = sum + data[i];
```

Ada for 문의 형식은 다음과 같다. 변수가 범위의 하한을 갖고 시작하여 상한 값이 될 때까지 반복하고, 반복할 때마다 변수의 값은 1씩 증가한다. 범위는 1..10과 같이 정수 또는 열거 타입의 부분 범위이고, reverse를 사용하면 범위의 값이 역순으로 변수에 배정된다.

```
for 변수 in [reverse] 범위 loop
   문장들
end loop;
```

다음 예를 보자. 반복 변수 i는 처음에 0을 갖고 한 번씩 반복할 때마다 1씩 증가하며 size-1보다 작거나 같은 동안 02행을 반복해서 실행한다.

```
01  for i in 0..size-1 loop
02      sum := sum + data(i);
03  end loop;
```

Ada for 문의 특징은 반복 변수가 for 구조 내에서만 사용되는 지역 변수라는 점이다. 반복 변수는 for 문에서 묵시적으로 선언된다. 그러므로 다음 예에서 01, 05행의 i와 02,

03행의 i는 전혀 다른 변수로, 03행의 i는 02행의 i에 해당되고 05행의 i는 01행의 i에 해당된다.

```
01  i: float := 3.1;
02  for i in 0..5 loop
03     sum := sum + i;
04  end loop;
05  i := 7.9;
```

그리고 Ada 반복 변수는 반복 구조 내부에서 값을 임의로 배정할 수 없게 되어 있다. 그러므로 다음의 03행과 같이 반복 변수에 값을 임의로 배정하는 것은 문법에 위배된다.

```
01  for i in 0..5 loop
02     sum := sum + i;
03     i := 3;
04  end loop;
```

Section

04 무조건 분기문

무조건 분기문(unconditional branch statement)은 프로그램의 실행 순서를 특정 위치로 바꾸는 문장으로, goto 문이 이에 해당된다.

goto 문은 FORTRAN과 같은 언어에서 중요한 역할을 한다. 다음 FORTRAN 예에서 GO TO 20은 레이블 20 위치로 분기하라는 문장이다.

```
10  IF(K(I) .EQ. 0) GO TO 20
    I = I+1
    GO TO 10
20      ⋮
```

이 예는 K(I)가 0이 될 때까지 I 값을 증가하며 반복하는데, 이를 C로 나타내면 다음과 같다.

```
while(k[i] != 0)
   i++;
   ⋮
```

FORTRAN과 같은 초기 언어에서는 goto 문이 프로그램 문장의 실행 흐름을 제어하기 위한 주된 수단으로 사용되었다. 그러나 goto 문을 무분별하게 사용하면 프로그램을 판독하기가 힘들어지게 되고 결과적으로 프로그램의 신뢰성이 상당히 떨어지게 된다.

1960년대 중반에는 goto 문의 사용을 반대하는 주장이 제기되기 시작하였다. 대표적인 주장이 1968년 3월 Communications of the ACM에 발표된 다익스트라(Dijkstra)의 "GOTO Statement Considered Harmful(GOTO 문은 해롭다고 사료됨)"이라는 글이었다. 여기서 그는 goto 문은 불필요할 뿐만 아니라 goto 문의 사용은 여러 면에서 해가 된다고 했다. 이 주장에 대한 논쟁은 1980년대까지 지속되다가 goto 사용을 엄격하게 제한하는 Pascal의 영향력이 커짐에 따라 점차 goto 문의 사용이 줄게 되었다.

그러다가 1987년 루빈(Rubin)은 1968년 다익스트라의 글에 대해 반박하는 "'GOTO Statement Considered Harmful' Considered Harmful('GOTO 문은 해롭다고 사료됨' 은 해롭다고 사료됨)"이란 글을 발표했다. 이 글은 goto 문의 완전 폐기에 대한 새로운 논쟁을 불러왔다.

goto 문을 폐기한 언어로는 Modula-2와 Java가 있다. 나머지 C 언어를 비롯한 대부분의 언어는 goto 문을 포함하고 있으나 특별한 경우에만 goto 문을 사용하는 것이 바람직하다. 다음은 그 특별한 경우에 대한 C 언어의 예이다.

```
 if(…) {
    while(…) {
        ⋮
       while(…) {
           ⋮
          if(…) goto out;
           ⋮
       }
        ⋮
    }
     ⋮
 }
out:  ⋮
```

Section

05 구조적 프로그래밍

'구조적 프로그래밍(structured programming)' 이라는 용어는 1969년 NATO 컨퍼런스에서 다익스트라가 발표한 "Notes on Structured Programming"이란 논문에서 유래하였다.

구조적 프로그래밍은 오직 하나의 입구와 출구만이 있는 제어 구조를 사용해야 한다는 프로그래밍 설계 기법으로, 프로그램을 복잡하게 하는 goto 문은 이용하지 않고 구조화된 순차, 선택, 반복 제어 구조만을 이용하여 프로그램을 설계하도록 한다. 이러한 구조적 프로그래밍의 등장은 FORTRAN, ALGOL 이후의 프로그래밍 언어의 문법과 프로그래밍 설계 방식에 큰 영향을 미쳤다.

그러면 구조적 프로그래밍의 핵심을 이루고 있는 순차, 선택, 반복 구조에 대해 살펴보자.

순차(sequential) 구조는 [그림 6-1]과 같이 위에서부터 아래로 순차적으로 실행되는 구조이다.

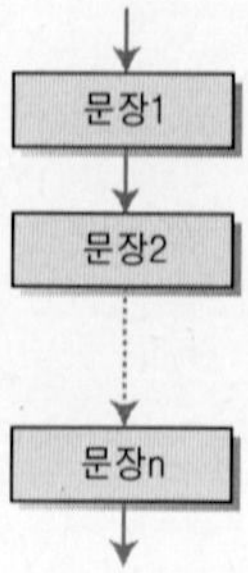

[그림 6-1] 순차 구조

선택(selection) 구조는 문장을 선택적으로 실행하는 구조이다. 흔한 예로 [그림 6-2]와 같은 if-then-else 문이 있는데, if-then 절이나 else 절 중 어느 하나만이 선택적으로 실행된다.

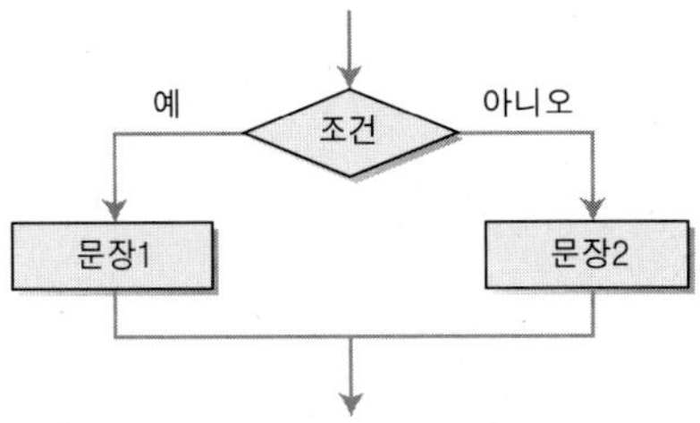

[그림 6-2] 선택 구조 (1)

또 다른 선택 구조는 [그림 6-3]과 같은 구조의 case 문인데, 여러 case 중에서 하나만이 실행된다.

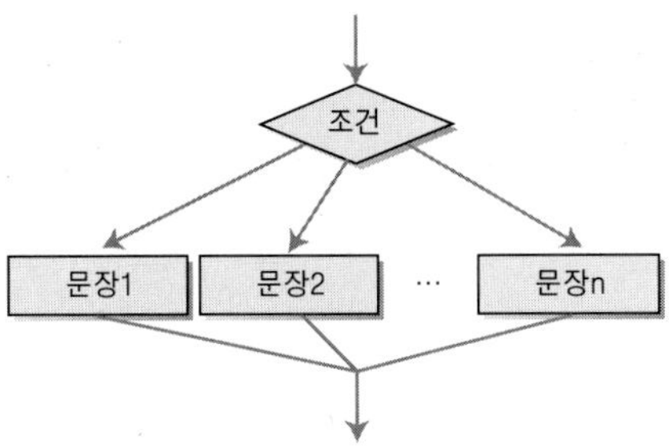

[그림 6-3] 선택 구조 (2)

반복(iteration) 구조는 [그림 6-4]와 같이 문장을 반복해서 실행하는 구조로, 이미 '3절_반복문'에서 살펴보았다.

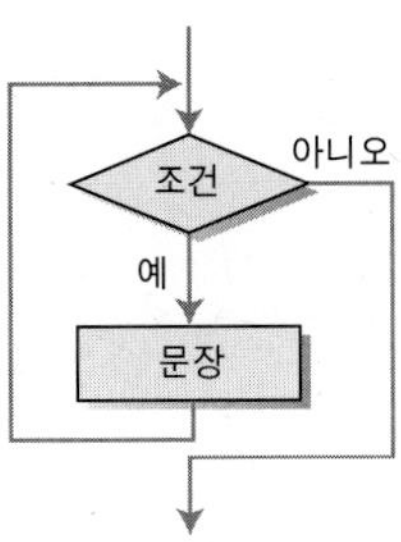

[그림 6-4] 반복 구조

요약

1 식은 계산을 표현하는 기본적인 수단으로, 연산자, 피연산자, 괄호, 함수 호출 등으로 구성된다.

2 연산자는 한 개의 피연산자를 갖는 단항 연산자, 두 개의 피연산자를 갖는 이항 연산자, 세 개의 피연산자를 갖는 삼항 연산자로 구분할 수 있다.

3 연산자 평가 순서, 피연산자 평가 순서에 따라 결과가 달라질 수 있다.

4 식의 단락회로 평가란 모든 피연산자와 연산자를 평가하지 않고서도 식의 결과가 결정되는 것을 의미한다.

5 중복 연산자란 하나의 기호가 두 가지 이상의 목적으로 사용되는 연산자를 의미한다.

6 조건문은 조건에 따라 둘 또는 그 이상의 실행 경로 중에서 하나를 선택할 수 있는 수단을 제공하는 문장이다.

7 반복문은 특정 부분을 반복해서 실행되게 하는 문장이다.

8 무조건 분기문은 프로그램의 실행 순서를 특정 위치로 바꾸는 문장이다.

9 구조적 프로그래밍은 오직 하나의 입구와 출구만이 있는 제어 구조를 사용해야 한다는 프로그래밍 설계 기법으로, 프로그램을 복잡하게 하는 goto 문은 이용하지 않고 구조화된 순차, 선택, 반복 제어 구조만을 이용한다.

연습문제

1 다음 표기법을 비교한 예에서 (가)와 (나)에 들어갈 내용은?

중위 표기법	2 * 3 + 4	1 - 2 * 3
전위 표기법	(가)	- 1 * 2 3
후위 표기법	2 3 * 4 +	(나)

2 Ada의 단락회로 평가를 수행하는 연산자와 수행하지 않는 연산자에 대해 예를 통해 비교 설명하여라.

3 중복 연산자에 대해 설명하여라.

4 Ada로 된 다음 코드를 C 언어로 나타내어라.

```
case score is
   when 90..100 => grade := 'A';
   when 80..89 => grade := 'B';
   when 70..79 => grade := 'C';
   when 60..69 => grade := 'D';
   when 0..59 => grade := 'E';
end case;
```

5 C 언어로 된 다음 코드를 Ada로 나타내어라.

```
while (index <= 10) {
    result = result + index;
    index = index + 1;
}
```

6 while 문과 for 문을 비교 설명하여라.

7 무조건 분기문을 사용하는 경우의 문제점은 무엇인가?

8 구조적 프로그래밍의 세 가지 구조에 대해 설명하여라.

Chapter

07

부프로그램

* **학습목표**

- 호출에 의해 실행되도록 만들어진 일련의 코드인 부프로그램에 대해 살펴본다.
- 호출 프로그램에서 부프로그램에 정보를 전달하는 수단인 매개변수 전달에 대해 살펴본다.
- 같은 이름을 갖는 두 개 이상의 부프로그램을 의미하는 중복 부프로그램에 대해 살펴본다.
- 다양한 타입의 매개변수를 허용하는 포괄 부프로그램에 대해 살펴본다.
- 짧은 길이에 효율적인 매크로 함수와 인라인 함수에 대해 살펴본다.
- 정적, 스택기반, 동적 구조에 따른 부프로그램 구현 방식에 대해 살펴본다.

Section

01 부프로그램의 개요

부프로그램(subprogram)은 프로그램에서 호출에 의해 실행되도록 만들어진 일련의 코드를 의미한다. 한 프로그램 안에서 반복적으로 실행되거나 여러 프로그램에서 공통적으로 실행되는 기능들을 부프로그램으로 하여 사용할 때 유용하다.

다음은 기능A를 각각 세 곳에서 실행하는 프로그램 구조이다.

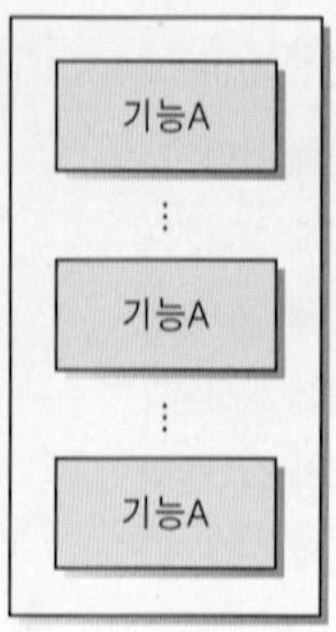

[그림 7-1] 기능A를 여러 번 실행하는 프로그램 구조

[그림 7-1]의 구조처럼 같은 기능이 여러 번 실행되는 경우에 다음과 같이 이 기능을 하나의 단위로 만들고 이 부분이 실행되도록 명령을 내리면 프로그램이 간결해지고 이해하기도 쉬워질 것이다. 이처럼 하나의 단위로 만들어진 기능을 부프로그램(subprogram)이라 한다.

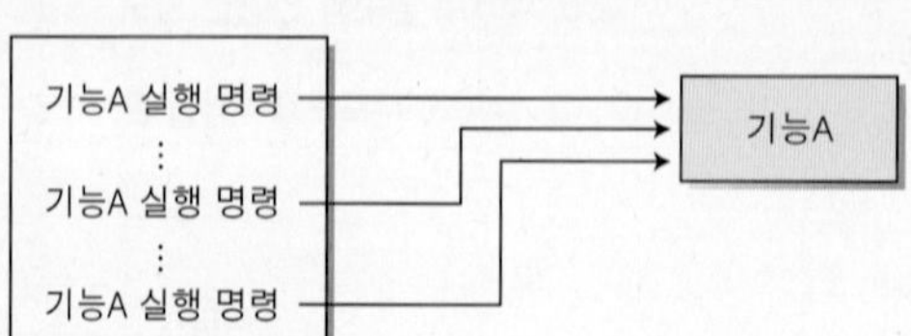

[그림 7-2] 기능A를 하나의 단위로 만든 프로그램 구조

[그림 7-2]를 일반적인 용어로 표현해서 나타내면 [그림 7-3]과 같은데, 부프로그램A를 '부프로그램 정의'라 하고, 부프로그램이 실행되도록 명령하는 문장을 '부프로그램 호출'이라 한다.

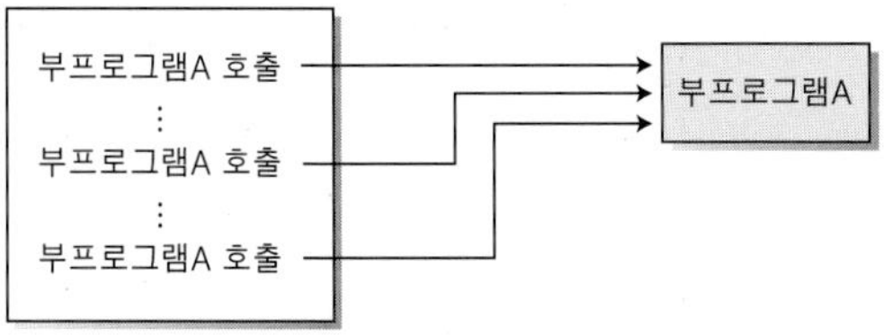

[그림 7-3] 부프로그램이 있는 프로그램 구조

부프로그램 호출을 하면 부프로그램이 실행되고, 실행이 끝나면 호출한 프로그램으로 되돌아온다.

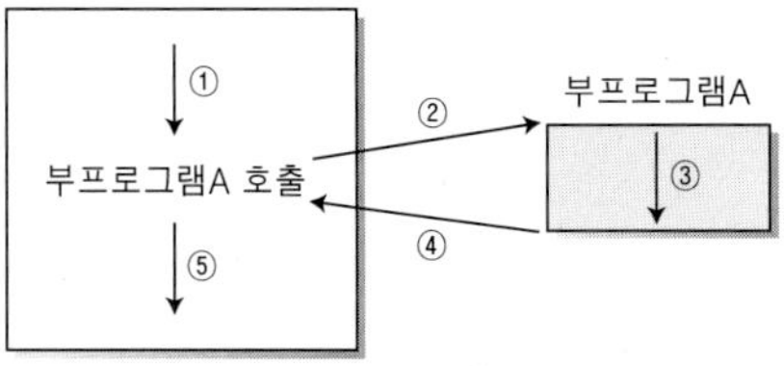

[그림 7-4] 부프로그램이 있는 프로그램의 실행 순서

1. 부프로그램 정의와 호출

프로그램에서 부프로그램을 이용하려면 해당 부프로그램이 미리 정의되어 있어야 하고 이 부프로그램을 호출하는 부분이 있어야 한다.

부프로그램 정의(subprogram definition)는 부프로그램이 실행할 내용을 기술한 일련의 코드로, 머리부(header)와 본체(body)로 구성된다. 그리고 부프로그램 호출(subprogram call)은 호출되는 부프로그램을 실행하라는 명령이다.

부프로그램 정의의 머리부에는 부프로그램임을 나타내는 예약어, 부프로그램의 이름, 매개변수들의 이름과 타입, 반환 값의 타입 등을 기술한다.

다음은 FORTRAN 부프로그램의 머리부로, SUBROUTINE은 부프로그램임을 나타내는 예약어이고, SUB는 부프로그램의 이름이다. 그리고 K, L은 매개변수들의 이름이다.

```
SUBROUTINE SUB(K, L)
```

다음은 Pascal 부프로그램의 머리부로, procedure는 부프로그램임을 나타내는 예약어이고, sub는 부프로그램의 이름이다. 그리고 k, l은 매개변수들의 이름인데 오른쪽의 integer는 매개변수의 타입을 의미한다.

```
procedure sub(var k,l: integer);
```

C 언어에서는 부프로그램을 함수라 한다. 앞으로 부프로그램과 함수를 혼용해서 사용할 것이다.

다음은 C 언어의 부프로그램 머리부이다. sub는 부프로그램의 이름이고, int k, int l은 매개변수의 타입과 이름이다. 그리고 sub 왼쪽의 int는 부프로그램이 반환하는 값의 타입을 의미한다. C 언어의 경우 부프로그램임을 나타내는 예약어는 사용하지 않는다.

```
int sub(int k, int l)
```

다음은 완성된 FORTRAN 부프로그램 정의 예이다.

```
SUBROUTINE SUB(K, L)
IF(K .GT. L) THEN
  PRINT *, K
ELSE
  PRINT *, L
ENDIF
RETURN
END
```

그리고 다음은 완성된 C 부프로그램 정의 예이다. 부프로그램 이름 왼쪽의 void는 아무 값도 반환하지 않는다는 것을 나타낸다.

```
void sub(int k, int l)
{
   if(k > l)
      printf("%d\n", k);
   else
      printf("%d\n", l);
}
```

언어에 따라서 부프로그램은 정의뿐만 아니라 선언도 있다. 부프로그램 선언은 부프로그램이 정의되어 있다는 것을 컴파일러에게 알리는 역할을 하는 것으로, 부프로그램의 머리부는 제공하지만 부프로그램 몸체를 포함하진 않는다.

다음은 C 언어 부프로그램 선언의 예인데, 매개변수들의 이름은 생략해도 된다.

```
void sub(int, int);
```

정의된 부프로그램은 호출에 의해 동작하게 된다. 다음은 FORTRAN에서 SUB 부프로그램을 호출하는 예로, 예약어 CALL을 이용한다.

```
CALL SUB(I, J)
```

그리고 다음은 Pascal과 C에서 sub 부프로그램을 호출하는 예인데, i와 j도 매개변수라 한다.

```
sub(i, j);
```

그러면 호출 부분의 매개변수와 정의 부분의 매개변수는 어떤 역할을 하는지 살펴보자.

❷ 매개변수

호출 프로그램에서 부프로그램에게 어떤 정보를 전달하고자 할 때 매개변수(parameter)를 이용한다. 다음과 같이 C 언어로 된 호출 프로그램과 부프로그램을 이용해서 살펴보자.

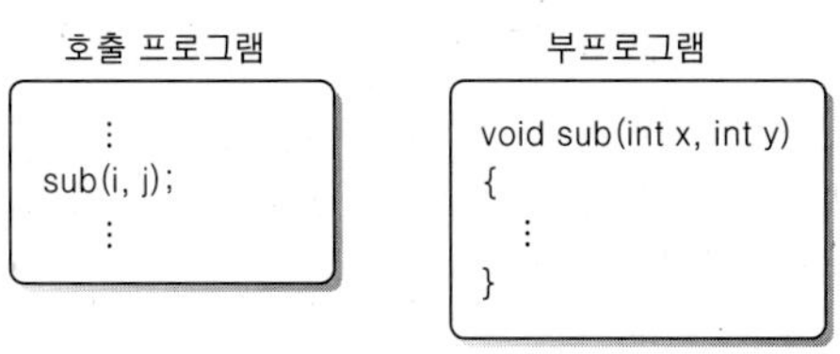

[그림 7-5] C 언어로 된 호출 프로그램과 부프로그램

부프로그램 호출 문장의 i와 j, 부프로그램 정의 머리부의 x와 y가 매개변수에 해당되는데, 특히 호출 문장의 매개변수를 실 매개변수(actual parameter)라 하고, 부프로그램 정의 머리부의 매개변수를 형식 매개변수(formal parameter)라 한다.

부프로그램 sub를 호출하면 실 매개변수 i와 j가 부프로그램 sub로 전달되어, x는 i로 대치되고 y는 j로 대치된다. 이처럼 대부분의 언어에서는 형식 매개변수와 실 매개변수의 대응은 위치에 의해서 이루어진다. 첫 번째 실 매개변수는 첫 번째 형식 매개변수에 대응되고, 나머지도 이와 같은 방법으로 대응된다. 이와 같이 위치에 따라 형식 매개변수와 실 매개변수를 대응하는 방법을 위치 매개변수(positional parameter) 방법이라 한다.

또 다른 대응 방법에는 키워드 매개변수(keyword parameter) 방법이 있다. 이는 호출 문장에서 실 매개변수와 대응되는 형식 매개변수의 이름을 지정할 수 있는 방법으로 Ada에서 이 방법을 지원한다. 다음과 같은 Ada 부프로그램이 있다고 하자.

```
procedure sub(koreanScore, mathScore, engScore: integer) is
begin
    ⋮
end sub;
```

이 부프로그램을 다음과 같이 호출하면 i는 koreanScore와, j는 mathScore와, 그리고 k는 engScore와 대응된다.

```
sub(i, j, k);
```

그러나 다음과 같이 호출 문장에서 '=>' 기호를 이용해서 실 매개변수와 대응되는 형식 매개변수의 이름을 지정하면 i는 mathScore와, j는 engScore와, 그리고 k는 koreanScore와 대응된다. 이 방법을 키워드 매개변수 방법이라 한다.

```
sub(i=>mathScore, j=>engScore, k=>koreanScore);
```

Ada는 위치 매개변수 방법과 키워드 매개변수 방법을 혼합해서 사용할 수 있다. 다음과 같이 호출하면 위치 매개변수 방법을 적용한 i는 koreanScore와 대응되고, 키워드 매개변수 방법을 적용한 j는 engScore와, 그리고 k는 mathScore와 대응된다. 단, 키워드 매개변수를 사용하기 시작하면 끝까지 키워드 매개변수를 사용해야 한다. 이유는 키워드 매개변수가 나타난 후에는 위치가 제대로 정의되지 않기 때문이다.

```
sub(i, j=>engScore, k=>mathScore);
```

C++, Ada 등에서 형식 매개변수는 디폴트 값(default value)을 가질 수 있는데, 호출 시 형식 매개변수에 대응되는 실 매개변수가 전달되지 않았을 때 사용된다. 다음 Ada 부프로

그램 정의가 있다고 하자.

```
procedure sub(koreanScore: integer; mathScore: integer :=
              60; engScore: integer) is
begin
   ⋮
end sub;
```

mathScore 매개변수에 대응되는 실 매개변수는 호출에서 생략될 수 있는데, 생략되면 mathScore는 60이 된다. 다음과 같이 호출하면 위치 매개변수 방법을 적용한 i는 koreanScore와 대응되고, 키워드 매개변수 방법을 적용한 k는 engScore와 대응된다. 반면 mathScore에 대응되는 실 매개변수는 호출에서 생략되어 mathScore는 디폴트 값인 60이 된다.

```
sub(i, engScore=>k);
```

다음은 완성된 Ada 프로그램이다.

[소스 7-1] 디폴트 매개변수를 사용하는 Ada 예제

```
with TEXT_IO;
use TEXT_IO;
procedure default is
   package INT_IO is new TEXT_IO.INTEGER_IO (integer);
   use INT_IO;
   i, k: integer;
   procedure sub(koreanScore: integer; mathScore: integer :=
                 60; engScore: integer) is
   begin
      put("korean: "); put(koreanScore); NEW_LINE;
      put("mathematics: "); put(mathScore); NEW_LINE;
      put("english: "); put(engScore);
   end sub;
begin
   i := 80; k := 70;
   sub(i, engScore=>k);
end default;
```

다음은 C++의 디폴트 매개변수의 예이다. 여기서 05행의 engScore가 디폴트 매개변수에 해당되는데, 함수를 호출할 때 15행과 같이 디폴트 매개변수에 대응되는 실 매개변수가 전달되지 않으면 디폴트 매개변수인 engScore는 디폴트 값인 60이 된다.

[소스 7-2] 디폴트 매개변수를 사용하는 C++ 예제

```
01 #include <iostream>
02 using std::cout;
03 using std::endl;
04
05 void sub(int koreanScore, int mathScore, int engScore=60)
06 {
07     cout << "korean: " << koreanScore << endl;
08     cout << "mathematics: " << mathScore << endl;
09     cout << "english: " << engScore << endl;
10 }
11
12 int main(void)
13 {
14     sub(80, 70, 90);
15     sub(70, 50);
16
17     return 0;
18 }
```

Ada와는 달리 C++는 키워드 매개변수를 제공하지 않기 때문에 디폴트 매개변수를 매개변수 리스트에서 항상 마지막에서부터 채워야 한다. 그러므로 다음과 같이 디폴트 매개변수가 마지막부터 채워지지 않는 것은 오류에 해당된다.

```
void sub(int koreanScore, int mathScore=60, int engScore)
{
      ⋮
}
```

❸ 부프로그램의 종류

부프로그램은 일반적으로 프로시저(procedure)와 함수(function)로 구분한다. 프로시저는 값을 반환하지는 않고 부작용을 만드는 반면, 함수는 값을 반환하고 부작용은 없어야 한다. 그러나 대부분의 언어에서는 의미상의 차이를 강요하지 않고 프로시저가 매개변수를 통해 값을 보내고 함수가 부작용을 만들기도 한다. 특히 C 언어는 프로시저와 함수를 별도로 구분하지 않기도 한다.

부작용을 만든다는 것은 매개변수나 프로시저 외부에서 정의된 변수의 값을 수정하는 것을 말한다.

FORTRAN과 Ada와 같은 언어는 프로시저와 함수를 위해 다른 예약어를 사용한다. 다음은 FORTRAN의 프로시저 정의의 예로, 프로시저임을 나타내기 위해 SUBROUTINE이라는 예약어를 사용한다.

FORTRAN에서는 프로시저를 서브루틴이라고 한다.

```
      SUBROUTINE COPYSUB(A, B, N)
      INTEGER A(N), B(N)
      DO 10 I = 1, N
         A(I) = B(I)
   10 CONTINUE
      RETURN
      END
```

이러한 프로시저를 호출하는 예는 다음과 같은데, 이때 예약어 CALL을 이용한다.

```
CALL COPYSUB(K, L, I)
```

반면 FORTRAN의 함수를 나타내기 위해서는 FUNCTION이라는 예약어를 사용한다. 다음은 함수 정의의 예로, 이 함수는 RETURN을 만나면 함수 이름인 ADD에 저장된 값을 반환한다.

```
INTEGER FUNCTION ADD(A, B)
ADD = A + B
RETURN
END
```

이러한 함수를 호출하는 예는 다음과 같다. ADD(K, L)은 함수 ADD에 의해 반환된 값을 받아 동작한다.

```
I = ADD(K, L)
```

Ada는 프로시저를 정의할 때 procedure라는 예약어를 사용한다.

```
procedure incre(x, y: in out integer) is
begin
   x := x + 1;
   y := y + 1;
end incre;
```

그리고 Ada의 함수 정의 형식은 다음과 같이 function라는 예약어를 사용한다.

```
function 함수이름(매개변수) return 반환값타입 is
begin
   return 반환값;
end 함수이름;
```

다음은 add 함수를 사용하여 더한 결과를 반환하는 예이다.

[소스 7-3] 함수를 사용하는 Ada 예제

```
with TEXT_IO;
use TEXT_IO;
procedure func is
   package INT_IO is new TEXT_IO.INTEGER_IO (integer);
   use INT_IO;
   function add(num1, num2: integer) return integer is
   begin
      return num1 + num2;
   end add;
begin
   put(add(5, 7));
end func;
```

값을 반환하지 않도록 하려면 반환 타입을 void라 하면 된다.

앞에서 잠시 언급했듯이 C 언어는 프로시저와 함수를 별도로 구분하지 않으므로, 함수처럼 값을 반환하려면 함수 이름 왼쪽에 반환하는 값의 타입을 쓰면 된다.

```
int add(int x, int y)
{
   return x+y;
}
```

Section

02 매개변수 전달 방식

매개변수를 이용하면 호출 프로그램에서 부프로그램에게 임의의 정보를 전달할 수 있는데, 전달하는 방식에 따라 매개변수에 대한 해석이 달라진다. 매개변수 전달 방식(parameter passing mechanism)에는 값 전달, 참조 전달, 값-결과 전달, 이름 전달 등이 있는데 이들에 대해 살펴보자.

1. 값 전달

값 전달(call by value) 방식은 실 매개변수의 값을 형식 매개변수에 저장하고, 형식 매개변수를 부프로그램의 지역 변수로 사용한다. 이 방식에서는 실 매개변수와 형식 매개변수는 별개의 변수이므로 형식 매개변수의 어떠한 변화도 실 매개변수에는 아무런 영향을 미치지 않는다. C와 Java가 이 방식을 사용하고, C++는 값 전달이 기본 방식이다. 그리고 Ada의 in 매개변수가 값 전달 방식이다.

다음은 값 전달을 보여주는 C 예로, 호출할 때 실 매개변수인 a의 값 10과 b의 값 20을 전달하여 형식 매개변수인 x와 y에 저장된 후 동작한다. 부프로그램의 03행에서 x와 y는 11과 21로 변하여 04행에서 x와 y의 값은 11과 21로 출력된다. 그렇다 하더라도 실 매개변수와 형식 매개변수는 별개의 변수이기 때문에 호출 프로그램의 a와 b는 원래 값 10과 20이 그대로 유지된다. 부프로그램의 실행이 종료되어 호출 프로그램으로 돌아와서 03행에서 a와 b의 값을 출력하면 10과 20이 출력된다.

호출 프로그램

```
        ⋮
01 a=10; b=20;
02 sub(a, b);
03 printf("%d %d", a, b);
        ⋮
```

부프로그램

```
01 void sub(int x, int y)
02 {
03    x=x+1; y=y+1;
04    printf("%d %d", x, y);
05 }
```

[소스 7-4] 값 전달 방식을 하는 C 예제

이 방식에서는 형식 매개변수 값의 변화가 실 매개변수에 반영되지 않기 때문에 호출 프로그램의 부작용을 일으키지 않는다. 만약 부프로그램으로부터 어떤 값을 반환받으려면 함수를 사용하면 된다.

이 방식에서는 형식 매개변수에 대한 기억 장소가 반드시 할당되어야 하기 때문에 배열과 같이 매개변수의 수가 많으면 기억 장소를 많이 차지하고, 값을 복사하는 데도 많은 시간이 걸린다.

다음은 in 매개변수를 이용해서 값 전달을 보여주는 Ada 예이다. 여기서 in은 생략해도 된다.

[소스 7-5] 값 전달 방식을 하는 Ada 예제

```
with TEXT_IO;
use TEXT_IO;
procedure inparameter is
   package INT_IO is new TEXT_IO.INTEGER_IO (integer);
   use INT_IO;
   a, b: integer;
   procedure sub(x, y: in integer) is
   begin
      put(x); put(y);
   end sub;
begin
   a := 10; b := 20;
   sub(a, b);
end inparameter;
```

Ada in 매개변수의 특이한 점은 값을 배정할 수 없다는 점이다. 그러므로 in 매개변수에 값을 배정하려는 다음의 예에서는 오류가 발생한다.

```
procedure sub(x, y: in integer) is
begin
   x:=x+1; y:=y+1;
   put(x); put(y);
end sub;
```

❷ 참조 전달

참조 전달(call by reference) 방식은 주소 전달(call by address) 방식이라고도 한다. 실 매개변수의 주소를 형식 매개변수로 보내는 방식으로, 실 매개변수는 반드시 할당된 주소가 있는 변수여야 한다. 이 방식에서 형식 매개변수는 실 매개변수의 별명(alias)이 되어 형식 매개변수의 어떠한 변화도 실 매개변수에 그대로 반영된다.

한 개체에 다른 두 개 이상의 이름이 부여되었을 때, 이 이름들을 별명이라 한다.

FORTRAN이 참조 전달 방식을 사용하고, C++에서는 참조자(reference) 형식 매개변수를 사용하는 경우가 참조 전달 방식에 해당된다.

다음은 참조자를 이용해서 참조 전달을 보여주는 C++ 예로, 호출하면 a와 x, b와 y는 별명이 된다. 때문에 부프로그램에서 x와 y의 값이 11과 21이라는 것은 호출 프로그램의 a와 b도 11과 21이라는 것을 의미한다. 그러므로 부프로그램의 04행에서 x와 y의 값은 11과 21로 출력되고, 호출 프로그램의 03행에서도 11과 21이 출력된다.

호출 프로그램

```
      ⋮
01 a=10; b=20;
02 sub(a, b);
03 printf("%d %d", a, b);
      ⋮
```

부프로그램

```
01 void sub(int& x, int& y)
02 {
03    x=x+1; y=y+1;
04    printf("%d %d", x, y);
05 }
```

[소스 7-6] 참조 전달 방식을 하는 C++ 예제

실 매개변수는 반드시 할당된 주소가 있는 변수여야 한다고 앞에서 언급했다. [소스 7-6]의 sub 부프로그램에 대한 다음 호출은 실 매개변수가 할당된 주소가 있는 변수가 아니라 상수이기 때문에 오류이다.

```
sub(10, 20);
```

C 언어는 값 전달 방식으로 동작하는데, 포인터를 이용해서 참조 전달 효과를 낼 수 있다. 다음은 그 예로, 부프로그램의 04행과 호출 프로그램의 03행 모두 11과 21을 출력한다.

호출 프로그램

```
⋮
a=10; b=20;
sub(&a, &b);
printf("%d %d", a, b);
⋮
```

부프로그램

```
void sub(int *x, int *y)
{
    *x=*x+1; *y=*y+1;
    printf("%d %d", *x, *y);
}
```

[소스 7-7] 참조 전달 효과를 내는 C 예제

❸ 값-결과 전달

값-결과 전달(call by value-result) 방식은 부프로그램을 호출할 때 실 매개변수의 값을 형식 매개변수에 저장하고 동작하다가 부프로그램을 종료할 때 형식 매개변수의 값을 실 매개변수로 반환한다. 이 방식은 별명을 만들지 않는다는 점을 제외하면 참조 전달과 비슷한 효과를 낸다.

ALGOL 68과 Ada에서 값-결과 전달 방식을 사용할 수 있는데, Ada의 in out 매개변수가 이에 해당된다.

다음은 값-결과 전달을 보여주는 Ada 예로, 호출할 때 실 매개변수인 a의 값 10과 b의 값 20이 형식 매개변수인 x와 y에 저장되어 동작한다. 그리고 부프로그램을 종료할 때 x의 값 11과 y의 값 21이 실 매개변수인 a와 b에 반환된다. 그러므로 부프로그램의 04행에서 x와 y의 값은 11과 21로 출력되고, 호출 프로그램의 03행에서도 11과 21이 출력된다. 이는 참조 전달 방식을 하는 C++의 예인 [소스 7-6]과 같은 결과를 나타낸다.

호출 프로그램

```
   ⋮
01 a:=10; b:=20;
02 sub(a, b);
03 put(a); put(b);
   ⋮
```

부프로그램

```
01 procedure sub(x, y: in out integer) is
02 begin
03    x:=x+1; y:=y+1;
04    put(x); put(y);
05 end sub;
```

[소스 7-8] 값-결과 전달 방식을 하는 Ada 예제

부프로그램의 형식 매개변수의 값을 반환만 하는 결과 전달(call by result) 방식도 있는데 Ada의 out 매개변수가 이에 해당된다. 그러나 이 방식은 거의 사용되지 않는다.

❹ 이름 전달

이름 전달(call by name) 방식은 형식 매개변수의 이름이 사용될 때마다 대응되는 실 매개변수의 이름으로 대치하는 방식이다.

ALGOL 60에서 이름 전달 방식이 사용되었다. 다음은 이름 전달 방식을 보여주는 ALGOL 60의 예로, 호출 프로그램의 a와 n(1)을 1씩 증가시키기 위해 04행과 같이 호출하였다.

호출 프로그램

```
        ⋮
01 a := 1;
02 n(1) := 1;
03 n(2) := 2;
04 call sub(a, n(a));
        ⋮
```

부프로그램

```
01 procedure sub(x, y)
02    integer x, y;
03 begin
04    x := x+1;
05    y := y+1;
06 end
```

[소스 7-9] 이름 전달 방식을 하는 ALGOL 60 예제

이름 전달 방식을 사용하는 부프로그램의 동작은 형식 매개변수의 이름을 실 매개변수의 이름으로 대치하여 실행한 결과와 같다. 대치하면 다음과 같다.

```
04 a := a+1;
05 n(a) := n(a)+1;
```

따라서 04행에서 a의 값이 2가 되고, 05행에서 n(2)의 값이 2에서 1이 증가되어 3이 된다. 원래 의도는 a가 2가 되고 n(1)이 2가 되게 하는 것인데 결과는 다르게 나왔다.

이처럼 이름 전달 방식은 프로그램을 작성하기가 어렵고 구현이 어려워 최근 대부분의 언어에서는 사용되지 않는다.

Section

3 중복 부프로그램

중복 부프로그램(overloaded subprogram)은 같은 이름을 갖는 두 개 이상의 부프로그램들을 의미한다. 단, 모든 중복 부프로그램은 매개변수 내용이 달라야 한다. C++, Java, Ada 등에서 중복 부프로그램 기능을 지원한다.

C 언어는 중복 부프로그램을 지원하지 않는다. 다음의 잘못된 예를 보자.

[소스 7-10] 오류가 있는 C 예제

```
01  int add(int x, int y)
02  {
03      return x+y;
04  }
05  float add(float x, float y)
06  {
07      return x+y;
08  }
09  int main(void)
10  {
11      add(10, 20);
12      return 0;
13  }
```

이 프로그램은 01행과 05행의 함수의 이름이 같기 때문에 번역 시 오류가 발생한다. 잘못된 프로그램이긴 하지만 11행의 호출에 의해 실행되기 원하는 함수는 아마도 01행에 정의된 함수일 것이다. 형식 매개변수가 실 매개변수와 같은 int 타입이기 때문이다.

01행과 05행의 함수의 이름은 같지만 매개변수 내용에는 차이가 있다. 그러나 C 언어에서는 매개변수의 내용이 다르더라도 함수 이름이 같으면 같은 함수가 정의된 것으로 인식해서 오류로 처리된다.

그러나 중복 부프로그램을 지원하는 C++에서는 아무런 문제가 발생하지 않는다. 함수의 이름이 같더라도 매개변수의 내용이 다르면 다른 함수로 인식하기 때문이다.

그러므로 다음 C++의 예에서 11행의 add를 호출하면 01행에 정의된 함수가 동작하게 되고, 12행에서 add를 호출하면 05행에 정의된 함수가 동작하게 되어 아무런 문제없이 실행된다.

[소스 7-11] 중복 부프로그램을 사용하는 C++ 예제

```
01  int add(int x, int y)
02  {
03      return x+y;
04  }
05  float add(float x, float y)
06  {
07      return x+y;
08  }
09  int main(void)
10  {
11      add(10, 20);
12      add(1.2, 3.4);
13      return 0;
14  }
```

중복 부프로그램은 디폴트 매개변수와 함께 사용하면 문제가 발생하게 될 가능성이 크다. 다음 C++의 예에서 11행의 호출은 디폴트 매개변수를 사용하는 01행과 매개변수가 없는 05행의 함수 모두에게 해당되므로 오류가 발생한다.

[소스 7-12] 중복 부프로그램과 디폴트 매개변수를 함께 사용하여 오류가 있는 C++ 예제

```
int func(int x=0)
{
   return x+10;
}
int func()
{
   return 0;
}
int main(void)
{
   func();
   return 0;
}
```

다음은 중복 부프로그램을 사용하는 Ada 예제로, 14~19행의 put이 중복 부프로그램에 해당된다. 25행에서 put을 호출하는데 매개변수인 result가 fraction 타입이므로 14~19행에서 정의한 put이 동작한다.

[소스 7-13] 중복 부프로그램을 사용하는 Ada 예제

```
01 with TEXT_IO;
02 use TEXT_IO;
03 procedure overloadFunction is
04    package INT_IO is new TEXT_IO.INTEGER_IO (integer);
05    use INT_IO;
06    type fraction is record
07       numerator: integer;
08       denominator: integer;
09    end record;
10    function "*"(A, B: fraction) return fraction is
11    begin
12       return (A.numerator*B.numerator,
                 A.denominator*B.denominator);
13    end "*";
```

```
    procedure put(C: fraction) is
    begin
        put(C.numerator);
        put('/');
        put(C.denominator);
    end put;
    x, y, result: fraction;
begin
    x := (2, 3);
    y := (4, 5);
    result := x * y;
    put(result);
end overloadFunction;
```

Section

04 포괄 부프로그램

포괄 부프로그램(generic subprogram)은 다양한 타입의 매개변수를 허용하는 부프로그램이다. 이로 인해 다른 타입의 데이터에 동일한 동작을 하는 다른 부프로그램의 생성을 줄일 수 있게 된다. 구체적인 내용은 예를 들어 살펴보자.

정수 타입의 두 데이터를 교환하는 부프로그램을 Ada로 작성하면 다음과 유사할 것이다.

```
procedure swapInt (x, y: in out integer) is
   temp: integer;
begin
   temp := x;
   x := y;
   y := temp;
end swap;
```

그리고 부동소수점 타입의 두 데이터를 교환하는 부프로그램은 다음과 유사할 것이다.

```
procedure swapFloat (x, y: in out float) is
   temp: float;
begin
   temp := x;
   x := y;
   y := temp;
end swap;
```

두 개의 부프로그램을 비교해 보면 변수의 데이터 타입에만 차이가 있고 나머지 부분은 거의 똑같다. 다른 타입의 교환 부프로그램도 마찬가지인데, 이는 낭비적인 부분이 커 보인다.

이러한 경우에 포괄 부프로그램을 이용하면 이와 같은 낭비적인 요소를 줄일 수 있다. 변수의 타입에만 차이가 있고 하는 일은 같은 부프로그램들을 중복해서 생성하지 않아도 된다.

Ada는 generic이라는 예약어를 이용해서 포괄 부프로그램을 생성한다. 다음은 포괄 부프로그램인 exchange를 생성한 예이다. 여기서 Element 타입의 x와 y는 포괄 매개변수로 임의의 데이터 타입을 갖는다고 선언된 것이다.

```
generic
   type Element is private;
procedure exchange(x, y: in out Element);
procedure exchange (x, y: in out Element) is
   temp: Element;
begin
   temp := x;
   x := y;
   y := temp;
end swap;
```

이 포괄 부프로그램인 exchange는 실제 동작할 수 있는 것이 아니라 부프로그램의 템플릿(template) 역할만 한다. 그러므로 포괄 exchange를 이용해서 실제 부프로그램을 실체화(instantiation)해야 한다.

템플릿이란 실제 부프로그램이 아니라 부프로그램 구조를 의미하는 것이다. 정의된 레코드 타입과 유사한 개념으로 보면 된다.

실체화는 다음과 같이 이루어지는데, integer 타입의 데이터를 교환하는 swap, float 타입의 데이터를 교환하는 swap, character 타입의 데이터를 교환하는 swap이라는 3개의 부프로그램이 정의된다.

```
procedure swap is new exchange (integer);
procedure swap is new exchange (float);
procedure swap is new exchange (character);
```

Ada는 중복 부프로그램 기능을 지원하므로 다음과 같이 호출하면 실 매개변수인 a와 b의 데이터 타입을 보고 해당 부프로그램이 동작한다.

```
swap(a, b);
```

다음은 이러한 내용을 완성한 Ada 프로그램으로, 23행에서 swap을 호출하면 integer 타입 데이터에 대한 교환을 하고, 26행에서 swap을 호출하면 character 타입 데이터에 대한 교환을 한다.

[소스 7-14] 포괄 부프로그램을 사용하는 Ada 예제

```
with TEXT_IO;
use TEXT_IO;
procedure gene is
   package INT_IO is new TEXT_IO.INTEGER_IO (integer);
   use INT_IO;
   a, b: integer;
   c, d: character;
   generic
      type Element is private;
   procedure exchange(x, y: in out Element);
   procedure exchange(x, y: in out Element) is
      temp: Element;
   begin
      temp := x;
      x := y;
      y := temp;
   end exchange;
   procedure swap is new exchange (integer);
   procedure swap is new exchange (float);
   procedure swap is new exchange (character);
begin
   a := 10; b := 20;
   swap(a, b);
   put(a); put(" "); put(b); NEW_LINE;
   c := 'i'; d := 'j';
   swap(c, d);
   put(c); put(" "); put(d);
end gene;
```

Section

05 매크로 함수와 인라인 함수

함수를 이용하면 호출과 반환으로 인한 메모리 할당 등 오버헤드가 발생한다. 그러므로 다음과 같이 짧은 길이의 C 함수를 이용하는 것은 장점보다는 비효율적인 면이 많다.

[소스 7-15] 짧은 길이의 함수

```
int subtraction(int x, int y)
{
     return x-y;
}
```

이러한 경우에 매크로 함수를 이용하는 것이 바람직한데, 매크로 함수를 이용하면 전처리기에 의해 해당 부분이 정의된 내용으로 대체되어 함수 호출 과정이 사라진다. 따라서 함수 이용으로 인한 오버헤드가 발생하지 않는다. 반면 매크로 함수의 정의 부분이 길면 프로그램의 크기가 커지게 되는 문제점이 있다.

그러므로 짧은 길이인 경우에 매크로 함수를 이용하고 긴 경우에는 일반적인 함수를 이용하는 것이 바람직하다.

다음은 [소스 7-15] 함수를 매크로 함수로 정의한 것이다.

```
#define subtraction(x,y) x-y
```

그런데 이와 같은 정의는 문제가 있다. 다음의 경우를 보자.

```
result = subtraction(a+1, b+10);
```

이 문장을 전처리하면 다음과 같이 되는데 우리가 원하는 (a+1)-(b+10) 과는 다른 결과를 얻게 된다.

```
result = a+1-b+10;
```

그러므로 다음과 같이 괄호로 묶어야 한다.

```
#define subtraction(x,y) (x)-(y)
```

그러나 아직 문제가 있다. 다음의 경우를 생각해 보자.

```
result = subtraction(a, b)*2;
```

이 문장을 전처리하면 다음과 같이 되는데 연산자 우선순위에 의해 (b)*2가 먼저 연산되는 문제가 발생한다.

```
result = (a)-(b)*2;
```

그러므로 다음과 같이 정의 부분 전체를 괄호로 묶으면 원하는 동작을 한다.

[소스 7-16] 매크로 함수

```
#define subtraction(x,y) ((x)-(y))
```

이처럼 매크로 함수를 정의하는 것은 일반적인 함수를 정의하는 것보다는 구현이 까다롭다. 일반적인 함수를 정의하는 것처럼 쉽게 구현할 수 있고 매크로 함수처럼 동작하는 기능을 가진 함수가 있는데 이는 C++의 인라인 함수(in-line function)이다. 다음은 [소스 7-16] 매크로 함수와 똑같이 동작하는 인라인 함수로, inline 예약어를 사용한다.

[소스 7-17] 인라인 함수

```
inline int subtraction(int x, int y)
{
    return x-y;
}
```

Section

06 부프로그램의 구현

대부분의 프로그램은 하나의 주프로그램과 여러 개의 부프로그램으로 이루어진다. 이러한 주프로그램과 각 부프로그램은 코드부(code segment)와 활성 레코드(activation record)로 구성된다. 코드부는 프로그램 명령어들로 내용이 변하지 않고, 활성 레코드는 지역 변수, 매개변수 등 단위 프로그램 실행에 필요한 정보이다.

이 절에서는 부프로그램의 실행이 시작되어 종료될 때까지 이러한 정보들을 관리하는 방법에 대해 살펴보고자 한다.

부프로그램이 메모리에 할당되는 구조에 따라 정보를 관리하는 방법에 차이가 있는데, 할당 구조는 크게 정적 구조, 스택 기반 구조, 동적 구조로 구분할 수 있다. 이들 구조에 따른 구현에 대해 살펴보자.

1. 정적 구조

부프로그램을 정적으로 할당하는 대표적인 언어는 FORTRAN 77로, 메모리 할당이 적재 시간에 이루어지며 모든 변수들의 위치가 고정된다. 부프로그램은 중첩될 수 없고 재귀 호출도 허용되지 않는다. FORTRAN 77은 COMMON 문을 이용해서 전역 변수를 선언할 수 있고, 그 외 변수들은 지역 변수이다.

다음은 주프로그램과 2개의 부프로그램 A, B로 이루어진 프로그램의 메모리 구조를 나타낸 것으로, COMMON 문에 의해 생성된 전역 변수를 위한 영역, 주프로그램의 코드부, 활성 레코드, 부프로그램 A의 코드부, 활성 레코드, 그리고 부프로그램 B의 코드부, 활성 레코드로 구성된다. 이러한 구조의 메모리 크기는 변하지 않는다.

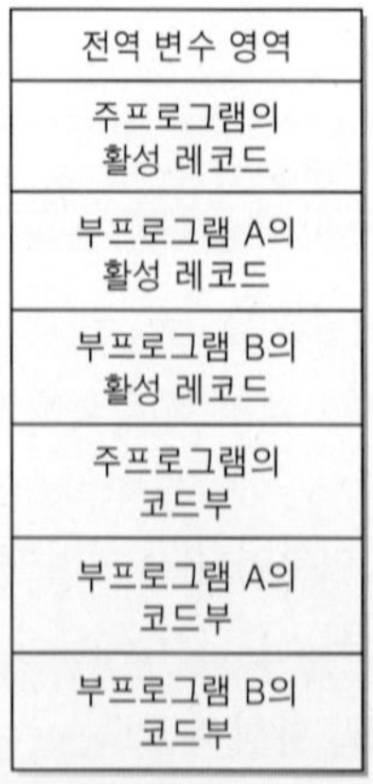

[그림 7-6] FORTRAN 77의 메모리 구조

각 활성 레코드에는 다음과 같은 정보들이 저장된다. 지역 변수는 해당 주프로그램 또는 부프로그램에서 선언된 지역 변수를 의미하고, 매개변수는 해당 부프로그램의 매개변수를 의미한다. 그리고 복귀 주소는 부프로그램 실행이 종료되고 복귀해야 할 메모리 주소를 의미한다. 함수 값은 부프로그램이 함수인 경우 함수의 반환 값을 의미한다.

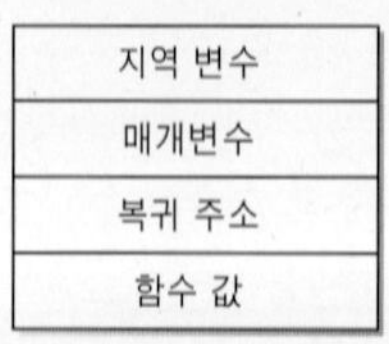

[그림 7-7] 정적 구조의 활성 레코드

부프로그램 활성화란 호출에 의해 부프로그램 실행이 시작됨을 말한다.

이러한 구조는 단순하여 쉽게 구현할 수 있지만, 유연성이 적고 활성화되지 않은 활성 레코드도 메모리를 항상 차지하는 문제점이 있다.

❷ 스택 기반 구조

부프로그램이 활성화될 때 활성 레코드가 스택에 동적으로 생성되는 언어는 C나 Pascal, Ada 등으로, 재귀 호출을 허용한다. C는 부프로그램의 중첩을 허용하지 않는 반면 Pascal과 Ada는 중첩을 허용하므로 이번 절에서는 중첩을 허용하지 않는 구조와 중첩을 허용하는 구조로 구분해서 살펴보자.

내용이 조금 난해하므로 예를 이용해서 설명한다.

다음 C 언어의 예를 살펴보자.

[소스 7-18] 스택 기반 구조의 C 예제

```
void q(void)
{
      ⋮
}
void p(void)
{
    q();
      ⋮
}
int main(void)
{
    p();
      ⋮
}
```

프로그램 실행이 시작되면 스택에 main의 활성 레코드가 생성된다. 스택은 아래에서 위로 증가한다고 가정한다.

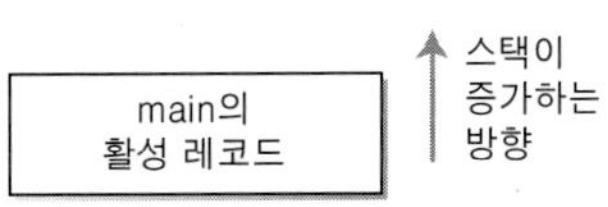

main에서 p를 호출하여 p가 활성화되면 스택에 p의 활성 레코드가 생성된다.

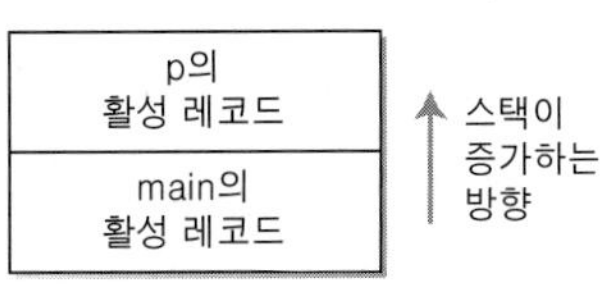

p에서 q를 호출하여 q가 활성화되면 스택에 q의 활성 레코드가 생성된다.

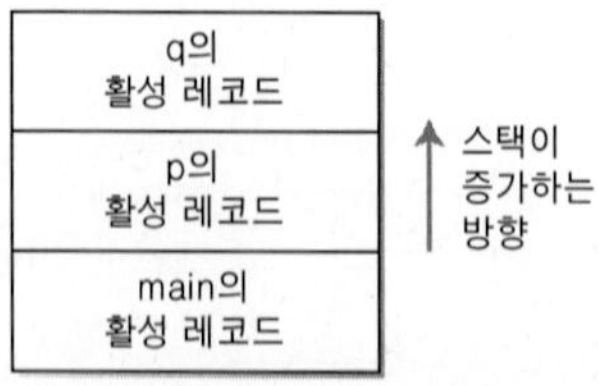

q의 실행이 종료되면 q의 활성 레코드는 스택에서 삭제된다.

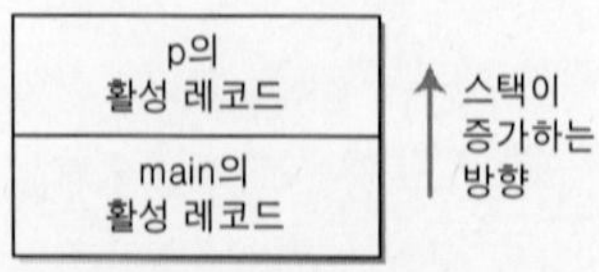

p의 실행이 종료되면 p의 활성 레코드가 스택에서 삭제된다.

임의의 활성 레코드를 스택에서 제거할 때 어느 부분까지 제거해야 하는지에 대한 정보가 필요하다. 동적 링크(dynamic link)가 이러한 역할을 하며 호출자의 활성 레코드의 시작부를 가리킨다. 그러므로 이러한 구조의 활성 레코드는 [그림 7-8]과 같이 정적 구조의 활성 레코드에 동적 링크 정보가 추가된다.

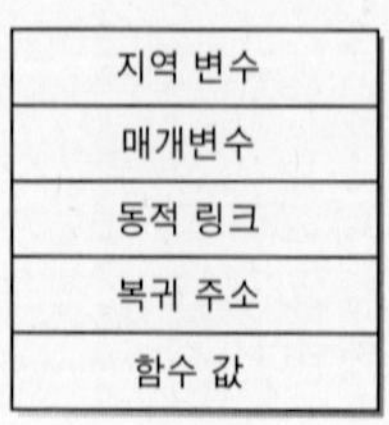

[그림 7-8] 스택 기반 구조의 활성 레코드

[소스 7-18]에서 q가 활성화되었을 때의 스택 구조를 좀 더 상세히 나타내면 다음과 같다. q의 동적 링크는 자신의 호출자인 p의 활성 레코드의 시작부를 가리키고, p의 동적 링크는 자신의 호출자인 main의 활성 레코드의 시작부를 가리킨다.

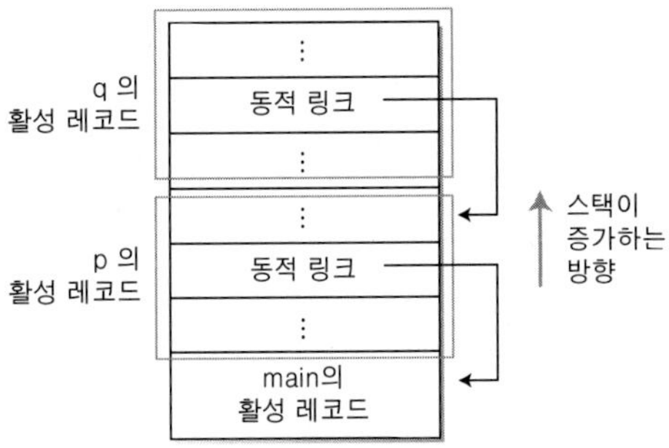

이 상태에서 q의 실행이 종료되면 q 활성 레코드의 동적 링크가 가리키는 부분까지 스택에서 삭제된다.

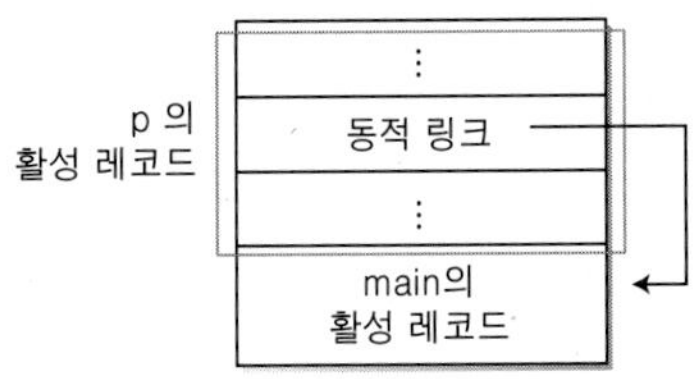

[소스 7-18]은 재귀 호출이 없는 구조였는데, 재귀 호출이 있는 다음 예를 살펴보자.

[소스 7-19] 스택 기반 구조의 재귀 호출이 있는 C 예제

```
int factorial(int n)
{
   if(n<=1)
      return 1;
   else
      return n*factorial(n-1);
}
int main(void)
{
   int result;
   result = factorial(3);
   return 0;
}
```

프로그램 실행이 시작되면 스택에 main의 활성 레코드가 생성되는데, 지역 변수인 result의 값은 정해지지 않았다.

main의 11행에서 factorial(3)을 호출하면 스택에 factorial의 활성 레코드가 생성된다. 매개변수 n은 3이고, 동적 링크는 호출자인 main의 활성 레코드를 가리킨다. 이 함수의 반환 값은 아직 정해지지 않았다.

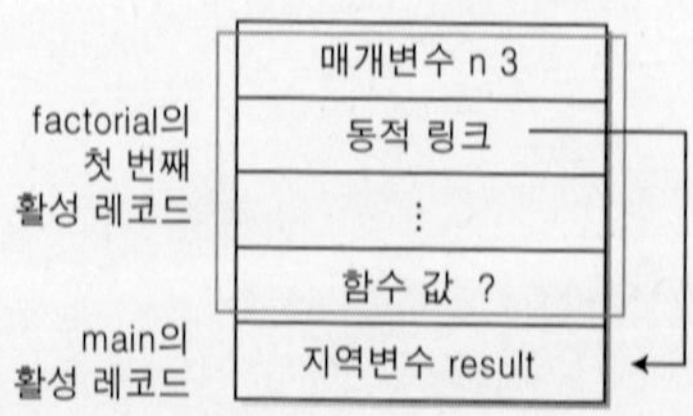

factorial의 06행에서 factorial(2)를 재귀 호출하면 스택에 또 다른 factorial의 활성 레코드가 생성된다. 매개변수 n은 2이고, 동적 링크는 호출자인 factorial의 활성 레코드를 가리킨다. 이 함수의 반환 값은 아직 정해지지 않았다.

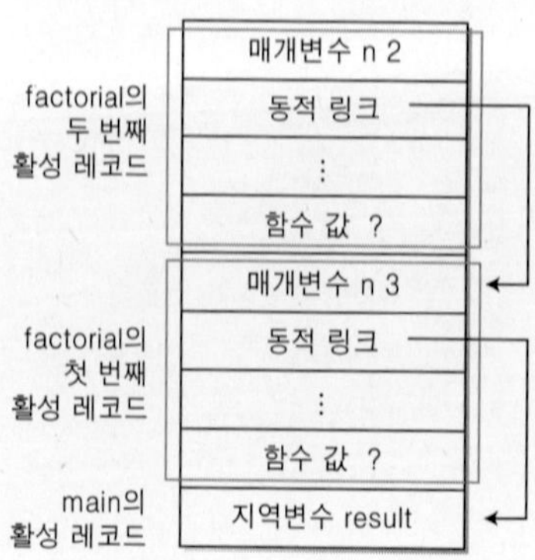

factorial의 06행에서 factorial(1)을 재귀 호출하면 스택에 또 다른 factorial의 활성 레코드가 생성된다. 매개변수 n은 1이고, 동적 링크는 호출자인 factorial의 활성 레코드를 가리킨다. 이 함수의 반환 값은 아직 정해지지 않았다.

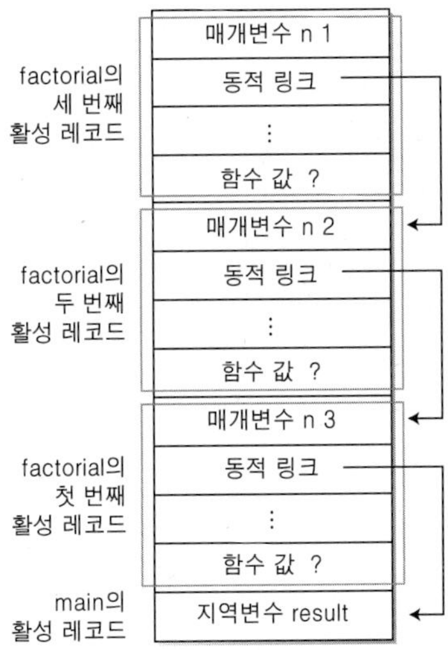

factorial의 04행을 만나면 함수의 반환 값이 1로 정해지게 되어 활성 레코드의 함수 값이 1이 된다.

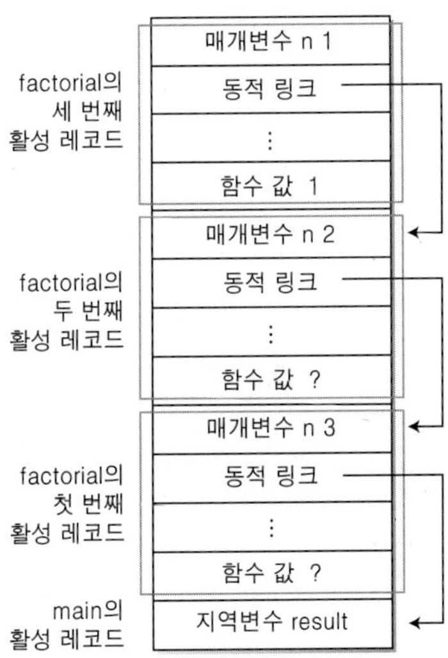

함수 값 1을 factorial의 두 번째 활성 레코드로 반환하고 factorial(1)의 실행이 종료되면 동적 링크가 가리키는 부분까지 스택에서 삭제된다. 그러면 factorial 두 번째 활성 레코드의 n인 2와 반환받은 1을 곱한 결과인 2가 함수 값이 된다.

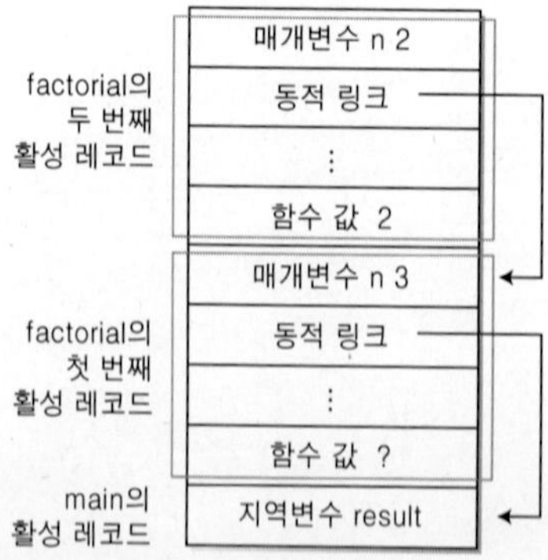

함수 값 2를 factorial의 첫 번째 활성 레코드로 반환하고 factorial(2)의 실행이 종료되면 동적 링크가 가리키는 부분까지 스택에서 삭제된다. 그러면 factorial 첫 번째 활성 레코드의 n인 3과 반환받은 2를 곱한 결과인 6이 함수 값이 된다.

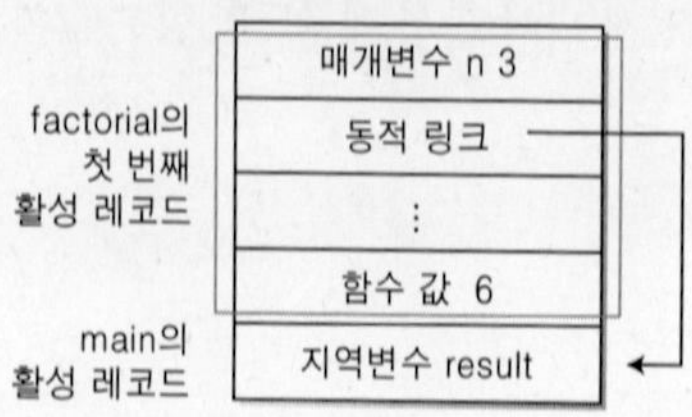

함수 값 6을 main의 활성 레코드로 반환하고 factorial(3)의 실행이 종료되면 동적 링크가 가리키는 부분까지 스택에서 삭제된다. 그러면 main 활성 레코드의 지역변수 result가 6이 된다.

Ada는 스택 기반 구조이면서 부프로그램 내에 또 다른 부프로그램 정의가 가능한데, 즉 부프로그램 중첩을 허용한다.

이러한 구조에 대한 구현이 어떻게 이루어지는지를 다음 Ada 예를 통해 살펴보자.

[소스 7-20] 스택 기반 구조의 부프로그램 중첩을 하는 Ada 예제

```
01  procedure p is
02      x, y: integer;
03      procedure q is
04          x: float;
05          procedure r is
06          begin
07              ⋮
08          end r;
09      begin
10          s;
11      end q;
12      procedure s is
13          y: float;
14      begin
15          r;
16      end s;
17  begin
18      q;
19  end p;
```

이 예제는 부프로그램 p 내에 부프로그램 q와 s를 중첩하고 있고, 부프로그램 q는 또 다른 부프로그램인 r을 중첩하고 있다. 호출 순서를 살펴보면, 가장 먼저 부프로그램 p의 18행에서 q를 호출하고, 다음으로 부프로그램 q의 10행에서 s를 호출한다. 그리고 부프로그램 s의 15행에서 r을 호출한다.

r이 활성화될 때의 스택 내용은 다음과 같다.

r(05~08행)에서 비지역 변수인 x와 y에 대한 참조가 이루어지면 x는 q에서 선언된 04행의 x가 되고 y는 p에서 선언된 02행의 y가 된다. p가 q를 포함하고, q가 r을 포함하고 있기 때문이다. 그러나 [그림 7-8]과 같은 활성 레코드에는 이러한 포함 관련 정보가 없으므로 비지역 변수에 대한 선언이 어디에 해당되는지 알 수가 없다. 이러한 경우에 사용하는 한 가지 방법은 정적 링크(static link)를 따라가는 것이다.

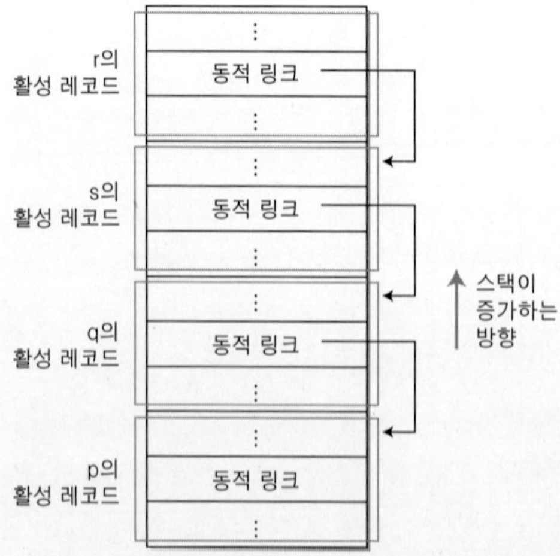

정적 링크는 임의의 부프로그램을 포함하고 있는 바로 상위의 부프로그램의 활성화 레코드를 가리킨다. 그러므로 부프로그램 중첩을 허용하는 스택 기반 구조의 활성 레코드는 [그림 7-9]와 같이 정적 링크 정보가 추가된다.

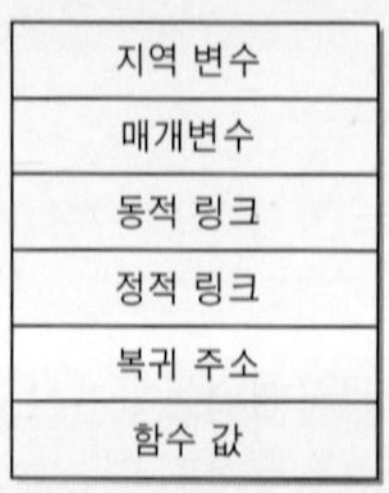

[그림 7-9] 부프로그램 중첩을 하는 스택 기반 구조의 활성 레코드

q가 r을 포함하고 있으므로 r 활성 레코드의 정적 링크는 q의 활성 레코드를 가리키고, p가 q를 포함하고 있으므로 q 활성 레코드의 정적 링크는 p의 활성 레코드를 가리킨다. 그리고 p가 s를 포함하고 있으므로 s 활성 레코드의 정적 링크는 p의 활성 레코드를 가리킨다.

비지역 변수 이름에 대한 변수를 찾을 때 정적 링크를 따라가면서 해당 이름에 대한 선언이 있는지를 찾는다. 그러므로 r 활성 레코드의 정적 링크가 가리키는 q의 활성 레코드에 x가 선언되어 있으므로 r의 x는 q에서 선언된 변수가 된다. 그리고 r의 y는 정적 링크를 두 번 따라가면 p의 활성 레코드에서 y 선언을 찾을 수 있으므로 p에서 선언된 y가 된다. 이와 같은 정적 링크의 연결을 정적 체인(static chain)이라 한다.

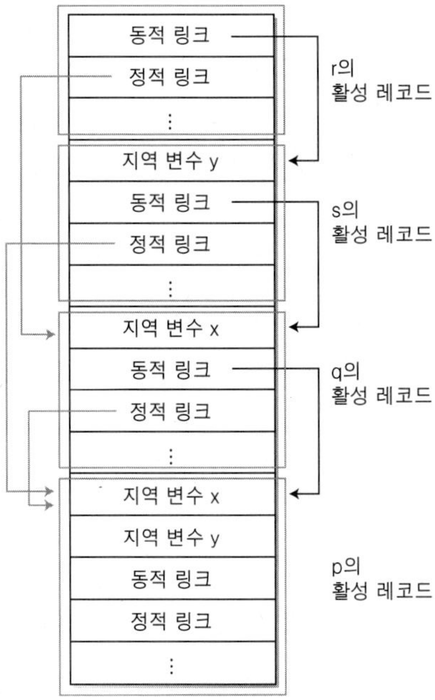

❸ 동적 구조

주로 APL과 같은 인터프리터 언어가 동적 구조를 갖는데, 활성 레코드는 스택에 생성하여 동적 링크로 연결한다. 이때 활성 레코드에서 지역 변수와 같은 각 항목은 이름과 포인터로 구성되며 포인터는 항목의 값을 저장하는 힙 영역을 가리키는 주소이다.

이 구조에서 비지역 변수의 참조는 호출 순서에 기반하는 동적 영역 규칙을 따르므로 동적 링크를 따라가며 해당 이름에 대한 선언을 찾는다. 물론 정적 영역 규칙에 필요한 정적 링크는 불필요하므로 활성 레코드에 정적 링크 항목은 없다.

동적 영역 규칙은 '4장 3.2 동적 영역'에서 살펴보았다.

요약

1 부프로그램은 프로그램에서 호출에 의해 실행되도록 만들어진 일련의 코드를 의미한다.

2 부프로그램 정의는 부프로그램이 실행할 내용을 기술한 일련의 코드로, 머리부와 본체로 구성된다.

3 부프로그램 호출은 호출되는 부프로그램을 실행하라는 명령이다.

4 매개변수란 호출 프로그램에서 부프로그램에게 어떤 정보를 전달하고자 할 때 사용하는 변수이다.

5 부프로그램은 값을 반환하지는 않고 부작용을 만드는 프로시저와 값을 반환하고 부작용이 없는 함수로 구분한다.

6 매개변수 전달 방식에는 값 전달, 참조 전달, 값-결과 전달, 이름 전달 등이 있다.

- 값 전달 방식은 실 매개변수의 값을 형식 매개변수에 저장하고 형식 매개변수를 부프로그램의 지역 변수로 사용한다.
- 참조 전달 방식은 실 매개변수의 주소를 형식 매개변수로 보내는 방식이다.
- 값-결과 전달 방식은 부프로그램을 호출할 때 실 매개변수의 값을 형식 매개변수에 저장하고 동작하다가, 부프로그램을 종료할 때 형식 매개변수의 값을 실 매개변수로 반환한다.
- 이름 전달 방식은 형식 매개변수의 이름이 사용될 때마다 대응되는 실 매개변수의 이름으로 대치하는 방식이다.

7 중복 부프로그램은 같은 이름을 갖는 두 개 이상의 부프로그램들을 의미하는데, 모든 중복 부프로그램은 매개변수 내용이 달라야 한다.

8 포괄 부프로그램은 다양한 타입의 매개변수를 허용하는 부프로그램이다.

9 길이가 짧은 경우에는 일반적인 함수를 이용하는 것보다 매크로 함수와 인라인 함수를 이용하면 오버헤드가 줄게 된다.

10 주프로그램과 각 부프로그램은 코드부와 활성 레코드로 구성되는데, 코드부는 프로그램 명령어들로 내용이 변하지 않고 활성 레코드는 지역 변수, 매개변수 등 단위 프로그램 실행에 필요한 정보이다.

11 부프로그램이 메모리에 할당되는 구조는 크게 정적 구조, 스택 기반 구조, 동적 구조로 구분된다.

연습문제

1 프로시저와 함수의 차이를 Ada 예를 통해 설명하여라.

2 다음과 같은 Ada 부프로그램이 있다.

```
procedure sub(koreanScore: integer; mathScore: integer :=
              70; engScore: integer) is
begin
   put("korean: "); put(koreanScore); NEW_LINE;
   put("mathematics: "); put(mathScore); NEW_LINE;
   put("english: "); put(engScore);
end sub;
```

다음과 같이 호출했을 때 형식 매개변수의 값은 어떻게 되는가?

```
i := 60; k := 80;
sub(i, engScore=>k);
```

3 다음 C 구문으로 작성된 프로그램이 있다.

```
sub(int x, int y)
{
   x = x+1;
   y = y+1;
}
int main(void)
{
   int data[5]={1, 2, 3, 4, 5};
   int a=1;

   sub(a, data[a]);
   sub(a, data[a]);
   // a와 data의 값은?
}
```

다음 각각의 매개변수 전달 방식에 따라 동작할 경우에 변수 a와 data의 값을 나타내어라.

(1) 값 전달 (2) 참조 전달 (3) 이름 전달

4 중복 부프로그램에 대해 설명하여라.

5 포괄 부프로그램을 사용해서 정수 타입 또는 부동소수점 타입의 두 수를 더하는 Ada 프로그램을 작성하여라.

6 매크로 함수와 인라인 함수를 사용하는 경우의 장단점에 대해 설명하여라.

7 다음 Ada 프로그램에 대해 다음 각각에 대한 활성 레코드 스택을 나타내어라.

(1) q를 호출한 후
(2) r을 호출한 후

```
procedure p is
   x, y: integer;
   procedure q is
      x: float;
      procedure r is
      begin
         ⋮
      end r;
   begin
      r;
   end q;
begin
   q;
end p;
```

Chapter 08

예외 처리

학습목표

- 비정상적인 사건인 예외가 탐지되었을 때 프로그램의 중단없이 적절한 행동을 취해 다시 정상적으로 실행되도록 하는 예외 처리에 대해 살펴본다.
- exception과 when 형태를 지닌 Ada의 예외 처리기에 대해 살펴본다.
- try와 catch 형태를 지닌 C++의 예외 처리기에 대해 살펴본다.
- try, catch, finally 형태를 지닌 Java의 예외 처리기에 대해 살펴본다.

Section

01 예외 처리의 개요

프로그램 실행 중의 오버플로나 언더플로, 0으로 나누기, 배열 첨자 범위 이탈 오류, EOF (end-of-file) 조건과 같은 비정상적인 사건은 심각한 오류일 수도 있고 특별한 처리를 요구할 수 있는 경미한 사건일 수도 있다. 이와 같은 비정상적인 사건을 예외(exception)라 한다.

이러한 예외가 탐지되었을 때 프로그램의 중단 없이 적절한 행동을 취해 다시 정상적으로 실행되도록 하는 메커니즘을 예외 처리(exception handling)라 하고, 예외를 처리하는 부분(일련의 코드)을 예외 처리기(exception handler)라 한다.

이러한 예외 처리는 다음과 같은 인터럽트 처리 기능을 프로그래밍 언어에서 흉내낸 것이다.

> 예기치 않은 문제(인터럽트라 함)가 발생하면 인터럽트 핸들러에 의해 현재 실행 중인 일을 잠시 중단하고 발생한 문제를 해결한다. 그리고 중단되었던 일을 재개하는 기능을 CPU와 운영체제가 지니고 있는데 이를 인터럽트 처리 기능이라 한다.

예외 처리 기능을 언어에 포함시키면 예외가 발생하였을 때 프로그램에서 스스로 예외를 처리하고 다시 정상적으로 실행되도록 한다.

예외 처리 기능이 없는 언어에서는 오류가 발생하기 전에 예외를 발견해야 한다. C 코드를 예로 들어 보자.

```
if (num == 0)
   printf("Error: divide by zero\n");
else
   average = sum / num;
```

이와 같이 예외 처리 기능이 없는 언어에서는 프로그래머가 모든 가능한 예외에 대해 미리 검사해야 하는데 예외에 대한 조건 처리와 정상적인 조건 처리를 구분하기가 힘들다. 그러나 예외 처리 기능을 지원하는 언어는 예외 처리에 대한 별도의 구조를 가지고 있어서 예외에 대한 처리와 정상적인 조건 처리를 쉽게 구분할 수 있다.

예외 처리는 1960년대 PL/I에 처음 도입되어 1970년대 CLU에 의해 크게 발전했다. 그리고 Ada, C++, Java, Common LISP 등의 최근 언어에서는 더욱 고급스러운 방법으로 예외 처리를 제공하고 있다.

그러면 Ada, C++, Java의 예외 처리에 대해 살펴보자.

Section

02 Ada의 예외 처리

Ada에는 미리 정의된 예외가 있고, 사용자가 직접 예외를 정의할 수도 있다. 다음은 미리 정의된 예외와 그에 대한 설명이다.

[표 8-1] Ada의 미리 정의된 예외

예외	설명
Constraint_Error	배열 첨자 혹은 부분 범위 경계 초과 오류, 오버플로, 0으로 나누기 등으로 발생한다.
Program_Error	선언의 동적 처리에 실패했을 때 발생한다.
Storage_Error	동적 메모리 할당에 실패했을 때 발생한다.
Tasking_Error	병행성 제어 오류에 의해 발생한다.

다음의 예제에 대해 살펴보자.

[소스 8-1] 예외 처리 기능이 없는 Ada 예제

```
with TEXT_IO;
use TEXT_IO;
procedure rangeError is
   package INT_IO is new TEXT_IO.INTEGER_IO (integer);
   use INT_IO;
   x: integer range 1..3;
begin
   put("integer: ");
   get(x);
   put(x);
end rangeError;
```

실행 시 5를 입력하면 다음과 같은 오류 메시지를 출력하고 프로그램 실행이 종료된다.

```
integer: 5
raised CONSTRAINT_ERROR
```

1~3까지의 정수를 값으로 할 수 있는 부분 범위 타입의 변수 x에 5를 배정하려고 하여 부분 범위 경계가 초과되어 오류가 발생한 것이다. 이러한 경우에 예외 처리 기능을 이용하면 프로그램의 중단 없이 적절한 행동을 취할 수 있다.

Ada 예외 처리기는 블록, 부프로그램, 패키지, 태스크 등의 마지막 부분에 위치하는데, 다음과 같이 exception 다음에 when으로 시작되는 형태를 지닌다.

```
01 begin
02    ⋮
03  exception
04     when 예외이름1 =>
05        문장들
06     when 예외이름2 =>
07        문장들
08 end;
```

만약 02행에 해당하는 부분에서 발생한 예외가 04행의 예외이름1 또는 06행의 예외이름2에 해당하면 실행이 종료되지 않고 예외를 처리하는 부분인 05행 또는 07행의 내용을 실행한다. 그리고 이 블록이 정상적으로 완료된 것으로 간주하고 블록 다음 부분으로 제어가 넘어간다.

다음은 [소스 8-1] 예제에 Constraint_Error 예외 처리 기능을 추가한 프로그램이다.

[소스 8-2] 예외 처리 기능을 사용하는 Ada 예제

```
with TEXT_IO;
use TEXT_IO;
procedure excep is
   package INT_IO is new TEXT_IO.INTEGER_IO (integer);
   use INT_IO;
   x: integer range 1..3;
```

```
07  begin
08     put("integer: ");
09     get(x);
10     put(x);
11  exception
12     when Constraint_Error =>
13        put("x is out of bounds");
14  end excep;
```

get(x)에서 Constraint_Error 예외가 발생하면 나머지 부분인 put(x)는 실행하지 않고 when Constraint_Error 절을 실행한다.

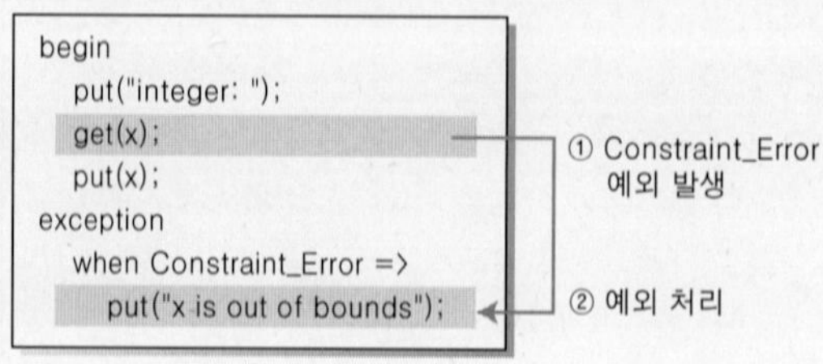

반면 get(x)에서 Constraint_Error 예외가 발생하지 않으면 나머지 부분인 put(x)를 정상적으로 실행한다. 물론 예외 처리 부분은 실행되지 않는다.

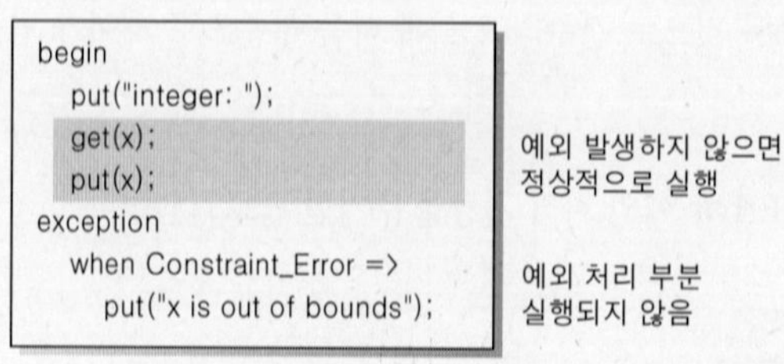

그러므로 부분 범위 경계를 초과하는 숫자 5를 입력하면 Constraint_Error 예외가 발생하여 예외 처리 부분인 13행이 실행된다. 결국 다음과 같은 결과를 출력한다.

```
integer: 5
x is out of bounds
```

만약 정상적인 입력인 2를 입력하면 다음과 같이 정상적으로 실행된다. 물론 Constraint_Error 예외가 발생하지 않았으므로 Constraint_Error 예외 처리 부분은 실행되지 않는다.

```
integer: 2
2
```

when 오른쪽의 예외이름으로 others가 올 수 있는데 앞에 나열된 예외를 제외한 모든 예외에 대해 처리한다. 그러므로 다음에서 Constraint_Error와 Storage_Error 예외가 아닌 다른 예외가 발생하면 09행의 내용을 실행한다.

```
01  begin
02     ⋮
03   exception
04      when Constraint_Error =>
05         문장들
06      when Storage_Error =>
07         문장들
08      when others =>
09         문장들
10  end;
```

Ada에서는 사용자가 직접 예외를 정의하여 사용할 수도 있는데, 다음과 같이 exception 이라는 예약어를 사용해서 정의한다.

```
My_Error: exception;
```

앞의 문장을 실행하면 My_Error라는 이름의 예외가 정의되어 다음과 같이 예외 처리기에 포함시킬 수 있게 된다.

```
exception
   when My_Error =>
      문장들
      ⋮
```

미리 정의된 예외와 사용자 정의 예외에는 서로 다른 점이 있다. Constraint_Error와 같은 미리 정의된 예외는 Ada에 의해 자동적으로 발생하는데 반해, My_Error와 같은 사용자 정의 예외는 자동적으로 발생하지 않고 프로그래머가 발생시켜야만 한다. 이때 raise 문을 사용한다. 다음은 My_Error 예외를 발생시키는 문장이다.

```
raise My_Error;
```

다음은 사용자 정의 예외를 사용하는 예로, 07행에서 사용자 정의 예외인 My_Error를 정의하고 있다.

[소스 8-3] 사용자 정의 예외를 사용하는 Ada 예제

```
01 with TEXT_IO;
02 use TEXT_IO;
03 procedure myError is
04    package INT_IO is new TEXT_IO.INTEGER_IO (integer);
05    use INT_IO;
06    age: integer;
07    My_Error: exception;
08 begin
09    put("age: ");
10    get(age);
11    if age < 6 then
12       raise My_Error;
13    end if;
14    put("age is ");
15    put(age);
16 exception
17    when My_Error =>
18       put("very infant");
19 end myError;
```

12행에서 My_Error 예외가 발생하면 My_Error 예외의 처리 부분인 18행을 실행하고 프로그램을 정상적으로 종료한다.

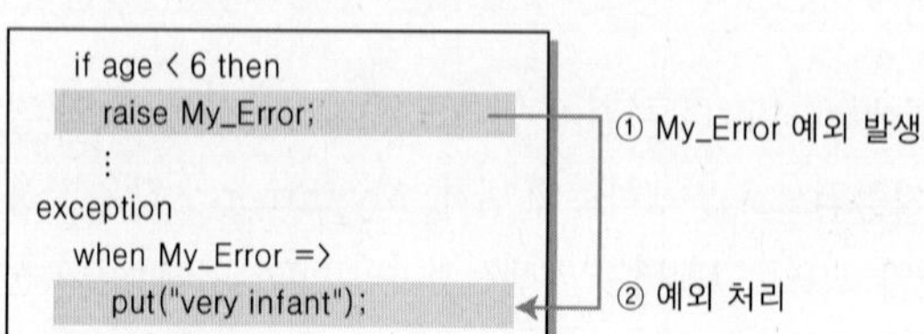

예외가 발생하면 해당 예외에 대한 처리기를 찾는데, 우선 예외가 발생한 블록의 처리기 구역부터 탐색한다. 만약 처리기가 없으면 블록의 실행을 종료하고 바로 상위 블록으로 예외가 전파되어 상위 블록의 처리기 구역을 탐색하는데, 이러한 동작을 반복한다. 만약 가장 바깥쪽 블록까지 예외가 전파되었어도 해당 처리기를 찾지 못하면 프로그램 실행이 비정상적으로 완전히 종료된다. 만약 블록이 아닌 부프로그램이면 호출 프로그램으로 예외가 전파된다.

다음은 호출 프로그램으로 예외가 전파되는 프로그램 예이다.

[소스 8-4] 예외를 전파하는 Ada 예제

```
with TEXT_IO;
use TEXT_IO;
procedure P is
   package INT_IO is new TEXT_IO.INTEGER_IO (integer);
   use INT_IO;
   My_Error: exception;
   procedure Q is
      age: integer range 0..100;
   begin
      put("age: ");
      get(age);
      if age < 6 then
         raise My_Error;
      end if;
   end Q;
   procedure R is
   begin
      Q;
   exception
      when My_Error =>
         put("very infant");
   end R;
begin
   R;
end P;
```

P의 24행에서 R을 호출하고 R의 18행에서 Q를 호출한다. Q의 11행에서 5가 입력되면 13행의 My_Error 예외가 발생하여 My_Error에 대한 처리기를 Q에서 찾는데, 여기에서는 찾을 수 없다. 이러한 경우 Q를 호출한 프로그램인 R로 예외가 전파되어, R의 처리기 구역에서 My_Error에 대한 처리기를 찾는다. 20행에 My_Error 처리기가 있으므로 21행을 실행한다.

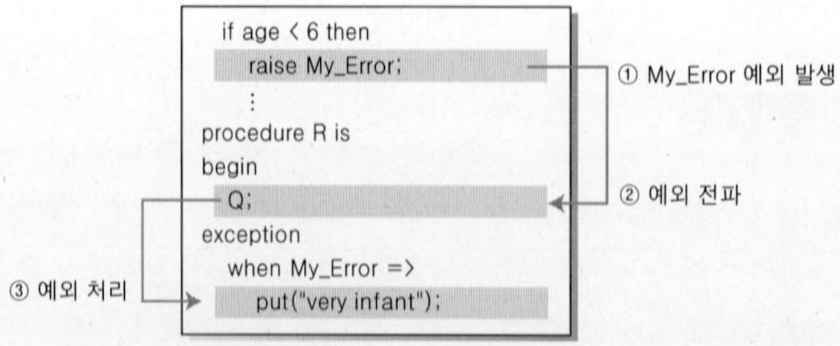

예외 처리기로 예외가 넘겨졌지만 자체 처리기에서 모든 처리를 할 수 없는 경우가 발생할 수 있다. 이러한 경우에 해당 예외 처리기에서 처리할 수 있는 부분을 처리하고 예외를 다시 전파하면 문제가 해결되는데, 이때 raise만 명시하면 예외가 전파된다.

다음 예의 02행에서 예외이름1에 해당하는 예외가 발생하면 05행을 실행하고 06행의 raise에 의해 예외이름1 예외가 전파된다.

```
01  begin
02      ⋮
03   exception
04      when 예외이름1 =>
05           ⋮
06           raise;
07  end;
```

Ada에서는 suppress pragma를 이용해서 미리 정의된 예외에 대한 검사를 중단할 수 있다. 다음 예는 Range_Check를 할 필요가 없음을 번역기에게 알려주는 것으로, 부분 범위 타입 변수에 할당되는 값의 범위를 검사하지 않게 된다.

```
pragma suppress(Range_Check);
```

Range_Check 외에 금지시킬 수 있는 유용한 검사로 Index_Check가 있는데 이는 배열 첨자 범위에 대한 검사이다.

Section

03 C++의 예외 처리

C++는 Ada와는 달리 미리 정의된 예외가 없다. 그러므로 C++에서 모든 예외는 명시적으로 발생되어야 한다.

C++에서 예외 처리기는 try 블록 뒤에 위치한 catch 절이 되는데, 예외가 발생할 수 있는 영역은 try 블록이 되고 catch 절 각각이 예외 처리기가 된다.

```
try {
    ⋮
}
catch(형식 매개변수) {
    ⋮
}
catch(형식 매개변수) {
    ⋮
}
```

catch의 형식 매개변수는 처리할 예외의 종류에 해당되는데, 타입 이름과 변수 이름이 함께 명시될 수도 있고 단순히 타입 이름만 명시될 수도 있다. 다음 예에서 int 타입의 예외가 발생하면 int 타입을 형식 매개변수로 하고 있는 04행의 예외 처리기가 실행되고, double 타입의 예외가 발생하면 07행의 예외 처리기가 실행된다.

```
01  try {
02      ⋮
03  }
04  catch(int exception) {
05      ⋮
06  }
07  catch(double) {
08      ⋮
09  }
```

catch의 형식매개변수로 ...이 올 수도 있는데, 모든 예외를 받아들이는 의미를 지닌다. 즉 다음 예의 02행에서 어떤 예외가 발생하든 상관없이 04행의 처리기가 실행된다.

```
01  try {
02      ⋮
04  catch(...) {
05      ⋮
06  }
```

다음 예에서는 발생한 예외가 int 타입과 double 타입이 아니면 10행의 처리기가 실행된다.

```
01  try {
02      ⋮
03  }
04  catch(int exception) {
05      ⋮
06  }
07  catch(double) {
08      ⋮
09  }
10  catch(...) {
11      ⋮
12  }
```

앞의 예처럼 ...로 표시된 처리기는 처리기들 중에서 가장 마지막에 위치해야 의미가 있고, 다음 경우처럼 가장 앞에 위치하면 뒤에 위치한 처리기들은 아무런 의미가 없게 된다. 즉 int 타입과 double 타입의 예외가 발생해도 무조건 04행의 처리기가 실행되는 문제가 발생한다.

```
01  try {
02      ⋮
03  }
04  catch(...) {
05      ⋮
06  }
07  catch(int exception) {
08      ⋮
09  }
10  catch(double) {
11      ⋮
12  }
```

앞에서 잠시 언급했듯이 예외는 명시적으로 발생시켜야 하는데 이때 throw를 이용한다. 다음은 x라는 예외를 발생시키는 문장이다.

```
throw x;
```

다음의 05행에서 x라는 예외가 발생하면 x가 int 타입이므로 int 타입을 형식 매개변수로 하고 있는 08행의 처리기가 실행된다.

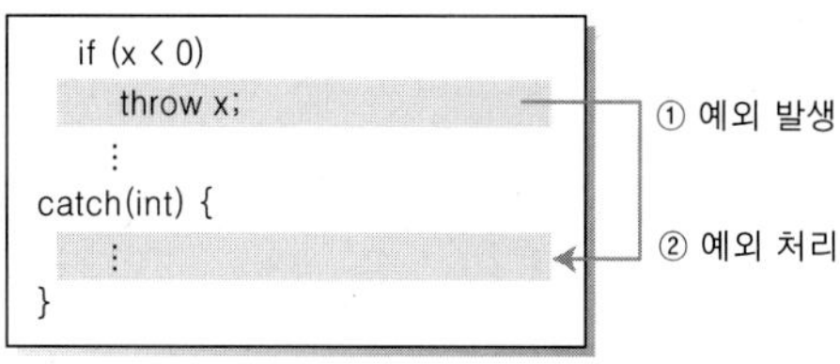


```
01  int x;
02  try {
03        ⋮
04      if (x < 0)
05         throw x;
06        ⋮
07  }
08  catch(int) {
09        ⋮
10  }
11  catch(double) {
12        ⋮
13  }
```

다음은 예외처리 기능이 있는 나누기 연산 프로그램이다.

[소스 8-5] 예외 처리 기능을 사용하는 C++ 예제

```
#include <iostream>
using std::cout;
using std::cin;
using std::endl;

int main(void)
```

```
07 {
08     int numerator, denominator;
09
10     cout << "two integers : ";
11
12     while(cin >> numerator >> denominator) {
13         try {
14             if (denominator == 0)
15                 throw denominator;
16             cout << "quotient: " << numerator/denominator << endl;
17             cout << "remainder: " << numerator%denominator << endl;
18         }
19         catch(int) {
20             cout << "Exception occurred: divide by zero" << endl;
21         }
22     }
23
24     return 0;
25 }
```

분모인 denominator가 0이면 15행에서 예외를 발생시켜 19행에서 예외를 처리한다.

예외 처리가 끝나면 while의 다음 반복을 실행한다.

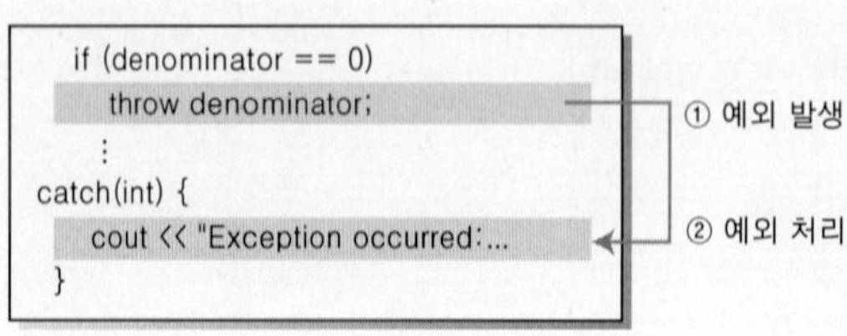

만약 다음 프로그램과 같이 예외 처리 기능을 사용하지 않은 상태에서 0으로 나누려 하면 실행 오류가 발생한다.

[소스 8-6] 예외 처리 기능을 사용하지 않는 C++ 예제

```
#include <iostream>
using std::cout;
using std::cin;
using std::endl;

int main(void)
{
    int numerator, denominator;
    cout << "two integers : ";

    while(cin >> numerator >> denominator) {
        cout << "quotient: " << numerator/denominator << endl;
        cout << "remainder: " << numerator%denominator << endl;
    }
    return 0;
}
```

임의의 부프로그램에서 발생한 예외에 대한 처리기가 해당 부프로그램에 없으면 호출 프로그램으로 예외가 전파되어 예외에 대한 처리기를 탐색한다. 이러한 동작을 반복하여 만약 전체 프로그램에서 해당 예외에 대한 처리기를 찾지 못하면 terminate()가 호출되면서 프로그램 실행이 종료된다.

다음은 그 예이다.

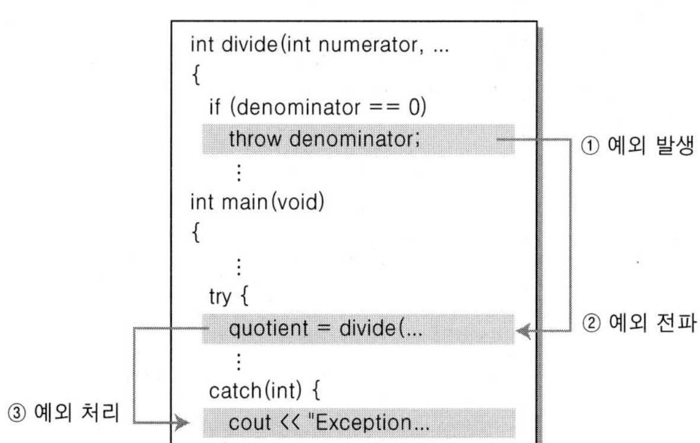

09행에서 denominator 예외가 발생하면 이 예외를 처리해 줄 처리기를 divide에서 찾는다. 그런데 예외 처리기가 없으므로 divide를 호출한 호출 프로그램으로 예외가 전파된다. 결국 24행의 처리기에서 전파된 예외를 처리한다.

[소스 8-7] 예외를 전파하는 C++ 예제

```
01  #include <iostream>
02  using std::cout;
03  using std::cin;
04  using std::endl;
05
06  int divide(int numerator, int denominator)
07  {
08      if (denominator == 0)
09          throw denominator;
10      return numerator/denominator;
11  }
12
13  int main(void)
14  {
15      int numerator, denominator, quotient;
16
17      cout << "two integers : ";
18
19      while(cin >> numerator >> denominator) {
20          try {
21              quotient = divide(numerator, denominator);
22              cout << "quotient: " << quotient<< endl;
23          }
24          catch(int) {
25              cout << "Exception occurred: divide by zero" << endl;
26          }
27      }
28      return 0;
29  }
```

Ada에서와 마찬가지로 C++에도 임의의 예외 처리기에서 처리할 수 있는 부분을 처리하고 예외를 전파하는 기능이 있는데, 예외 처리기 내에서 throw를 명시하면 예외가 전파된다.

다음 예를 보자. 04행에서 int 타입의 예외가 발생하면 06행의 예외 처리기가 실행되어 우선 07행의 내용을 실행한다. 그리고 08행의 throw를 실행하게 되는데 이때 예외가 호출 프로그램으로 전파된다.

```
01  void sub()
02  {
03     try {
04        ⋮
05     }
06     catch(int) {
07        ⋮
08        throw;
09     }
10  }
```

C++ 함수는 발생시킬 수 있는 예외를 명시할 수 있다. 형식은 다음과 같이 함수 머리부 오른쪽에 throw(타입 리스트)를 위치시킨다. 여기서 타입 리스트에 명시된 타입의 예외를 발생시킬 수 있다. 타입 리스트에 명시되지 않은 다른 예외는 발생시킬 수 없는데, 이러한 함수 내에서 지정되지 않은 예외가 발생하면 unexpected()가 호출되면서 프로그램 실행이 종료된다.

```
함수이름() throw(타입 리스트)
{
   ⋮
}
```

다음은 예외를 명시한 함수의 예로, int 타입과 double 타입의 예외는 발생시키지만 다른 타입의 예외는 발생시킬 수 없다는 것을 의미한다.

```
void sub() throw(int, double)
{
   ⋮
}
```

이 함수는 다음 함수와 같은 의미를 지닌다.

```
void sub()
{
  try{
    ⋮
  }
  catch(int){
     throw;
  }
  catch(double){
     throw;
  }
  catch(...){
     unexpected();
  }
}
```

다음과 같이 예외를 명시하는 부분을 비게 하면 이 함수는 어떠한 예외도 발생시키지 않는다는 것을 의미한다.

```
void sub() throw()
{
   ⋮
}
```

그리고 다음과 같이 함수에 예외 지정이 빠져 있으면 어떤 타입의 예외라도 발생시킬 수 있음을 의미한다.

```
void sub()
{
   ⋮
}
```

Section

04 Java의 예외 처리

Java에는 미리 정의된 예외가 있고, 사용자가 직접 예외를 정의할 수도 있다. Java 예외는 Throwable 클래스의 하위 클래스 객체이다. Throwable의 하위 클래스에는 Error와 Exception이 있다. 그리고 Exception의 하위 클래스에는 RuntimeException과 IOException이 있으며, 사용자가 직접 정의한 예외도 Exception의 하위 클래스로 정의된다.

[표 8-2] Java의 예외

예외		설명
Error		메모리 고갈과 같은 자바 가상 기계(Java Virtual Machine)에 의해 제기되는 오류
Exception	RuntimeException	0으로 나누기, 배열 첨자 범위 경계 초과 등 프로그램 실행과 관련된 오류
	IOException	입력이나 출력 과정에서 발생하는 오류
	사용자 정의 예외	사용자가 직접 정의하는 예외

다음은 가장 대표적인 미리 정의된 예외와 그에 대한 설명이다.

[표 8-3] Java의 대표적인 미리 정의된 예외

예외	설명
ArithmeticException	0으로 나누기 등의 산술적 오류에 의해 발생한다.
ArrayIndexOutOfBoundsException	배열 첨자 범위 경계 초과 오류에 의해 발생한다.
NegativeArraySizeException	배열의 크기를 음수로 지정했을 때 발생한다.
NullPointerException	null 객체에 접근할 때 발생한다.

다음 예제를 살펴보자.

[소스 8-8] 예외가 발생하는 Java 예제

```
public class division {
    public static void main(String[] args){
        int numerator, denominator;
        numerator = 7;
        denominator = 0;
        System.out.println(numerator/denominator);
    }
}
```

이 프로그램은 0으로 나누기를 하려고 하므로 다음과 같은 오류 메시지를 출력하고 프로그램 실행이 종료된다.

```
Exception in thread "main" java.lang.ArithmeticException: /
by zero
        at division.main(division.java:6)
```

C++와 유사하게 try~catch를 사용하면 사용자가 직접 예외 처리 기능을 설정할 수 있다. 다음은 그 예로, try 블록에서 ArithmeticException 예외가 발생하면 catch 절의 예외 처리기가 실행된다.

[소스 8-9] 사용자 예외 처리 기능을 사용하는 Java 예제

```
public class divisionException {
    public static void main(String[] args){
        int numerator, denominator;
        numerator = 7;
        denominator = 0;
        try {
            System.out.println(numerator/denominator);
        }
        catch(ArithmeticException ae) {
            System.out.println("Exception occurred: divide
                                   by zero");
        }
```

```
12       }
13 }
```

07행에서 ArithmeticException 예외가 발생하여 ArithmeticException 예외에 대한 처리기에 해당하는 10행이 실행된다.

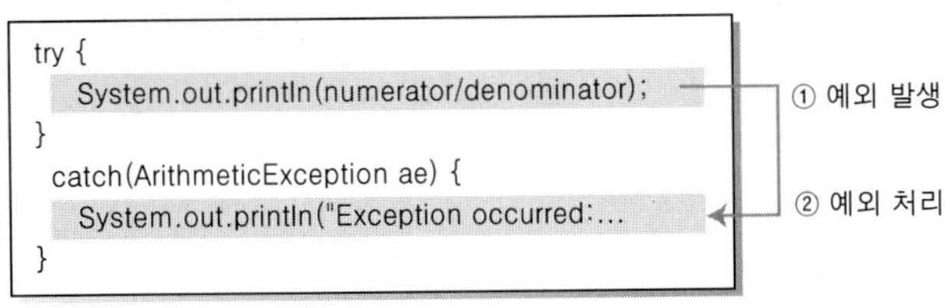

사용자가 직접 예외를 발생시킬 수도 있는데(사용자 정의 예외라 한다.), C++와 같이 throw를 이용한다. 다음은 myException이라는 예외를 발생시키는 문장이다.

```
throw new myException();
```

그리고 다음과 같이 예외 클래스의 최상위 클래스인 Exception 클래스를 상속받게 해야 한다.

상속에 대한 내용은 9장에서 살펴볼 것이다.

```
public class myException extends Exception {
```

다음은 사용자 정의 예외를 사용하는 예이다.

[소스 8-10] 사용자 정의 예외를 사용하는 Java 예제

```
public class myException extends Exception {
    public static void main(String[] args) {
        int age;
        try {
            age = 5;
            if (age < 6)
                throw new myException();
            System.out.println("age is " + age);
        }
        catch(myException me) {
```

```
11                System.out.println("very infant");
12            }
13        }
14 }
```

07행에서 myException이라는 사용자 정의 예외가 발생하여 myException 예외 처리기에 해당하는 11행이 실행된다.

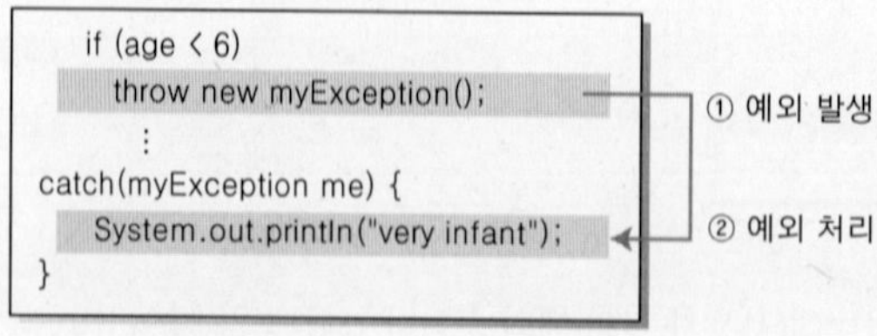

C++의 예외 처리기와의 눈에 띄는 차이점은 finally 절이 지원된다는 점이다. try 절에서 예외가 발생하건 안하건 간에 finally 절은 반드시 실행된다. 결국 Java의 예외 처리기 구조는 다음과 같다.

```
try {
    ⋮
}
catch(…) {
    ⋮
}
catch(…) {
    ⋮
}
    ⋮
finally {
    ⋮
}
```

부프로그램을 메소드라고 하는 것이 바람직하다. 메소드에 대한 내용은 9장에서 살펴볼 것이다.

발생한 예외에 대한 처리기가 해당 부프로그램 내에 없으면 호출 프로그램으로 예외가 전파되는데, 이때 부프로그램 머리부 오른쪽에 throws를 이용해서 어떤 예외가 발생될 수 있는지를 명시해야 한다.

다음 예에서 02행의 readAge( ) 머리부 오른쪽에 발생될 수 있는 예외인 myException을 명시하고 있다.

[소스 8-11] 예외를 전파하는 Java 예제

```
01 public class myExceptionPropagation extends Exception {
02     static int readAge () throws myException {
03         int age = 5;
04         if (age < 6)
05             throw new myException();
06         return age;
07     }
08
09     public static void main(String[] args) {
10         try {
11             System.out.println("age is " + readAge());
12         }
13         catch(myException me) {
14             System.out.println("very infant");
15         }
16     }
17 }
```

05행에서 myException 예외가 발생하면 readAge( )에서 myException 예외에 대한 처리기를 찾고, 찾을 수 없으면 호출 프로그램으로 myException 예외가 전파된다. 결국 13행의 처리기에서 전파된 예외를 처리한다.

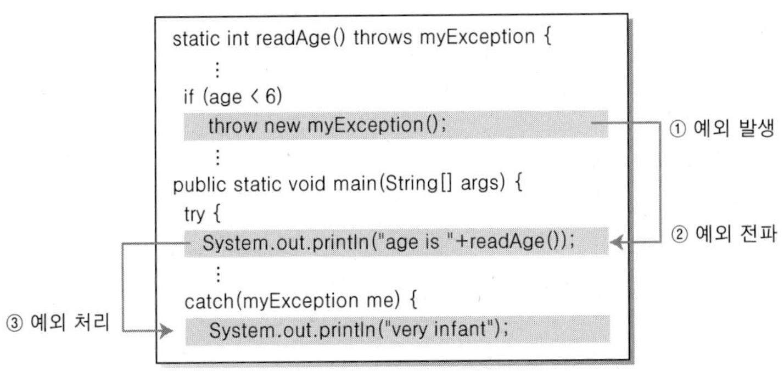

다음 프로그램의 03행에서 throws IOException은 이 프로그램에서 IOException 예외가 발생될 수 있음을 의미한다.

[소스 8-12] IOException 예외를 전파하는 Java 예제

```
01 import java.io.*;
02 public class division {
03    public static void main(String[] args) throws IOException {
04       BufferedReader in = new BufferedReader (new
                             InputStreamReader (System.in));
05       int numerator, denominator;
06       System.out.print("numerator : ");
07       numerator = Integer.parseInt(in.readLine());
08       System.out.print("denominator : ");
09       denominator = Integer.parseInt(in.readLine());
10       System.out.println(numerator/denominator);
11    }
12 }
```

그러나 RuntimeException과 Error 예외는 Java 시스템에 의해 자동으로 발생하므로 throws를 이용해서 명시하지 않아도 된다.

지금까지 살펴본 예외 처리 기능은 무시되어서는 안 되는 오류를 처리하기 위해 꼭 필요할 때만 사용해야 한다. 무분별하게 사용하면 코드를 이해하기가 힘들어지는 문제가 생긴다.

요약

1 예외란 0으로 나누기와 같이 프로그램 실행 중에 비정상적으로 발생하는 사건을 의미한다.

2 예외 처리란 예외가 탐지되었을 때 프로그램의 중단 없이 적절한 행동을 취해 다시 정상적으로 실행되도록 하는 메커니즘을 의미한다.

3 예외 처리기란 예외를 처리하는 부분을 의미한다.

4 예외 처리는 1960년대 PL/I에 처음 도입되어 1970년대 CLU에 의해 크게 발전했고, Ada, C++, Java, Common LISP 등의 최근 언어에서는 더욱 고급스러운 방법으로 예외 처리를 제공한다.

5 Ada에서 예외 처리기는 블록, 부프로그램, 패키지, 태스크 등의 마지막 부분에 위치하는데, exception 다음에 when으로 시작되는 형태를 지닌다.

6 C++에서 예외 처리기는 try 블록 뒤에 위치한 catch 절이 된다.

7 Java에서 예외 처리기는 try 블록 뒤에 위치한 catch 절이 되는데, 반드시 실행되는 부분인 finally 절을 지원한다.

연습문제

1 예외, 예외 처리, 예외 처리기에 대해 설명하여라.

2 다음 Ada 예에서 예외 처리 기능을 이용하기 위해 (가)에 들어갈 내용은?

```
begin
    ⋮
      (가)
    when Constraint_Error =>
      ⋮
```

3 다음 Ada 예에서 My_Error는 사용자 정의 예외이다. My_Error 예외를 정의하기 위해 (가)에 들어갈 내용과 My_Error 예외를 발생시키기 위해 (나)에 들어갈 내용은?

```
        ⋮
    My_Error:       (가)         ;
        ⋮
          (나)          My_Error;
        ⋮
 exception
    when My_Error =>
        ⋮
```

4 다음 C++/Java 예에서 예외 처리 기능을 이용하기 위해 (가)와 (나)에 들어갈 내용은?

```
      (가)        {
     ⋮  // 예외가 발생할 수 있는 영역
}
      (나)        (...) {
     ⋮ // 예외 처리기
}
```

5 다음 C++ 예에서 예외를 발생시키기 위해 (가)에 들어갈 내용은?

```
try {
      ⋮
      (가)      exce;
      ⋮
}
catch(...) {
    ⋮
}
```

6 다음 Java 예에서 myException이란 사용자 정의 예외를 발생시키기 위해 (가)에 들어갈 내용은?

```
try {
      ⋮
      (가)      myException();
      ⋮
}
catch(...) {
    ⋮
}
```

7 키보드로부터 세 개의 정수를 입력받아 각 정수의 곱을 계산하는 프로그램을 Ada, C++, Java로 작성하여라. 입력 값이 음수이거나 곱한 결과가 오버플로인 경우에는 예외 처리를 사용하여 오류 메시지를 출력하고 종료한다.

Chapter

09

객체지향 프로그래밍

* 학습목표

- 추상 데이터 타입, 상속, 동적 바인딩이라는 특징을 갖는 객체지향 프로그래밍 개념에 대해 살펴본다.
- 데이터와 연산을 하나로 묶어 캡슐화한 개념인 추상 데이터 타입에 대해 다양한 언어를 이용해서 살펴본다.
- 다른 클래스의 특성이 임의의 클래스에 전달되는 개념인 상속에 대해 다양한 언어를 이용해서 살펴본다.
- 상속 관계가 있는 객체에 대한 함수 호출에 대해 대응되는 함수가 동적으로 결정되는 개념인 동적 바인딩에 대해 다양한 언어를 이용해서 살펴본다.

Section

01 객체지향 프로그래밍의 개요

객체지향 프로그래밍(object-oriented programming) 개념은 1960년대에 노르웨이 과학자인 크리스텐 니가드(Kristen Nygaard)와 올레 조한 달(Ole-Johan Dahl)에 의해 개발된 SIMULA에서부터 시작했다. 1962년에 ALGOL 60을 기반으로 만들어진 SIMULA 1은 시뮬레이션 전문 언어였다. 그 후 1967년에 클래스, 객체, 그리고 상속 개념을 포함한 SIMULA 67이 개발되면서 최초의 객체지향 개념이 도입되었다.

클래스는 이질적인 데이터들의 모임인 레코드에 이들 데이터들과 연관된 동작들이 추가되어 하나로 묶인 개념이라 생각하면 된다. 객체는 정의된 클래스의 실체(instance)이고, 상속은 다른 클래스의 특성이 임의의 클래스에 전달되는 것을 의미한다. 이러한 내용은 뒤에서 상세하게 살펴볼 것이다.

SIMULA 67은 객체지향 개념의 일부만을 지원하였고, 진정한 최초의 객체지향 언어는 1980년에 앨런 케이(Alan Kay)에 의해 개발된 Smalltalk 80이다. Smalltalk 80은 SIMULA 67에는 없는 동적 바인딩을 지원하는데, 동적 바인딩이란 같은 이름의 함수를 각각 정의하는 상속 관계에 있는 객체에 대해 함수를 호출했을 때 동작하게 될 함수가 동적으로 결정되는 개념을 의미한다. 이후 C++, Java, C# 등과 같은 객체지향 개념을 지닌 언어가 탄생하여 대중들로부터 주목을 받고 있다.

C++와 java 등 대부분의 언어에서 추상 데이터 타입을 클래스라 한다.

객체지향 언어는 추상 데이터 타입, 상속, 동적 바인딩이라는 개념을 지원해야 한다. 이들에 대해 좀 더 상세하게 살펴보자.

Section

02 추상 데이터 타입

추상 데이터 타입(abstract data type)은 임의의 타입의 데이터 표현과 그와 관련된 연산을 제공하는 부프로그램들을 함께 묶어 캡슐화한 것이라 할 수 있다. 이러한 캡슐화란 하나의 데이터 타입과 관련된 모든 정의를 한 곳에 모으고 그곳에서 정의된 연산을 통해서만 이 데이터 타입을 사용하도록 제한하는 것을 의미한다.

추상 데이터 타입을 도식화하면 다음과 같다.

추상 데이터 타입 이름
데이터1 데이터2 …
부프로그램1() 부프로그램2() …

[그림 9-1] 추상 데이터 타입의 구조

추상 데이터 타입의 실체(instance)를 객체(object)라 한다.

추상 데이터 타입을 좀 더 정확하게 정의하면 다음 두 조건을 모두 만족하는 데이터 타입을 의미한다.

- 데이터 타입과 그 타입과 관련된 연산이 동시에 정의되어야 한다. 그 정의들은 한 곳에 모두 모여 있어야 하며 연산과 타입은 직접적으로 연계되어야 한다.
- 데이터 타입의 세부 사항은 그 타입에 마련된 연산만이 접근할 수 있고, 그 타입을 사용하는 프로그램이 직접적으로 접근할 수 없다. 즉 추상 데이터 타입에서 제공하는 연산을 호출해야만 객체의 상태를 변경시킬 수 있다.

추상 데이터 타입이 어떤 특징을 갖는지 예를 통해 살펴보자.

사원의 급여를 관리하는 프로그램을 C 언어로 작성한다고 가정하자. 이 프로그램에서 사원은 다음과 같은 구조의 레코드 타입을 갖는다.

```
struct employee {
   char name[20];
   int basicsalary;
   int bonus;
   int annualsalary;
};
```

이러한 구조의 변수 emp를 선언하고 이름, 기본급, 보너스, 연봉 등에 값을 대입한다. 기본급은 150, 보너스는 기본급의 400%이다.

```
struct employee emp;
strcpy (emp.name, "abc");
emp.basicsalary = 150;
emp.bonus = 400;
emp.annualsalary = emp.basicsalary*12 +
                   emp.basicsalary*emp.bonus*0.01;
```

이와 같은 레코드 타입 변수 emp의 구조를 도식화하면 다음과 같다.

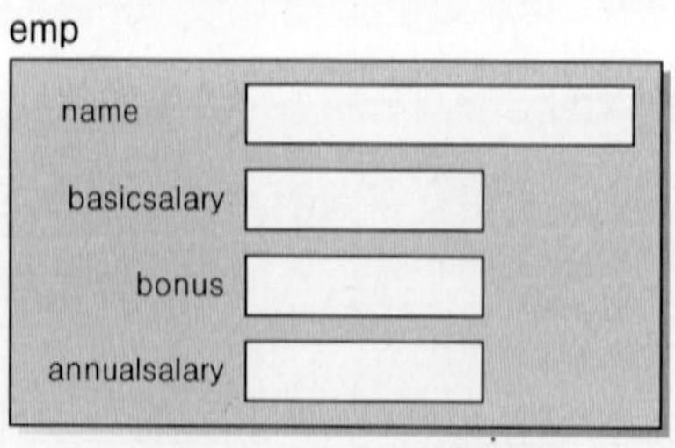

[그림 9-2] 레코드 타입 변수 emp의 구조

emp에 대한 이름과 연봉을 출력하는 문장은 다음과 유사할 것이다.

```
printf("%s %d\n", emp.name, emp.annualsalary);
```

만약 기본급이 200으로 바뀌면 basicsalary의 값을 수정해야 할 뿐만 아니라 연봉을 의미하는 annualsalary의 값도 수정해야 한다.

```
emp.basicsalary = 200;
emp.annualsalary = emp.basicsalary*12 +
                   emp.basicsalary*emp.bonus*0.01;
```

물론 보너스가 500%로 바뀌면 bonus 값뿐만이 아니라 annualsalary의 값도 수정해야 한다.

```
emp.bonus = 500;
emp.annualsalary = emp.basicsalary*12 +
                   emp.basicsalary*emp.bonus*0.01;
```

살펴본 예는 추상 데이터 타입을 갖지 않는 프로그램으로, emp의 데이터들인 name, basicsalary, bonus, annualsalary가 감춰지지 않는다. 또한 기본급 또는 보너스가 수정되었을 경우에 연봉까지 반드시 수정해야 하는 부담도 있다. 그러나 추상 데이터 타입을 지원하는 언어를 이용해서 프로그램을 작성하면 사원에 대한 내부 데이터들을 감출 수 있다.

다음은 이름과 연봉을 출력하는 C++ 예이다. getName( )와 getAnnualSalary( )는 이 추상 데이터 타입과 관련된 연산을 제공하는 부프로그램으로, emp 객체의 데이터인 name, annualsalary를 감춘다.

```
cout << emp.getName() << " " << emp.getAnnualSalary();
```

또한 기본급이 200으로 바뀌면 다음과 같이 기본급이 바뀌었을 때 동작하는 부프로그램을 호출만 하면 내부적으로 알아서 기본급과 연봉을 수정한다. 즉 이 부프로그램을 호출하는 프로그램에서는 emp 객체의 세부 동작 과정을 몰라도 된다.

```
emp.changeBasicSalary(200);
```

이처럼 추상 데이터 타입은 임의의 타입의 데이터 표현과 그와 관련된 부프로그램들을 함께 묶어 캡슐화하고 이 타입에서 제공하는 부프로그램만을 통해 동작이 이루어지므로 관리하기 편하고 안정성이 뛰어난 특징을 지닌다.

그러면 추상 데이터 타입을 지원하는 언어인 Ada, C++, 그리고 Java에서는 추상 데이터 타입을 어떻게 지원하는지 살펴보자.

1. Ada의 추상 데이터 타입

Ada는 패키지(package)를 이용해서 추상 데이터 타입을 정의한다. 패키지는 명세부(specification part)와 몸체부(body part)로 나누어진다.

명세부는 패키지를 사용하는 프로그램에게 인터페이스를 제공하고, 몸체부는 명세부에서 명명된 연산에 대한 구현을 제공한다.

명세부는 다시 가시부(visible part)와 전용부(private part)로 나누어지는데, 가시부에서 선언된 내용들은 외부에 공개되나 private로 시작되는 전용부에서 선언된 내용들은 외부로 공개되지 않는다. 그리고 몸체부에서 정의된 내용도 외부로 공개되지 않는다.

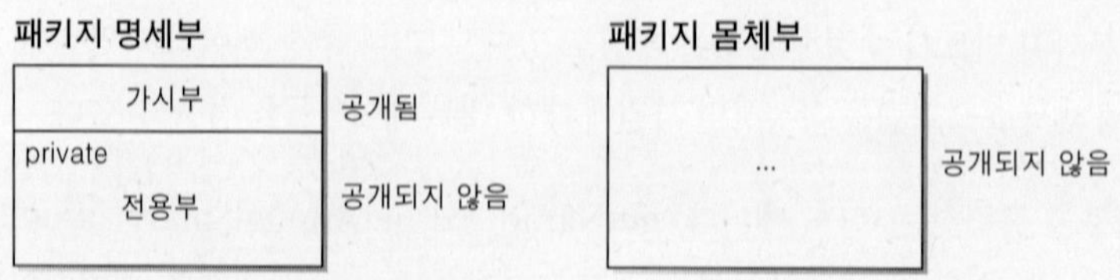

[그림 9-3] 패키지 명세부와 패키지 몸체부

패키지 명세부의 형태는 다음과 같으며, package라는 예약어를 사용한다.

```
package 패키지이름 is
    ⋮
end 패키지이름;
```

그리고 패키지 몸체부의 형태는 다음과 같으며, 명세부와는 달리 body가 추가된다.

```
package body 패키지이름 is
    ⋮
end 패키지이름;
```

이러한 패키지에서 추상 데이터 타입을 정의하는 예를 살펴보자.

employeePack 패키지 명세부는 employee-Pack.ads라는 이름으로 저장한다.

다음은 employeePack 패키지 명세부로, employee라는 추상 데이터 타입을 정의하고 있다.

private 이전은 가시부로 외부에 공개되지만, private 이후는 전용부로 외부에 공개되지 않는다. 그러므로 추상 데이터 타입 이름인 employee와 initEmp, getName, getAnnualSalary, changeBasicSalary, changeBonus의 선언 부분은 외부에 공개되나, employee의 구체적인 데이터인 name, basicsalary, bonus, annualsalary는 전용부에서 정의되고 있으므로 이들 데이터들은 외부에 공개되지 않는다. 패키지에서 선언된 initEmp( ), getName( ), getAnnualSalary( ), changeBasicSalary( ), change-Bonus( )들은 employee 추상 데이터 타입과 직접적인 연관이 있는 부프로그램들이다.

[소스 9-1] employeePack 패키지 명세부

```
package employeePack is
   type employee is private;
   procedure initEmp(emp: out employee; name: string; basicsalary,
                     bonus, annualsalary: integer);
   function getName(emp: employee) return string;
   function getAnnualSalary(emp: employee) return integer;
   procedure changeBasicSalary(emp: in out employee;
                               basicsalary: integer);
   procedure changeBonus(emp: in out employee; bonus: integer);
private
   type employee is
      record
         name: string(1..3);
         basicsalary: integer;
         bonus: integer;
         annualsalary: integer;
      end record;
end employeePack;
```

다음은 employeePack 패키지 몸체부로, 명세부에서 선언된 부프로그램들을 정의하고 있다. 앞에서 언급했듯이 몸체부는 외부에 공개되지 않으므로 이렇게 정의된 부프로그램의 구체적인 내용은 외부에 공개되지 않는다.

employeePack 패키지 몸체부는 employee-Pack.adb라는 이름으로 저장한다.

[소스 9-2] employeePack 패키지 몸체부

```
with TEXT_IO;
use TEXT_IO;
package body employeePack is
   package INT_IO is new TEXT_IO.INTEGER_IO (integer);
   use INT_IO;
   procedure initEmp(emp: out employee; name: string; basicsalary,
                     bonus, annualsalary: integer) is
   begin
      emp := (name, basicsalary, bonus, annualsalary);
   end initEmp;
   function getName(emp: employee) return string is
   begin
     return emp.name;
   end getName;
   function getAnnualSalary(emp: employee) return integer is
   begin
      return emp.annualsalary;
   end getAnnualSalary;
   procedure changeBasicSalary(emp: in out employee; basicsalary:
                               integer) is
   begin
      emp.basicsalary := basicsalary;
      emp.annualsalary := emp.basicsalary*12 +
                          emp.basicsalary*emp.bonus/100;
   end changeBasicSalary;
   procedure changeBonus(emp: in out employee; bonus: integer) is
   begin
      emp.bonus := bonus;
      emp.annualsalary := emp.basicsalary*12 + emp.basicsalary*
                          emp.bonus/100;
   end changeBonus;
end employeePack;
```

이렇게 정의된 employee 추상 데이터 타입의 실체인 객체를 생성하는 방법은 다음과 같으며, 일반적인 변수를 선언하는 형식과 유사하다.

```
emp : employee;
```

이와 같이 생성된 객체 emp의 구조를 도식화하면 다음과 유사하다. name, basicsalary, bonus, annualsalary 데이터와 initEmp( ), getName( ), getAnnualSalary( ), changeBasicSalary( ), changeBonus( ) 부프로그램들이 함께 묶여 있다. 데이터들과 부프로그램의 구체적인 정의 부분은 외부로 공개되지 않지만, 부프로그램 이름들은 공개되어 이 객체를 사용하기 위해서는 이러한 부프로그램을 호출해야만 한다.

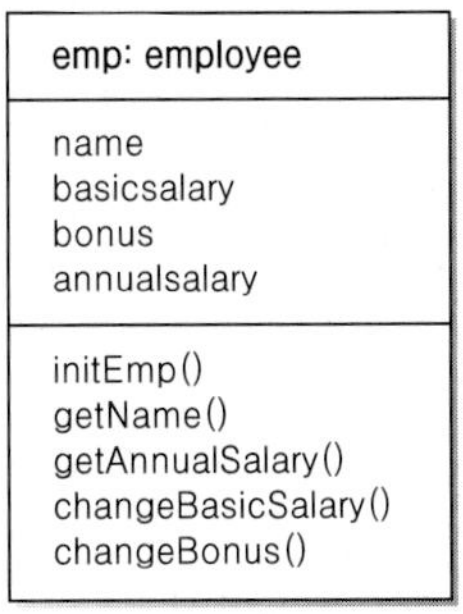

[그림 9-4] 객체 emp의 구조

다음은 객체 emp의 각 데이터에 값을 저장하기 위해 initEmp( )를 호출하는 문장인데, emp 객체의 데이터인 name, basicsalary, bonus, annualsalary를 전혀 사용하지 않고 있는 것을 확인할 수 있다.

```
initEmp(emp, "abc", 150, 400, 2400);
```

그리고 다음은 getName( )와 getAnnualSalary( ) 호출을 통해 emp 객체의 name과 annualsalary를 알아내는 문장이다.

```
put(getName(emp));
put(getAnnualSalary(emp));
```

emp의 기본급을 200으로 바꾸고자 할 때 다음과 같이 호출하면 내부적으로 알아서 기본급과 연봉을 수정한다. 즉 객체를 사용하는 프로그램은 emp 객체의 세부 동작 과정을 몰라도 된다. 아니, 객체를 사용하는 프로그램에게 emp 객체의 세부 동작 과정은 공개되지 않는다고 하는 것이 옳을 것이다.

```
changeBasicSalary(emp, 200);
```

완성된 프로그램을 [부록]에서 제공하니 참고하기 바란다.

❷ C++의 추상 데이터 타입

C++는 클래스(class)를 이용해서 추상 데이터 타입을 지원한다.

객체지향 개념을 최초로 도입한 SIMULA 67에서 추상 데이터 타입을 클래스라 하면서부터 일반적으로 객체지향 언어의 추상 데이터 타입을 클래스라 한다.
struct도 추상 데이터 타입을 지원하나 struct는 단지 데이터만으로 구성될 때 더 자주 사용하므로 여기서는 설명을 생략한다.

클래스 정의 형태는 다음과 같은데 데이터와 연관된 부프로그램을 모두 이곳에서 정의한다. 특히 클래스에서 정의된 데이터를 멤버 데이터(member data)라 하고, 클래스에서 정의된 부프로그램을 멤버 함수(member function)라 한다.

```
class 클래스이름 {
     ⋮
};
```

C++ 클래스는 private 절과 public 절로 구분할 수 있다. private 절에 속한 멤버들은 외부로 공개되지 않고 public 절에 속한 멤버들은 외부로 공개된다.

protected 절도 있는데, '03_상속' 절에서 살펴볼 것이다.

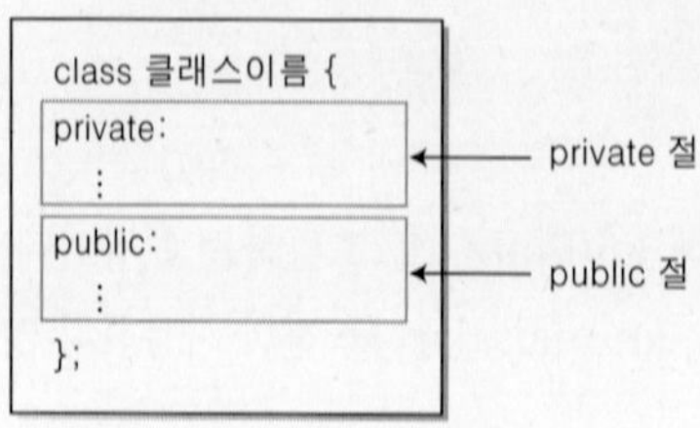

[그림 9-5] 클래스의 private 절과 public 절

예를 통해 살펴보자.

다음은 사원 급여를 관리하는 employee라는 클래스를 정의한 예이다. private 절에 속한 멤버 데이터인 name, basicsalary, bonus, annualsalary는 외부로 공개되지 않고, public 절에 속한 멤버 함수인 employee( ), ~employee( ), getName( ), getAnnual-Salary( ), changeBasicSalary( ), changeBonus( )는 외부로 공개된다. 여기서 클래스와 같은 이름을 갖는 함수인 employee( )를 생성자라 하고, ~employee( )를 소멸자라 한다. 생성자는 객체가 생성될 때 자동적으로 동작하는 멤버 함수로, 일반적으로 초기화하는 일을 한다. 그리고 소멸자는 객체가 소멸될 때 자동적으로 동작하는 멤버 함수로, 일반적으로 객체가 할당한 메모리를 해제하기 위해 정의한다.

[소스 9-3] employee 클래스로 정의한 예 1

```
class employee {
private:
   char *name;
   int basicsalary;
   int bonus;
   int annualsalary;
public:
   employee(char *na, int bs, int bon, int as) {
      name = new char[strlen(na)+1];
      strcpy(name, na);
      basicsalary = bs;
      bonus = bon;
      annualsalary = as;
   }
   ~employee() {
      delete []name;
   }
   char* getName() {
      return name;
   }
   int getAnnualSalary() {
      return annualsalary;
   }
   void changeBasicSalary(int bs) {
      basicsalary = bs;
      annualsalary = basicsalary*12 + basicsalary*bonus*0.01;
   }
   void changeBonus(int bon) {
      bonus = bon;
      annualsalary = basicsalary*12 + basicsalary*bonus*0.01;
   }
};
```

::를 영역 지정 연산자라 하는데, 해당 멤버 함수가 '클래스이름' 클래스의 멤버에 속함을 의미한다.

클래스에 정의된 멤버 함수를 다음과 같이 클래스 밖으로 빼낼 수 있다. 이때 클래스 내에는 멤버 함수를 선언하고, 외부에 정의된 멤버 함수 이름 앞에는 '클래스이름::' 을 위치시켜야 한다.

[예제 9-4] employee 클래스를 정의한 예 2

```
class employee {
private:
   char *name;
   int basicsalary;
   int bonus;
   int annualsalary;
public:
   employee(char *na, int bs, int bon, int as);
   ~employee();
   char* getName();
   int getAnnualSalary();
   void changeBasicSalary(int bs);
   void changeBonus(int bon);
};
employee::employee(char *na, int bs, int bon, int as) {
   name = new char[strlen(na)+1];
   strcpy(name, na);
   basicsalary = bs;
   bonus = bon;
   annualsalary = as;
}
employee::~employee() {
   delete []name;
}
char* employee::getName() {
   return name;
}
int employee::getAnnualSalary() {
   return annualsalary;
}
```

```
void employee::changeBasicSalary(int bs) {
   basicsalary = bs;
   annualsalary = basicsalary*12 + basicsalary*bonus*0.01;
}
void employee::changeBonus(int bon) {
   bonus = bon;
   annualsalary = basicsalary*12 + basicsalary*bonus*0.01;
}
```

이렇게 정의된 employee 클래스의 실체인 객체를 생성하는 방법은 다음과 같다. emp 객체를 생성하고 "abc", 150, 400, 2400으로 초기화한다.

```
employee emp("abc", 150, 400, 2400);
```

이렇게 생성된 emp 객체의 구조는 다음과 같다.

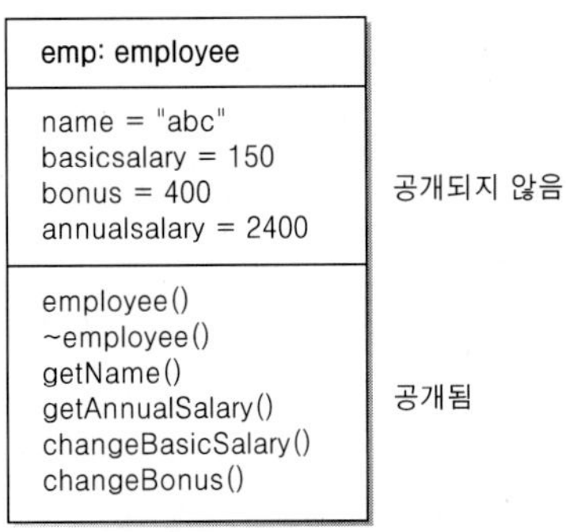

[그림 9-6] C++로 구현한 객체 emp의 구조

다음은 getName()와 getAnnualSalary() 호출을 통해 emp 객체의 name과 annual-salary를 알아내는 문장이다.

```
cout << emp.getName() << " " << emp.getAnnualSalary();
```

그리고 다음은 emp 객체의 기본급을 200으로 변경하기 위해 changeBasicSalary( )를 호출하는 문장이다.

```
emp.changeBasicSalary(200);
```

완성된 프로그램을 [부록]에서 제공하니 참고하기 바란다.

3. Java의 추상 데이터 타입

Java의 추상 데이터 타입은 C++와 유사하다. 클래스 정의 형태는 다음과 같다. 클래스에서 정의된 데이터를 멤버 변수(member variable)라 하고, 클래스에서 정의된 부프로그램을 메소드(method)라 한다.

```
class 클래스이름 {
    ⋮
}
```

Java 클래스의 멤버 변수와 메소드에 대한 접근 변경자로 public, protected, private가 있다. public 멤버는 외부로 공개되어 다른 코드에서 사용할 수 있고, private 멤버는 외부로 공개되지 않아 다른 코드에서 사용할 수 없다.

```
class 클래스이름 {
  private 멤버변수 또는 메소드;
    ⋮
  public 멤버변수 또는 메소드;
    ⋮
}
```

C++와의 차이점 한 가지는 소멸자가 없다는 것인데, Java는 묵시적으로 쓰레기 수집(garbage collection)을 하기 때문이다.

다음의 employee 클래스는 앞에서 살펴본 예를 Java로 나타낸 것이다. private 멤버인 name, basicsalary, bonus, annualsalary는 외부로 공개되지 않고, public 멤버인 employee( ), getName( ), getAnnualSalary( ), changeBasicSalary( ), change-Bonus( )는 외부로 공개된다. C++와 마찬가지로 클래스와 같은 이름을 갖는 메소드인 employee( )가 생성자에 해당된다.

employee( ), changeBasicSalary( ), changeBonus( ) 메소드의 this는 자기 자신의 클래스를 지칭하는 것으로, this.name은 클래스의 멤버 변수인 name을 의미한다.

[소스 9-5] Java로 표현한 employee 클래스

```
class employee {
   private String name;
   private int basicsalary;
   private int bonus;
   private int annualsalary;

   public employee(String name, int basicsalary, int bonus, int
                   annualsalary) {
      this.name = name;
      this.basicsalary = basicsalary;
      this.bonus = bonus;
      this.annualsalary = annualsalary;
   }

   public String getName() {
      return name;
   }

   public int getAnnualSalary() {
      return annualsalary;
   }

   public void changeBasicSalary(int basicsalary) {
      this.basicsalary = basicsalary;
      annualsalary = (int)(basicsalary*12 + basicsalary*bonus*
                           0.01);
   }

   public void changeBonus(int bonus) {
      this.bonus = bonus;
      annualsalary = (int)(basicsalary*12 + basicsalary*bonus*
                           0.01);
   }
}
```

C++에서는 클래스에 정의된 멤버 함수를 클래스 밖으로 빼내어 표현할 수 있었으나 Java 에서는 불가능하다.

이와 같이 정의된 employee 클래스의 실체인 객체를 생성하는 방법은 다음과 같은데, emp 객체를 생성하고 "abc", 150, 400, 2400으로 초기화한다.

```
employee emp = new employee("abc", 150, 400, 2400);
```

이렇게 생성된 emp 객체의 구조는 다음과 같다.

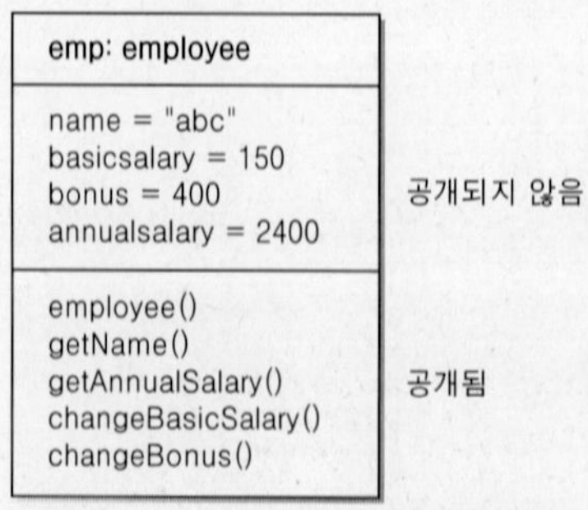

[그림 9-7] Java로 구현한 객체 emp의 구조

다음은 getName()와 getAnnualSalary() 호출을 통해 emp 객체의 name과 annual-salary를 알아내는 문장이다.

```
System.out.println(emp.getName() + " " + emp.getAnnualSalary());
```

그리고 다음은 emp 객체의 기본급을 200으로 변경하기 위해 changeBasicSalary()를 호출하는 문장이다.

```
emp.changeBasicSalary(200);
```

완성된 프로그램을 [부록]에서 제공하니 참고하기 바란다.

Section

03 상속

상속(inheritance)은 클래스 사이의 데이터와 연산을 공유하기 위한 메커니즘으로, 기존 클래스로부터 상속을 통해 정의되는 클래스는 기존 클래스의 데이터와 연산 기능을 가지며 나아가 새로운 데이터와 연산을 추가할 수 있다.

상속을 통해 정의되는 클래스를 하위 클래스(subclass) 또는 파생 클래스(derived class)라 하고, 상속해 주는 클래스를 상위 클래스(superclass), 기반 클래스(base class) 또는 부모 클래스(parent class)라 한다. 상위 클래스와 하위 클래스의 관계를 도식화하면 다음과 같다.

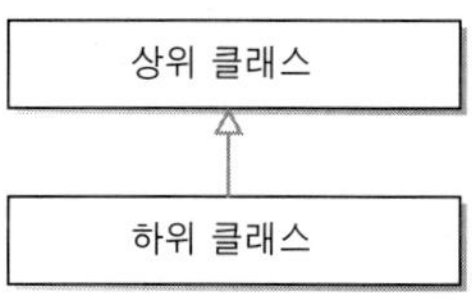

[그림 9-8] 상위 클래스와 하위 클래스

상속을 어떤 경우에 사용하는지 예를 통해 살펴보자.

앞에서 사원 급여를 관리하는 사례를 살펴보았는데, 정규직과 비정규직을 구분하지 않은 경우였다. 일반적으로 사원은 정규직과 비정규직으로 구분하므로 완성도를 높이려면 정규직과 비정규직에 대한 클래스를 각각 정의해야 한다. 이러한 클래스를 도식화하면 다음과 유사할 것이다.

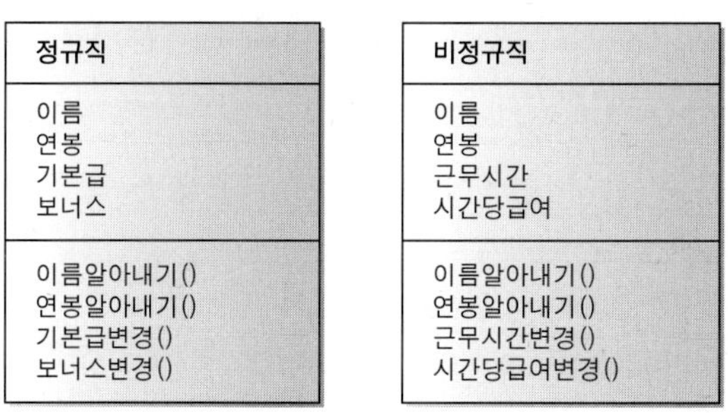

[그림 9-9] 정규직과 비정규직 클래스

여기에서 이름, 연봉, 이름알아내기( ), 연봉알아내기( )는 두 개의 클래스에 공통된 것들이다. 공통된 사항들을 묶어 사원이라는 클래스를 정의하고, 정규직과 비정규직은 사원 클래스를 상속하여 정의한다. 이때 정규직 클래스는 기본급, 보너스, 기본급변경( ), 보너스변경()을 추가하고, 비정규직 클래스는 근무시간, 시간당급여, 근무시간변경( ), 시간당급여변경()을 추가한다. 이를 도식화하면 다음과 같다.

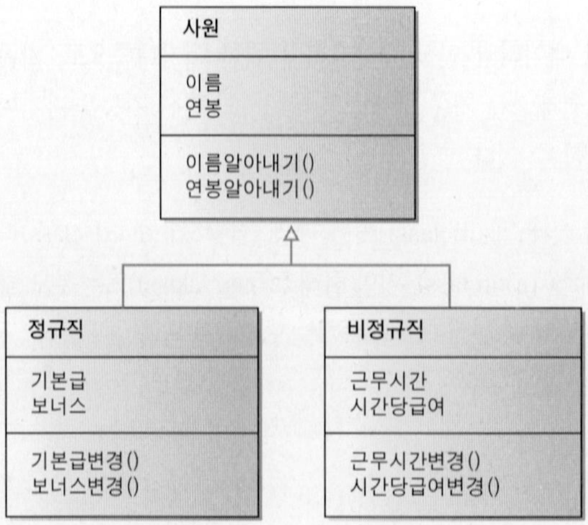

[그림 9-10] 사원 클래스를 상속받는 정규직과 비정규직 클래스

이렇게 정의된 정규직과 비정규직 클래스는 사원 클래스의 이름, 연봉, 이름알아내기( ), 연봉알아내기( )를 상속받아 자신의 데이터와 연산인 것처럼 사용할 수 있다.

만약 연봉알아내기( ) 부분을 수정해야 하는 일이 생기면 [그림 9-9]와 같은 구조에서는 정규직 클래스와 비정규직 클래스 모두 수정해야 하지만, [그림 9-10]과 같이 상속을 이용하는 구조에서는 사원 클래스만 수정하면 되는 장점이 있다.

Ada 95부터 상속 개념이 도입되었으나 Ada 상속에 대해서는 설명을 생략하고 C++와 Java의 상속에 대해 살펴보고자 한다.

1. C++의 상속

C++에서 상속을 이용하여 파생 클래스를 정의하는 형식은 다음과 같다.

기반 클래스의 멤버 데이터와 멤버 함수가 파생 클래스에 상속된다. 그리고 파생 클래스는 새로운 멤버 데이터와 멤버 함수를 추가할 수 있고, 상속된 멤버 함수를 새롭게 정의할 수도 있다.

```
class 파생클래스이름 : 접근모드 기반클래스이름 {
    ⋮
};
```

접근 모드는 public, private, 또는 protected가 될 수 있는데 여기에서는 public 위주로 살펴볼 것이다. 접근 모드가 public이라는 의미는 기반 클래스의 모든 멤버들에 대한 접근 권한이 파생 클래스에서도 그대로 유지됨을 의미한다.

다음은 기반 클래스 employee를 상속하는 파생 클래스 permanent를 정의하는 예의 일부이다. employee에 속한 모든 멤버는 파생 클래스인 permanent에 상속된다.

[소스 9-6] 기반 클래스를 상속하는 파생 클래스 정의 예

```
class employee {
private:
   int annualsalary;
     ⋮
public:
   char *getName( ) { … }
     ⋮
};

class permanent : public employee {
private:
   int bonus;
     ⋮
public:
   void changeBasicSalary( ) { … }
     ⋮
};
```

기반 클래스의 모든 멤버는 파생 클래스로 상속은 되지만, 기반 클래스의 private 멤버에 대해서는 파생 클래스에서 접근이 불가능하고 public 멤버에 대해서만 접근이 가능하다. 즉 permanent 클래스에서 getName( )은 접근할 수 있지만 private 멤버인 annual-salary는 접근할 수가 없다. 그러므로 다음과 같이 파생 클래스인 permanent에서 employee 클래스의 private 멤버인 annualsalary를 접근하려는 코드는 오류가 발생한다.

[소스 9-7] 기반 클래스를 상속하는 파생 클래스 정의-오류 발생

```
class employee {
private:
   int annualsalary;
      ⋮
};
class permanent : public employee {
      ⋮
   void changeBasicSalary( ) {
      annualsalary =  … ;    // 오류가 발생한다.
   }
};
```

C++는 파생 클래스에서는 접근이 가능하지만 외부에서는 접근이 불가능한 멤버를 지정할 수 있는데 이때 protected를 사용한다.

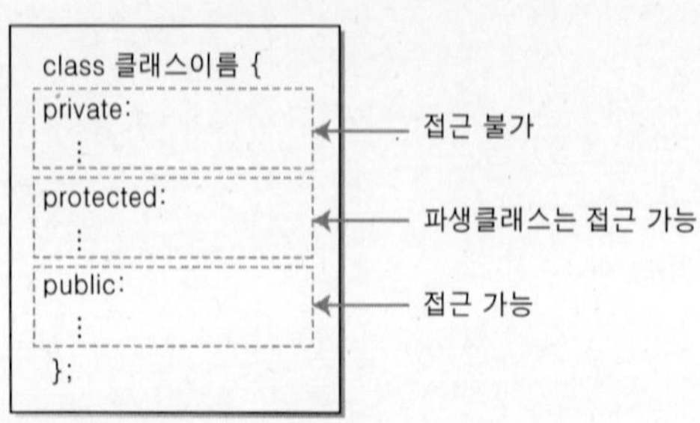

[그림 9-11] private, protected, public 멤버

그러므로 앞의 예에서 permanent 클래스에서는 employee 클래스의 annualsalary을 접근할 수 있지만 외부에서는 접근하지 못하게 하려면 다음과 같이 annualsalary를 protected 멤버로 변경하면 된다.

[소스 9-8] 기반 클래스를 상속하는 파생 클래스 정의-오류 수정

```
class employee {
protected:
   int annualsalary;
      :
};
class permanent : public employee {
      :
   void changeBasicSalary( ) {
      annualsalary =  … ;    // 접근이 가능하다.
   }
};
```

그러면 [그림 9-10]과 같은 구조에서 동작하는 프로그램을 직접 구현해 보자.

다음은 [그림 9-10]의 사원에 해당하는 employee 클래스이다.

멤버 데이터로 이름에 해당하는 name과 연봉에 해당하는 annualsalary가 있다. 그리고 멤버 함수로 이름을 알아내는 getName( )과 연봉을 알아내는 getAnnualSalary( )가 있다.

파생 클래스에서 직접 접근하는 경우가 없는 name은 private 멤버로 하고, 외부에서는 접근하지 않으나 파생 클래스에서 직접 접근하는 경우가 있으므로 annualsalary는 protected 멤버로 한다. 그리고 외부에서도 직접 접근하는 경우가 있는 getName( )과 getAnnualSalary( )는 public으로 한다.

물론 생성자인 employee( )와 소멸자인 ~employee( )도 정의한다.

[소스 9-9] C++로 구현한 [그림 9-10]의 employee 클래스

```
class employee {
private:
   char *name;
protected:
   int annualsalary;
public:
   employee(char *na, int as) {
      name = new char[strlen(na)+1];
      strcpy(name, na);
      annualsalary = as;
   }
   ~employee() {
      delete []name;
   }
   char* getName() {
      return name;
   }
   int getAnnualSalary() {
      return annualsalary;
   }
};
```

그리고 다음은 [그림 9-10]의 정규직에 해당하는 permanent 클래스로, [그림 9-10]의 사원에 해당하는 employee 클래스를 상속받는다.

멤버 데이터로 기본급에 해당하는 basicsalary와 보너스에 해당하는 bonus가 있고, 멤버 함수로 기본급 변경에 해당하는 changeBasicSalary( )와 보너스 변경에 해당하는 changeBonus( )가 있다.

annualsalary는 protected 멤버이기 때문에 changeBasicSalary( )와 changeBonus( )에서 annualsalary에 대한 직접 접근이 가능하다.

생성자인 permanent( ) 정의의 시작 부분에 다음과 같은 내용이 있는데, 이는 permanent( ) 생성자가 호출될 때 기반 클래스의 생성자인 employee( )가 호출되는 것을 의미한다.

```
: employee(na, as)
```

[소스 9-10] C++로 구현한 [그림 9-10]의 permanent 클래스

```
class permanent : public employee {
private:
    int basicsalary;
    int bonus;
public:
    permanent(char *na, int bs, int bon, int as) : employee(na, as) {
        bonus = bon;
        basicsalary = bs;
    }
    void changeBasicSalary(int bs) {
        basicsalary = bs;
        annualsalary = basicsalary*12 + basicsalary*bonus*0.01;
    }
    void changeBonus(int bon) {
        bonus = bon;
        annualsalary = basicsalary*12 + basicsalary*bonus*0.01;
    }
};
```

그리고 다음은 [그림 9-10]의 비정규직에 해당하는 temporary 클래스로, [그림 9-10]의 사원에 해당하는 employee 클래스를 상속받는다.

멤버 데이터로 근무시간에 해당하는 workhours와 시간당급여에 해당하는 hoursalary가 있고, 멤버 함수로 근무시간변경에 해당하는 changeWorkHours( )와 시간당급여변경에 해당하는 changeHourSalary( )가 있다.

[소스 9-11] C++로 구현한 [그림 9-10]의 temporary 클래스

```
class temporary : public employee {
private:
   int workhours;
   int hoursalary;
public:
   temporary(char *na, int hs, int wh, int as) : employee(na, as) {
      workhours = wh;
      hoursalary = hs;
   }
   void changeWorkHours(int wh) {
      workhours = wh;
      annualsalary = workhours * hoursalary / 10000;
   }
   void changeHourSalary(int hs) {
      hoursalary = hs;
      annualsalary = workhours * hoursalary / 10000;
   }
};
```

permanent 클래스의 객체인 emp1을 생성하는 방법은 다음과 같다. permanent( ) 생성자를 호출하면 employee( ) 생성자가 호출되어 기반 클래스의 멤버인 name과 annualsalary를 초기화한다. 그리고 자신의 bonus와 basicsalary를 초기화한다.

```
permanent emp1("aaa", 150, 400, 2400);
```

다음은 상속받은 getName( )와 getAnnualSalary( )를 호출하여 emp1 객체의 name과 annualsalary를 알아내는 문장이다.

```
cout << emp1.getName() << " " << emp1.getAnnualSalary();
```

다음은 emp1 객체의 기본급을 200으로 변경하기 위해 changeBasicSalary( )를 호출하는 문장으로, 자신의 basicsalary와 기반 클래스 멤버인 annualsalary의 값이 변경된다.

```
emp1.changeBasicSalary(200);
```

다음은 temporary 클래스의 객체인 emp2를 생성하고, 이름과 연봉을 출력하고, 근무시간을 변경하는 문장을 나타낸 것이다.

```
temporary emp2("bbb", 5000, 2000, 1000);
cout << emp2.getName() << " " << emp2.getAnnualSalary();
emp2.changeWorkHours(2500);
```

완성된 프로그램을 [부록]에서 제공하니 참고하기 바란다.

그리고 C++에서는 파생 클래스가 두 개 이상의 기반 클래스를 동시에 상속하는 것이 가능하다. 이를 다중 상속(multiple inheritance)이라 한다. 다음은 다중 상속의 예로, 파생 클래스 C는 클래스 A와 B를 모두 상속한다.

[소스 9-12] 다중 상속의 예

```
class A {
      ⋮
};
class B {
      ⋮
};
class C : public A, public B {
      ⋮
};
```

2. Java의 상속

Java에서 상속을 이용하여 파생 클래스를 정의하는 형식은 다음과 같은데, extends 예약어를 사용한다.

```
class 파생클래스이름 extends 기반클래스이름 {
      ⋮
}
```

다음은 기반 클래스 employee를 상속하는 파생 클래스 permanent를 정의하는 예의 일부이다. employee에 속한 모든 멤버는 파생 클래스인 permanent에 상속된다.

[소스 9-13] 기반 클래스를 상속하는 파생 클래스 정의

```
class employee {
   private int annualsalary;
      ⋮
   public String getName() { … }
      ⋮
}

class permanent extends employee {
   private int bonus;
      ⋮
   public void changeBasicSalary( ) { … }
      ⋮
}
```

기반 클래스의 모든 멤버는 파생 클래스로 상속은 되지만, 기반 클래스의 private 멤버에 대해서는 파생 클래스에서 접근이 불가능하고 public 멤버에 대해서만 접근이 가능하다. 즉 permanent 클래스에서 getName( )는 접근할 수 있지만 private 멤버인 annual-salary는 접근할 수가 없다. 그러므로 다음과 같이 파생 클래스인 permanent에서 employee 클래스의 private 멤버인 annualsalary를 접근하려는 코드는 오류가 발생한다.

[소스 9-14] 기반 클래스를 상속하는 파생 클래스 정의-오류 발생

```
class employee {
   private int annualsalary;
      ⋮
}

class permanent extends employee {
      ⋮
   public void changeBasicSalary( ) {
      annualsalary =  … ;    // 오류가 발생한다.
   }
}
```

C++와 마찬가지로 Java에서도 파생 클래스에서는 접근이 가능하지만 외부에서는 접근이 불가능한 멤버를 지정할 수 있는데 이때 protected를 사용한다.

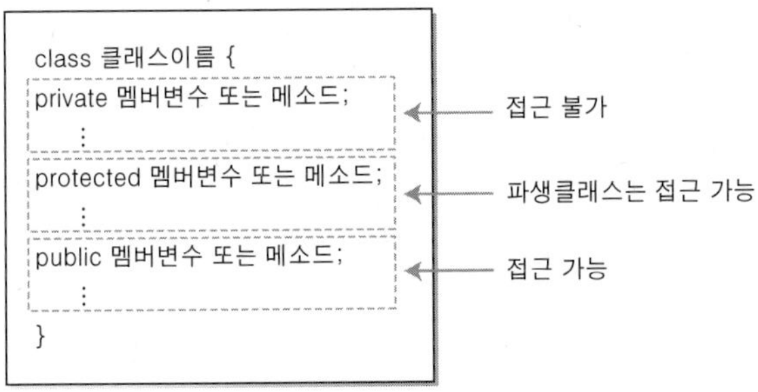

[그림 9-12] private, protected, public 멤버

그러므로 앞의 예에서 permanent 클래스에서는 employee 클래스의 annualsalary를 접근할 수 있지만 외부에서는 접근하지 못하게 하려면 다음과 같이 annualsalary를 protected 멤버로 변경하면 된다.

[소스 9-15] 기반 클래스를 상속하는 파생 클래스 정의-오류 수정

```
class employee {
   protected int annualsalary;
      ⋮
}

class permanent extends employee {
      ⋮
   public void changeBasicSalary( ) {
      annualsalary =  … ;    // 접근이 가능하다.
   }
}
```

그러면 바로 앞의 '3.1_C++의 상속'에서 C++로 구현한 프로그램을 Java로 구현해 보자.

다음은 employee 클래스를 C++로 구현한 [소스 9-9]를 Java로 구현한 소스이다. 소멸자가 없다는 점이 C++로 구현한 소스와의 차이점이다.

[소스 9-16] Java로 구현한 [그림 9-10]의 employee 클래스

```
class employee {
   private String name;
   protected int annualsalary;

   public employee(String name, int annualsalary) {
      this.name = name;
      this.annualsalary = annualsalary;
   }
   public String getName() {
      return name;
   }
   public int getAnnualSalary() {
      return annualsalary;
   }
}
```

다음은 permanent 클래스를 C++로 구현한 [소스 9-10]을 Java로 구현한 것이다.

생성자인 permanent( ) 정의 부분의 다음 내용은 기반 클래스 employee의 생성자인 employee( )를 호출하는 것을 의미한다.

```
super(name, annualsalary);
```

[소스 9-17] Java로 구현한 [그림 9-10]의 permanent 클래스

```
class permanent extends employee {
   private int basicsalary;
   private int bonus;

   public permanent(String name, int basicsalary, int bonus,
                    int annualsalary) {
      super(name, annualsalary);
      this.bonus = bonus;
      this.basicsalary = basicsalary;
   }
```

```
    public void changeBasicSalary(int basicsalary) {
        this.basicsalary = basicsalary;
        annualsalary = (int)(basicsalary*12 + basicsalary*bonus*
                             0.01);
    }
    public void changeBonus(int bonus) {
        this.bonus = bonus;
        annualsalary = (int)(basicsalary*12 + basicsalary*bonus*
                             0.01);
    }
}
```

다음은 temporary 클래스를 C++로 구현한 [소스 9-11]을 Java로 구현한 것이다.

[소스 9-18] Java로 구현한 [그림 9-10]의 temporary 클래스

```
class temporary extends employee {
    private int workhours;
    private int hoursalary;

    public temporary(String name, int hoursalary, int workhours,
                     int annualsalary) {
        super(name, annualsalary);
        this.workhours = workhours;
        this.hoursalary = hoursalary;
    }
    public void changeWorkHours(int workhours) {
        this.workhours = workhours;
        annualsalary = workhours * hoursalary / 10000;
    }
    public void changeHourSalary(int hoursalary) {
        this.hoursalary = hoursalary;
        annualsalary = workhours * hoursalary / 10000;
    }
}
```

다음은 permanent 클래스의 객체인 emp1을 생성하는 문장이다.

```
permanent emp1 = new permanent("aaa", 150, 400, 2400);
```

상속받은 getName( )와 getAnnualSalary( )를 호출하여 emp1 객체의 name과 annualsalary를 알아내는 문장은 다음과 같다.

```
System.out.println(emp1.getName() + " " + emp1.getAnnualSalary());
```

다음은 emp1 객체의 기본급을 200으로 변경하기 위해 changeBasicSalary( )를 호출하는 문장이다.

```
emp1.changeBasicSalary(200);
```

그리고 다음은 temporary 클래스의 객체인 emp2를 생성하고, 이름과 연봉을 출력하고, 근무시간을 변경하는 문장이다.

```
temporary emp2 = new temporary("bbb",  5000, 2000, 1000);
System.out.println(emp2.getName() + " " + emp2.getAnnualSalary());
emp2.changeWorkHours(2500);
```

완성된 프로그램을 [부록]에서 제공한다.

C++와는 달리 Java는 다중 상속을 허용하지 않는다. 단, 다중 인터페이스 상속(multiple interface inheritance)이라는 제한된 기능을 제공하는데 구체적인 설명은 생략한다.

Section

04 동적 바인딩

객체지향 프로그래밍에서 동적 바인딩(dynamic binding)이란 상속 관계가 있는 객체에 대한 멤버 함수 호출에 대해 대응되는 멤버 함수가 동적으로 결정되는 것을 의미한다. 이 설명만으로는 이해가 쉽지 않으니 예를 통해 살펴보자.

다음은 고등학교 학생 성적을 관리하는 학생 클래스로, 이름, 컴퓨터성적, 국어성적의 멤버 데이터와 이름알아내기( ), 평균알아내기( )의 멤버 함수로 구성된다.

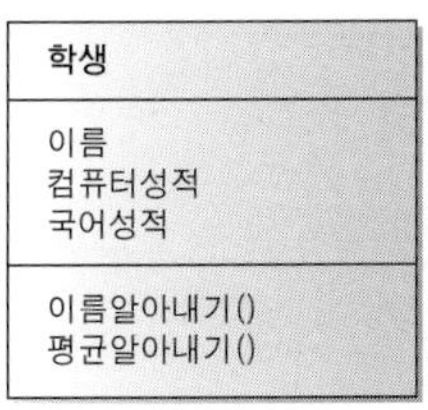

[그림 9-13] 학생 클래스

그런데 1학년과 2학년은 추가적으로 이수해야 할 과목이 생겨서 다음과 같이 학년 클래스를 상속하는 1학년, 2학년, 3학년 파생 클래스를 생성한다. 1학년 클래스는 수학성적이, 2학년 클래스는 과학성적과 도덕성적이 추가된다.

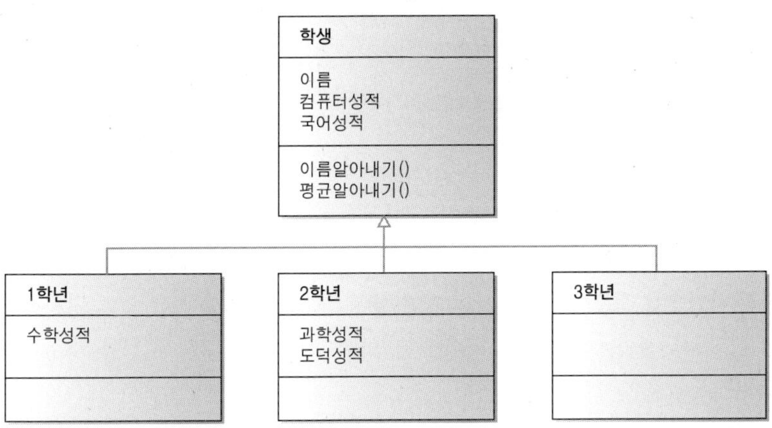

[그림 9-14] 학생 클래스를 상속하는 파생 클래스

그런데 1학년과 2학년 파생 클래스는 학생 클래스의 평균알아내기( )의 연산과는 차이가 있으므로 1학년과 2학년 클래스에 평균알아내기( ) 함수를 새롭게 정의한다.

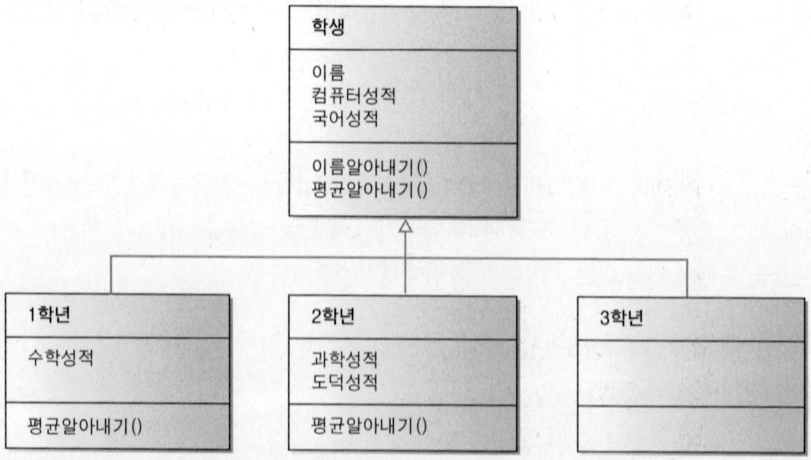

[그림 9-15] 1학년과 2학년 클래스에 평균알아내기( ) 함수 정의

이때 1학년 또는 2학년 클래스의 객체에 대해 평균알아내기 함수를 호출하면 파생 클래스에서 새롭게 정의된 함수가 동작하고, 3학년 클래스의 객체에 대해 평균알아내기 함수를 호출하면 기반 클래스에서 정의된 함수가 동작한다.

이와 같이 상속 관계가 있는 객체에 대해 멤버 함수를 호출했을 때 동작하게 될 멤버 함수가 동적으로 결정되는 개념을 동적 바인딩(dynamic binding)이라 한다.

C++에서는 동적 바인딩을 적용하기 위해서는 virtual로 멤버 함수를 선언해야 하는 반면 Java는 기본적으로 동적 바인딩이 적용된다.

그러면 C++와 Java에서의 동적 바인딩에 대해 살펴보자.

1. C++의 동적 바인딩

C++에서 동적 바인딩을 적용하기 위해서는 기반 클래스의 멤버 함수 이름 앞에 명시적으로 'virtual'을 써야 한다. 이와 같이 동적으로 바인딩하는 함수를 가상 함수(virtual function)라 한다.

C++에서 기반 클래스 포인터는 파생 클래스 객체를 가리킬 수 있으므로 학생 클래스는 포인터를 이용해서 파생 클래스 객체를 가리킬 수 있다.

이와 같이 실제 객체가 파생 클래스라도 기반 클래스 포인터를 사용할 경우에는 멤버 함수를 기반 클래스에서 찾는다. 그러나 기반 클래스의 멤버 함수가 가상 함수로 되어 있으면 파생 클래스에서 먼저 찾고, 없을 경우에 기반 클래스에서 찾는다.

그러면 다음과 같은 구조에 대해 생각해 보자.

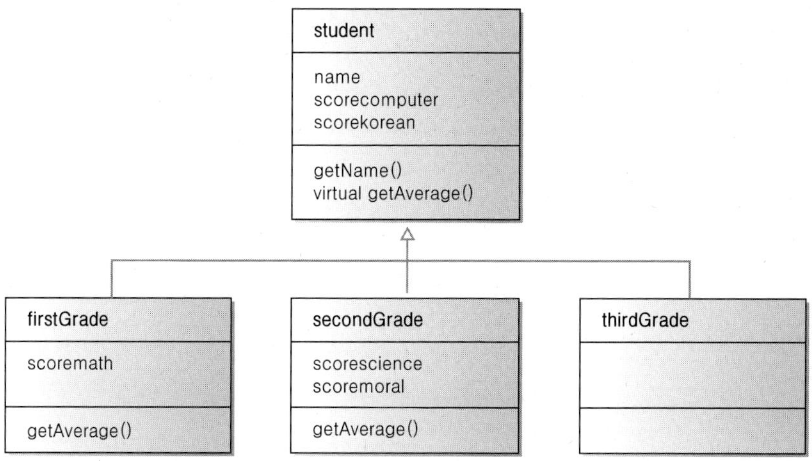

[그림 9-16] 동적 바인딩을 사용하는 C++ 구조

이러한 구조에서 다음을 실행하면 기반 클래스인 student 포인터 st1이 파생 클래스인 firstGrade 클래스 객체를 가리킨다.

```
student *st1 = new firstGrade("aaa", 80, 70, 60);
```

여기서 다음을 호출하면 파생 클래스인 firstGrade에서 getAverage( )를 먼저 찾는다. getAverage( )가 firstGrade에 있으므로 firstGrade의 getAverage( ) 멤버 함수가 동작한다.

```
st1->getAverage()
```

반면 다음은 st2가 thirdGrade 클래스 객체를 가리킨다.

```
student *st2 = new thirdGrade("bbb", 90, 90);
```

여기서 다음을 호출하면 파생 클래스인 thirdGrade에서 getAverage()를 먼저 찾는데, 찾을 수 없으므로 기반 클래스인 student의 getAverage() 멤버 함수가 동작한다.

```
st2->getAverage()
```

특히 순수 가상 함수(pure virtual function)라는 것이 있는데, 기반 클래스에서 선언된 가상 함수지만 어떤 정의도 갖지 않는 함수이다. 따라서 모든 파생 클래스는 이 함수를 정의하고 있어야 한다.

C++에서는 순수 가상 함수를 다음과 같은 형식으로 나타낸다.

```
virtual 타입 멤버함수이름() = 0;
```

이러한 순수 가상 함수가 하나 이상 있는 클래스를 추상 클래스(abstract class)라 한다. 추상 클래스는 완성된 것이 아니기 때문에 객체화될 수 없다.

다음은 순수 가상 함수를 사용한 예로, thirdGrade에 영어성적인 scoreenglish와 국사성적인 scorehistory 멤버 데이터가 추가되고 getAverage()가 재정의된 구조이다.

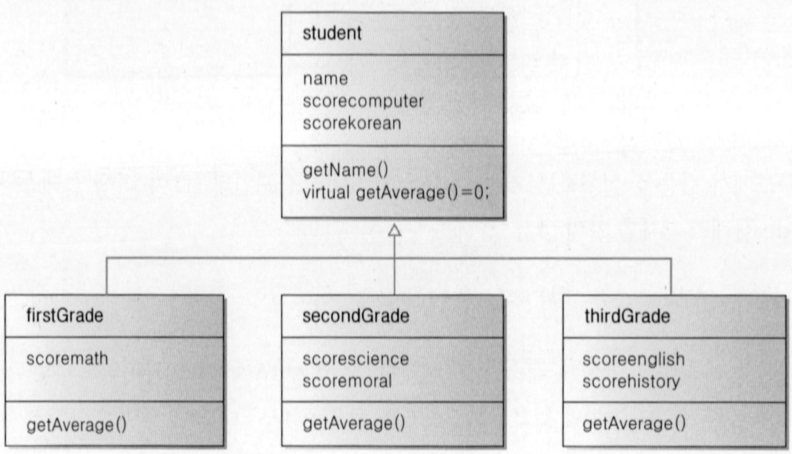

[그림 9-17] 순수 가상 함수를 사용하는 C++ 구조

다음은 이러한 클래스 구조를 C++로 구현한 코드이다.

[소스 9-19] C++로 구현한 동적 바인딩 예

```
class student {
private:
   char *name;
protected:
   int scorecomputer;
   int scorekorean;
public:
   student(char *na, int computer, int korean) {
      name = new char[strlen(na)+1];
      strcpy(name, na);
      scorecomputer = computer;
      scorekorean = korean;
   }

   ~student() {
      delete []name;
   }

   char* getName() {
      return name;
   }

   virtual int getAverage() = 0;
};

class firstGrade : public student {
private:
   int scoremath;
public:
   firstGrade(char *na, int computer, int korean, int math) :
   student(na, computer, korean) {
      scoremath = math;
   }
   int getAverage() {
```

```
        return (scorecomputer + scorekorean + scoremath) / 3;
    }
};

class secondGrade : public student {
private:
    int scorescience;
    int scoremoral;
public:
    secondGrade(char *na, int computer, int korean, int science,
                int moral) : student(na, computer, korean) {
        scorescience = science;
        scoremoral = moral;
    }
    int getAverage() {
        return (scorecomputer + scorekorean + scorescience +
                scoremoral) / 4;
    }
};

class thirdGrade : public student {
private:
    int scoreenglish;
    int scorehistory;
public:
    thirdGrade(char *na, int computer, int korean, int english,
               int history) : student(na, computer, korean) {
        scoreenglish = english;
        scorehistory = history;
    }
    int getAverage() {
        return (scorecomputer + scorekorean + scoreenglish +
                scorehistory) / 4;
    }
};
```

다음은 이러한 구조하에 5명의 학생을 관리하기 위해 student 클래스 포인터 배열 set을 선언한 문장이다.

```
student *set[5];
```

그리고 다음은 firstGrade 객체를 생성하고 이를 set[0]이 가리키게 하는 문장이다.

```
set[0] = new firstGrade("aaa", 80, 70, 70);
```

그리고 set[0]이 가리키는 객체의 평균을 얻기 위한 코드는 다음과 같다. getAverage()는 순수 가상 함수이고 실제 객체가 firstGrade 클래스이므로 firstGrade 클래스의 getAverage() 멤버 함수가 동작한다.

```
set[0]->getAverage()
```

완성된 프로그램을 [부록]에서 제공한다.

2. Java의 동적 바인딩

동적 바인딩을 위해 virtual로 정의해야 하는 C++와는 달리 Java의 멤버 함수는 기본적으로 동적 바인딩이 적용된다.

super 예약어를 사용하여 정적으로 바인딩할 수도 있으나 이에 대한 설명은 생략한다.

그러면 다음과 같은 구조의 예를 통해 살펴보자.

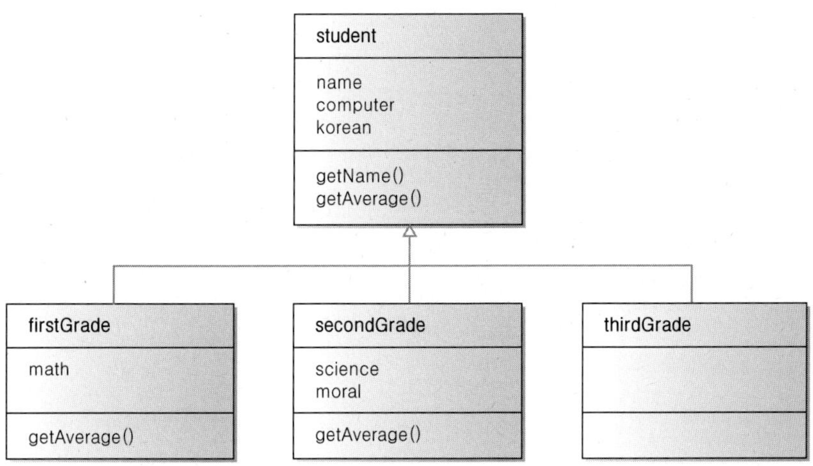

[그림 9-18] 동적 바인딩을 사용하는 Java 구조

다음은 이러한 클래스 구조를 Java로 구현한 코드로, 기반 클래스에서 정의된 getAverage()를 파생 클래스인 firstGrade와 secondGrade에서 재정의한다.

[소스 9-20] Java로 구현한 동적 바인딩 예

```
class student {
   private String name;
   protected int computer;
   protected int korean;

   public student(){
   }

   public student(String name, int computer, int korean) {
      this.name =  name;
      this.computer = computer;
      this.korean = korean;
   }

   public String getName() {
      return name;
   }

   public int getAverage() {
      return (computer + korean ) / 2;
   }
}

class firstGrade extends student {
   private int math;

   public firstGrade(String name, int computer, int korean, int math) {
      super(name, computer, korean);
      this.math = math;
   }
   public int getAverage() {
```

```
        return (computer + korean + math) / 3;
    }
}

class secondGrade extends student {
    private int science;
    private int moral;

    public secondGrade(String name, int computer, int korean,
                       int science, int moral) {
        super(name, computer, korean);
        this.science = science;
        this.moral = moral;
    }
    public int getAverage() {
        return (computer + korean + science + moral) / 4;
    }
}

class thirdGrade extends student {
    public thirdGrade(String name, int computer, int korean) {
        super(name, computer, korean);
    }
}
```

이러한 구조하에 5명의 학생을 관리하기 위해 student 클래스 배열 set을 선언한 문장은 다음과 같다.

```
student[] set = new student[5];
```

Java는 기반 클래스를 이용해서 파생 클래스 객체를 생성할 수 있다. 다음은 그 예로, B가 A의 파생 클래스일 때 기반 클래스 A를 이용해서 파생 클래스 B 객체를 생성하는 문장이다.

```
A obj = new B();
```

다음은 이러한 특징을 이용하여 파생 클래스 객체를 생성하는 문장이다.

```
set[0] = new firstGrade("aaa", 80, 70, 70);
```

이러한 set[0]의 평균을 얻기 위한 코드는 다음과 같은데, 동적 바인딩이 적용되어 firstGrade 클래스의 getAverage()가 동작한다.

```
set[0].getAverage()
```

다음은 set[3]의 선언이다.

```
set[3] = new thirdGrade("ddd", 90, 90);
```

반면 위와 같이 선언된 set[3]에 대한 getAverage() 호출은 기반 클래스인 student의 getAverage()가 동작한다.

```
set[3].getAverage()
```

완성된 프로그램을 [부록]에서 제공한다.

요약

1 객체지향 프로그래밍은 객체라는 단위로 모든 처리를 기술하는 프로그래밍 방법으로, 대규모 프로그램을 효율적으로 개발하고 유지 · 보수를 쉽게 하는 것을 목적으로 하고 있다.

2 객체지향 프로그래밍은 추상 데이터 타입, 상속, 동적 바인딩의 특징을 지닌다.

3 추상 데이터 타입은 임의의 타입의 데이터 표현과 그와 관련된 연산을 제공하는 부프로그램들을 함께 묶어 캡슐화한 것이다.

4 추상 데이터 타입의 실체(instance)를 객체(object)라 한다.

5 Ada는 패키지를 이용해서 추상 데이터 타입을 정의한다.

6 C++, Java는 클래스를 이용해서 추상 데이터 타입을 정의한다.

7 상속은 클래스 사이의 데이터와 연산을 공유하기 위한 메커니즘으로, 상속을 통해 정의되는 클래스를 하위 클래스 또는 파생 클래스라 하고, 상속해 주는 클래스를 상위 클래스, 기반 클래스 또는 부모 클래스라 한다.

8 객체지향 프로그래밍에서 동적 바인딩이란 상속 관계가 있는 객체에 대한 멤버 함수 호출에 대해 대응되는 멤버 함수가 동적으로 결정되는 것을 의미한다.

연습문제

1 객체지향 프로그래밍이 지니는 세 가지 특징은 무엇인가?

2 추상 데이터 타입에 대해 설명하여라.

3 다음과 같은 학생 추상 데이터 타입이 있다.

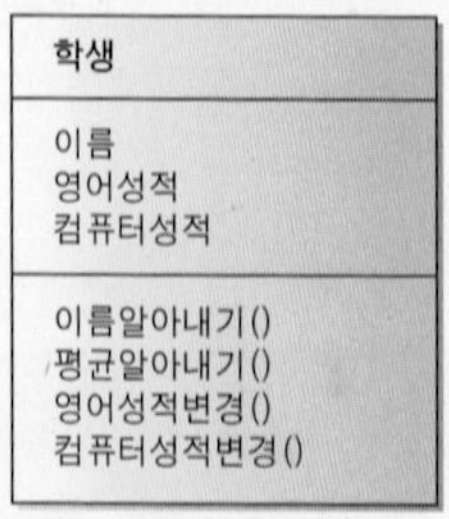

(1) Ada로 구현하여라.
(2) C++로 구현하여라.
(3) Java로 구현하여라.

4 상속에 대해 설명하여라.

5 다음과 같은 상속 관계에 있는 구조가 있다.

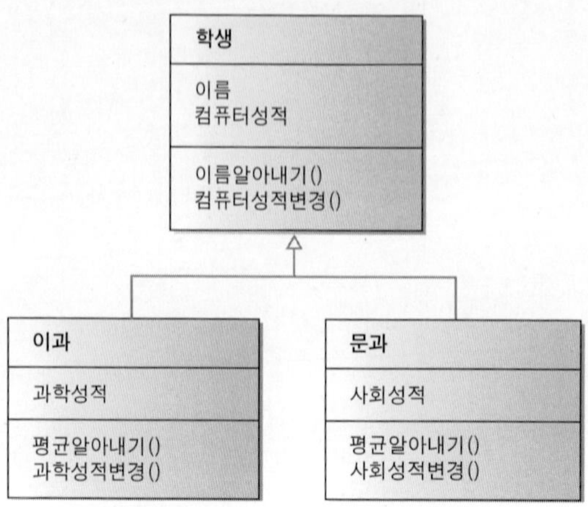

(1) C++로 구현하여라.
(2) Java로 구현하여라.

6 동적 바인딩에 대해 설명하여라.

7 다음과 같은 상속 관계에 있는 구조가 있다.

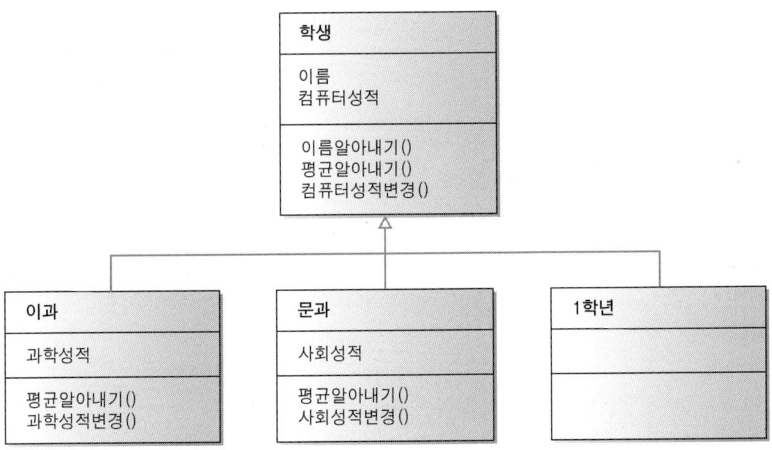

(1) 동적 바인딩을 적용해서 C++로 구현하여라.
(2) 동적 바인딩을 적용해서 Java로 구현하여라.

Chapter

10

함수 프로그래밍

학습목표

- 수학 함수와 같은 원리의 함수들로 프로그램을 구성하는 함수 프로그래밍에 대해 살펴본다.
- 간단하고 가장 많이 사용되는 함수 프로그래밍 언어인 Scheme에 대해 살펴본다.

Section

01 함수 프로그래밍의 개요

함수 프로그래밍(functional programming)은 수학 함수와 같은 원리의 함수들로 프로그램을 구성하는 기법이다. 함수 프로그래밍에서의 함수는 부작용을 발생시키지 않고 단지 입력을 받아들여 출력을 구한다. 이는 명령형 프로그래밍의 함수에서는 부작용이 발생할 수 있다는 점과 차이가 있다.

예를 들어, 숫자 리스트를 정렬하는 sort 함수와 리스트에서 처음에 위치한 데이터를 추출하는 first 함수가 있다고 하자. 이 두 함수를 이용해서 정렬되지 않은 리스트에서 가장 작은 값의 데이터를 추출하는 과정을 도식화하면 [그림 10-1]과 같다.

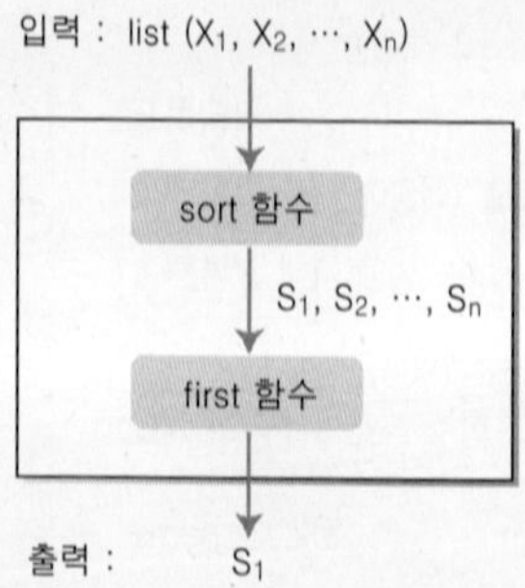

[그림 10-1] 함수 프로그래밍의 예

sort 함수에 의해 출력된 정렬된 숫자 리스트가 first 함수의 입력이 되어, 결국 가장 작은 값의 데이터가 출력된다.

이러한 동작 명령을 함수 프로그래밍 언어인 Scheme으로 표현하면 다음과 같다. 물론 sort 함수와 first 함수는 정의되어 있어야 한다.

```
(first (sort list))
```

함수 프로그래밍은 이와 유사하게 동작한다. 그러면 함수 프로그래밍 언어를 대표하는 Scheme에 대해 살펴보자.

Section

02 Scheme

1950년대 말에 첫 번째 함수 언어인 LISP(LISt Processor)가 MIT의 매카시(John McCarthy)에 의해 개발되었다. 그 후 많은 다른 형태의 LISP 파생 언어가 탄생했는데, 그 중 두 개의 LISP 파생 언어가 표준으로 자리잡았다. 1980년대 초에 개발된 Common LISP와 1970년대 후반 MIT에서 개발된 Scheme이 이에 해당된다.

Scheme 인터프리터는 리스트 형태의 식에 대해 읽기-평가-쓰기(read-evaluate-write), 즉 식을 읽고, 식을 평가하고, 그 결과 값을 출력하는 동작을 무한 반복한다.

이 책에서 사용한 인터프리터는 http://www.gnu.org/software/mit-scheme/에서 구한 것으로, 사용법은 [부록]에 있다.

다음은 Scheme 인터프리터가 동작되는 예이다. 리스트 형태의 식인 (+ 3 7)을 입력하고 Enter↵ 키를 누르면, 인터프리터는 이 식을 읽고, 평가하고, 결과 값인 10을 출력한다. '>'는 인터프리터의 프롬프트이다.

```
> (+ 3 7)
Value: 10
```

그러면 구체적인 내용에 대해 살펴보도록 하자.

1 식

Scheme은 식(expression)으로 이루어지는데, 식은 원자(atom)와 리스트(list)로 구분할 수 있다.

원자의 종류는 다음과 같다. 이 중 불린 값에는 참을 의미하는 #t와 거짓을 의미하는 #f가 있다. 그리고 문자는 시작 부분에 '#\'가 위치한다.

[표 10-1] 원자의 종류

종류	예
숫자	21, 3.14
스트링	"hello"
불린 값	#t, #f
문자	#\a
식별자	x, +

전위 표기법은 '6장 1절'에서 살펴보았다.

리스트는 식들을 괄호로 둘러싼 것이다. 다음 예는 식별자 +와 두 개의 숫자인 1과 3으로 구성된 리스트이다. 아래와 같이 Scheme은 전위 표기법(prefix notation)으로 식을 표현한다. 즉 1과 3을 +하는 의미를 지닌다.

```
(+ 1 3)
```

Scheme 인터프리터에서 이 식을 실행하면 다음과 같이 4라는 결과를 반환한다.

```
> (+ 1 3)
Value: 4
```

그리고 다음 예는 2와 4를 +한 결과와 6에서 2를 −한 결과를 *하는 식이다. 이 식에서는 24라는 결과를 반환한다.

```
> (* (+ 2 4) (- 6 2))
Value: 24
```

이 식을 트리 구조로 표현하면 [그림 10-2]와 같은데, 트리의 단말로부터 시작해서 루트의 순서로 평가가 이루어진다.

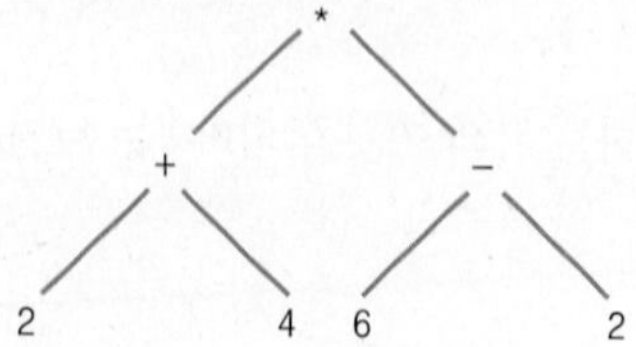

[그림 10-2] 트리 구조로 표현한 (* (+ 2 4) (− 6 2))

+, −, *, /는 두 개 이상의 인자를 가질 수 있다. +는 모든 인자를 더하고, *는 모든 인자를 곱한다. 그리고 −는 첫 번째 인자를 나머지 인자로 빼고, /는 첫 번째 인자를 나머지 인자로 나눈다. 다음은 그 예이다.

```
> (+ 2 4 6)
Value: 12
> (- 13 7 2)
Value: 4
```

다음은 수로만 이루어진 리스트이다.

```
(1 3 5)
```

이 리스트를 실행하면 오류가 발생한다. 그 이유는 Scheme 인터프리터는 리스트 형태의 식을 읽으면 평가(evaluate)를 시도하기 때문이다. 위의 리스트에서는 첫 번째 인자인 1이 함수가 아니므로 평가할 수 없다.

이 문제는 평가하는 것을 막으면 해결된다. 이때 quote를 사용하여 평가를 막을 수 있다. 다음은 quote를 사용한 예로, 오류가 발생하지 않는다.

```
> (quote(1 3 5))
Value: (1 3 5)
```

작은따옴표(')는 quote를 축약한 표현으로, 다음은 앞의 (quote(1 3 5))와 같은 표현이다.

```
'(1 3 5)
```

2. 정의 함수

define 함수를 이용하면 이름을 값으로 정의하거나 함수를 정의할 수 있다. 다음은 이름 x를 값 21로 정의한 예이다.

```
(define x 21)
```

인터프리터에서 위와 같이 x를 정의한 후에 다음과 같이 실행하면 21이 반환된다.

```
> x
Value: 21
```

다음은 함수 square를 정의한 예이다. 여기에서 x는 인자가 되고, 함수의 정의 부분은 (* x x)가 된다. 결국 인자 x의 제곱을 구하는 함수이다.

```
(define (square x) (* x x))
```

인터프리터에서 square를 정의한 후에 다음과 같이 실행하면 25가 반환된다.

```
> (square 5)
Value: 25
```

다른 예로 원의 넓이를 구하는 circlearea 함수를 정의해 보자.

우선 원주율에 해당하는 pi를 다음과 같이 정의하고

```
(define pi 3.14159265)
```

앞에서 살펴본 square를 정의한다.

```
(define (square x) (* x x))
```

그리고 pi와 square를 이용해서 circlearea를 정의한다.

```
(define (circlearea radius)
        (* pi (square radius)))
```

이를 실행하면 원하는 결과를 얻는다.

```
> (circlearea 5)
Value: 78.53981625
```

이름을 부여하지 않고 함수를 생성할 수 있는데, 이러한 함수를 생성하는 식을 람다 식(lambda expression)이라 하고 생성된 함수를 무명 함수(anonymous function)라 한다.

다음은 x의 제곱을 반환하는 무명 함수이다.

```
(lambda (x) (* x x))
```

다음은 무명 함수를 사용한 예로, 25를 반환한다.

```
((lambda (x) (* x x)) 5)
```

define을 이용하면 무명 함수에 이름을 부여할 수 있다. 다음은 square라는 이름을 부여한 것이다.

```
(define square (lambda (x) (* x x)))
```

위 식은 다음과 같은 의미를 지닌다.

```
(define (square x) (* x x))
```

그리고 let 함수를 이용하면 식의 값에 임시로 이름을 바인딩할 수 있다. 다음은 그러한 형식이다.

식1의 값에 이름1이, 식2의 값에 이름2가, …, 그리고 식n의 값에 이름n이 바인딩되고, let 본체에 해당하는 식 {식}이 실행된다.

```
(let (
   (이름1 식1)
   (이름2 식2)
        ⋮
   (이름n 식n))
   식 {식}
)
```

다음은 7에 x라는 이름이, 10에 y라는 이름이 임시로 바인딩되고, let 본체에 해당하는 식인 (+ x y)에서 x와 y라는 이름이 사용되는 예이다.

```
> (let ((x 7) (y 10)) (+ x y))
Value: 17
```

그러나 let 영역을 벗어나면 이름이 유지되지 않는데, 위 내용을 실행한 후 다음을 실행하면 x는 정의되지 않았다는 오류가 발생한다.

```
> x      … 오류
```

❸ 입출력 함수

Scheme 인터프리터는 식을 만나면 '읽기-평가-쓰기'를 하여 평가한 결과를 출력한다. 다음은 식을 읽고 평가한 결과인 5를 출력하는 예이다.

```
> (+ 2 3)
Value: 5
```

이와 같이 평가 결과에 대한 출력 말고, 단순히 인자를 출력하는 display 함수가 있다. 다음은 숫자 21과 문자열 "hello"를 출력하는 예이다.

```
> (display 21)
21
> (display "hello")
hello
```

다음은 21로 정의된 x를 출력하는 예인데, x의 값인 21이 출력된다.

```
> (define x 21)
Value: x
> (display x)
21
```

그리고 키보드에서 친 내용을 입력하는 read 함수는 키보드에서 친 내용을 그대로 반환한다. 다음은 키보드에서 입력한 내용인 123을 그대로 반환하는 예이다.

```
> (read)
123     … 입력
Value: 123
```

다음은 또 다른 예로, 키보드에서 입력한 내용인 7을 x의 값으로 정의하고, x의 값을 출력한다.

```
> (define x (read))
7      … 입력
Value: x
> x
Value: 7
```

④ 리스트 함수

Scheme의 기본 데이터 구조는 리스트로, 리스트 처리를 위한 car, cdr, cons, list와 같은 함수를 갖추고 있다.

[표 10-2] 리스트 함수

함수	설명
car	리스트의 첫 번째 원자를 반환한다.
cdr	리스트에서 car를 제거한 후 나머지를 반환한다.
cons	첫 번째 인자를 두 번째 인자의 새로운 car로 삽입한다.
list	여러 개의 원자를 리스트로 만든다.

car은 주어진 리스트의 첫 번째 원자를 반환하는 함수이다. 다음은 리스트 (1 3 5)에서 첫 번째 원자인 1을 반환하는 예이다.

```
> (car '(1 3 5))
Value: 1
```

리스트 (1 3 5)를 도식화하면 [그림 10-3]과 같은데, 1이 car에 해당되고 (2 3)이 cdr에 해당된다. 마지막 노드의 ×는 공백을 의미한다.

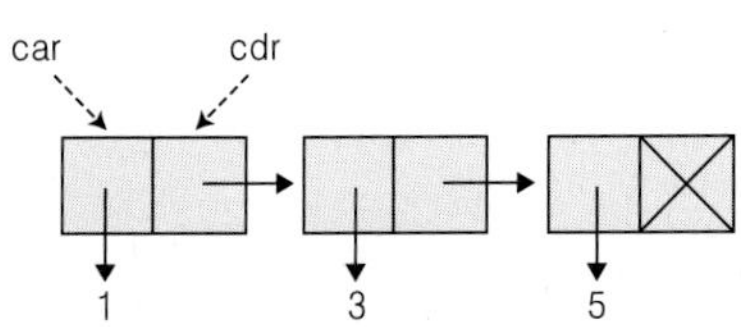

[그림 10-3] 리스트 (1 3 5)

다음은 리스트 ((1 3) 5 7)에서 첫 번째 원자인 (1 3)을 반환하는 예이다.

```
> (car '((1 3) 5 7))
Value: (1 3)
```

[그림 10-4]는 리스트 ((1 3) 5 7)을 나타낸 것인데, car은 리스트 (1 3)이고 cdr은 리스트 (5 7)이다.

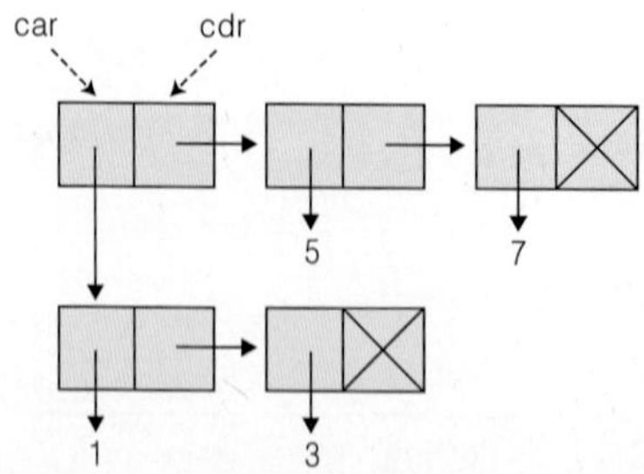

[그림 10-4] 리스트 ((1 3) 5 7)

다음 예는 1이 리스트가 아니므로 오류가 발생한다.

```
> (car 1)        ··· 오류
```

cdr은 리스트에서 car을 제거한 후 나머지를 반환하는 함수이다. 다음 예는 리스트 (1 3 5)에서 car인 1을 제거한 나머지인 (3 5)를 반환하는 것을 나타낸다.

```
> (cdr '(1 3 5))
Value: (3 5)
```

다음은 리스트 ((1 3) 5 7)에서 car인 (1 3)을 제거한 나머지인 (5 7)을 반환하는 예이다.

```
> (cdr '((1 3) 5 7))
Value: (5 7)
```

다음 예는 1이 리스트가 아니므로 오류가 발생한다.

```
> (cdr 1)        ··· 오류
```

다음은 second 함수로 정의한 예로, 인자 lst의 cdr의 car, 즉 lst의 두 번째 원자를 구하는 함수이다.

```
> (define (second lst) (car (cdr lst)))
Value: second
```

정의한 후에 다음과 같이 실행하면 우선 cdr '(1 3 5)에 의해 (3 5)가 되고, car '(3 5)에 의해 3이 반환된다. 결국 (1 3 5)의 두 번째 원자인 3이 반환된다.

```
> (second '(1 3 5))
Value: 3
```

[그림 10-5]는 이 동작을 도식화한 것이다.

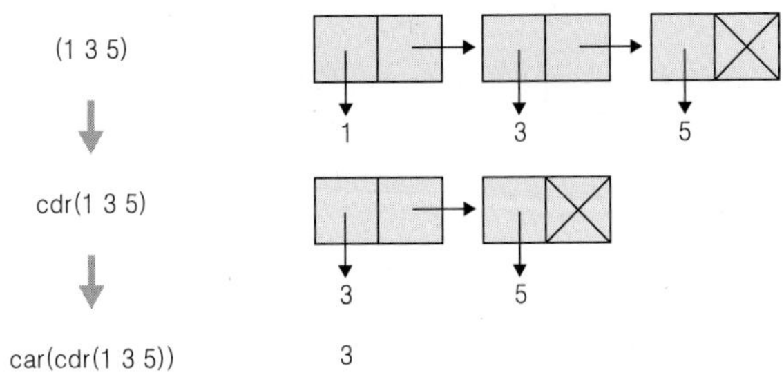

[그림 10-5] (second '(1 3 5))의 동작

cons는 첫 번째 인자를 두 번째 인자의 새로운 car로 삽입한다. 첫 번째 인자는 원자거나 리스트가 될 수 있지만, 두 번째 인자는 반드시 리스트여야 한다.

다음은 첫 번째 인자인 1을 두 번째 인자인 (2 3)의 새로운 car로 삽입하여 (1 2 3) 리스트를 반환한다.

```
> (cons 1 '(2 3))
Value: (1 2 3)
```

동작을 나타내면 [그림 10-6]과 같은데 1이 새로운 car로 삽입된다.

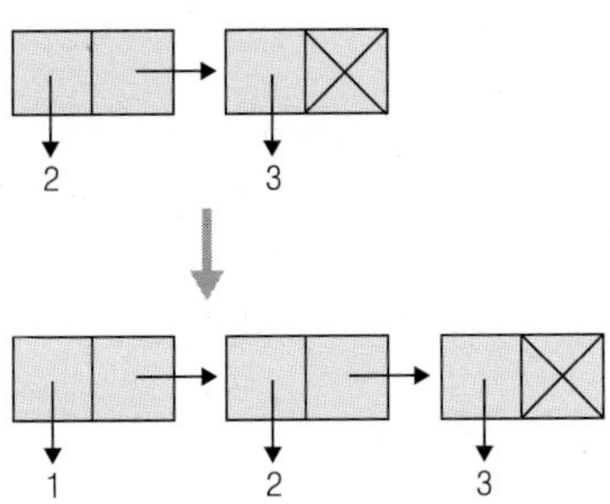

[그림 10-6] (cons 1 '(2 3))의 동작

다음은 (2 3 4)로 정의된 lst에 1을 새로운 car로 삽입하는 예이다.

```
> (define lst '(2 3 4))
Value: lst
> (cons 1 lst)
Value: (1 2 3 4)
```

다음은 첫 번째 인자인 (1 2)를 두 번째 인자인 리스트 (3 4)의 새로운 car로 삽입하는 예로, ((1 2) 3 4)가 반환된다.

```
> (cons '(1 2) '(3 4))
Value: ((1 2) 3 4)
```

다음은 이 동작을 도식화한 것이다.

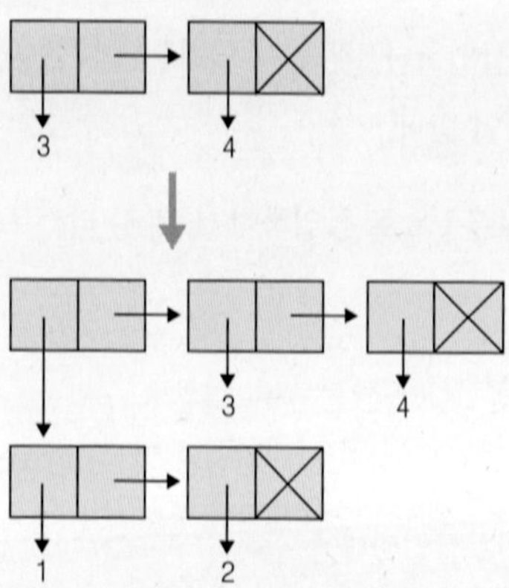

[그림 10-7] (cons '(1 2) '(3 4))의 동작

list는 여러 개의 원자를 리스트로 만드는 함수로, 다음은 원자 1, 2, 3을 (1 2 3) 리스트로 만든 예이다.

```
> (list 1 2 3)
Value: (1 2 3)
```

다음은 (1 2)와 (3 4)를 리스트로 만드는 예이다.

```
> (list '(1 2) '(3 4))
Value: ((1 2) (3 4))
```

(1 2)와 (3 4)가 리스트이므로 실행 후의 구조는 다음과 같다.

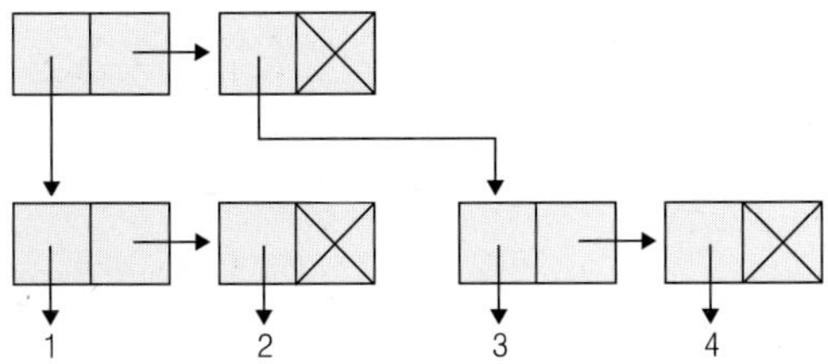

[그림 10-8] (list '(1 2) '(3 4))의 구조

5 술어 함수

술어 함수란 불린 값을 반환하는 함수로, 참이면 #t를, 거짓이면 ( )를 반환한다. 대표적인 술어 함수는 [표 10-3]과 같다.

[표 10-3] 술어 함수

함수	설명
=	두 인자가 같으면 #t를 반환하고, 그렇지 않으면 ( )를 반환한다.
>	첫 번째 인자가 두 번째 인자보다 크면 #t를 반환하고, 그렇지 않으면 ( )를 반환한다.
<	첫 번째 인자가 두 번째 인자보다 작으면 #t를 반환하고, 그렇지 않으면 ( )를 반환한다.
>=	첫 번째 인자가 두 번째 인자보다 크거나 같으면 #t를 반환하고, 그렇지 않으면 ( )를 반환한다.
<=	첫 번째 인자가 두 번째 인자보다 작거나 같으면 #t를 반환하고, 그렇지 않으면 ( )를 반환한다.
even?	인자가 짝수이면 #t를 반환하고, 그렇지 않으면 ( )를 반환한다.
odd?	인자가 홀수이면 #t를 반환하고, 그렇지 않으면 ( )를 반환한다.
zero?	인자가 0이면 #t를 반환하고, 그렇지 않으면 ( )를 반환한다.
eq?	두 인자가 원자이고 같으면 #t를 반환하고, 그렇지 않으면 ( )를 반환한다.
null?	인자가 공 리스트이면 #t를 반환하고, 그렇지 않으면 ( )를 반환한다.
list?	인자가 리스트이면 #t를 반환하고, 그렇지 않으면 ( )를 반환한다.

먼저 x를 11로 정의해 보자.

```
> (define x 11)
Value: x
```

다음은 11로 정의된 x가 11과 같으므로 #t가 반환된다.

```
> (= x 11)
Value: #t
```

첫 번째 식은 x가 11보다 크지 않으므로 거짓을 의미하는 ()가 반환되고, 두 번째 식은 x가 15보다 작으므로 #t가 반환된다.

```
> (> x 11)
Value: ()
> (< x 15)
Value: #t
```

그리고 다음은 even?, odd?를 사용하여 x가 짝수인지, 홀수인지를 파악하는 예이다.

```
> (even? x)
Value: ()
> (odd? x)
Value: #t
```

다음은 zero?에 대한 예로, 0으로 정의된 y가 0이므로 #t가 반환된다.

```
> (define y 0)
Value: y
> (zero? y)
Value: #t
```

x와 y가 같지 않으므로 ()가 반환되고, x와 x는 같으므로 #t가 반환된다.

```
> (eq? x y)
Value: ()
> (eq? x x)
Value: #t
```

다음은 null?에 대한 예로, ()는 공 리스트이므로 #t가 반환되고, (1 3)은 공 리스트가 아니므로 ()가 반환된다.

```
> (null? '())
Value: #t
> (null? '(1 3))
Value: ()
```

다음은 list?에 대한 예로, (1 3)과 ( )는 리스트이므로 #t가 반환되고, 1은 리스트가 아니므로 ( )가 반환된다.

```
> (list? '(1 3))
Value: #t
> (list? '1)
Value: ()
> (list? '())
Value: #t
```

6 제어

프로그램 실행 순서를 제어하는 구조에는 조건 구조와 반복 구조가 있다. 조건 구조로는 if 함수와 cond 함수가 있는데 cond는 case 구조와 유사하다. 그리고 반복 구조는 재귀 호출에 의해 제공된다.

if 함수의 형식은 다음과 같다. 조건이 참이면 식1을, 거짓이면 식2를 실행한다.

```
(if 조건 식1 식2)
```

다음에서 (> 3 2)가 참이면 'yes'가, 거짓이면 'no'가 반환된다.

```
> (if (> 3 2) 'yes 'no)
Value: yes
```

다음은 7인 x가 10인 y보다 크지 않으므로 (– y x)인 3을 반환한다.

```
> (define x 7)
> (define y 10)
> (if (> x y)
     (- x y)
     (- y x))
Value: 3
```

test는 인자 x가 70보다 크거나 같으면 'pass'를 출력하고, 그렇지 않으면 'fail'을 출력하는 함수로, (test 75)는 'pass'가 출력된다.

```
> (define (test x)
     (if (>= x 70)
      (display "pass")
      (display "fail"))
  )
> (test 75)
pass
```

difference는 x와 y의 차이를 구하는 함수로, x가 y보다 크면 x에서 y를 뺀 값을, 그렇지 않으면 y에서 x를 뺀 값을 반환한다.

```
> (define (difference x y)
     (if (> x y)
      (- x y)
      (- y x))
  )
> (difference 7 10)
Value: 3
> (difference 10 7)
Value: 3
```

case 구조와 유사한 cond 함수의 형식은 다음과 같다. 조건1이 참이면 식1이 반환되고, 조건1이 거짓이고 조건2가 참이면 식2가 반환된다. 어떤 조건도 참이 아니면 else 절의 식인 식n이 반환되는데, else 절은 선택적이다.

```
(cond
   (조건1 식1)
   (조건2 식2)
         ⋮
   (else 식n))
```

다음 예에서는 age가 6보다 작거나 같으면 0을, 그렇지 않고 60보다 작으면 5000을, 두 조건 모두 거짓이면 2500을 반환한다. age가 5이므로 0을 반환한다.

```
> (define age 5)
> (cond
     ((<= age 6) 0)
     ((< age 60) 5000)
     (else  2500)
  )
Value: 0
```

다음은 위 내용에서 cond 부분을 admissionfee라는 이름으로 함수화한 것으로, age(나이)에 따른 입장료를 계산한다.

```
> (define (admissionfee age)
      (cond
        ((<= age 6) 0)
        ((< age 60) 5000)
        (else  2500))
  )
> (admissionfee 65)
Value: 2500
```

다음에 나오는 compare는 x와 y 값의 크기를 비교하여 그 내용을 출력하는 함수이다. 03행의 조건인 (> x y)가 참이면 03행의 (display x)에서부터 06행이 실행되고, 07행의 (< x y)가 참이면 07행의 (display y)에서부터 10행이 실행된다. 그리고 03행의 조건과 07행의 조건이 모두 거짓이면 11행부터 15행까지 실행된다.

```
01  > (define (compare x y)
02        (cond
03            ((> x y) (display x)
04              (display " is greater than ")
05              (display y)
06              (newline))
07            ((< x y) (display y)
08              (display " is greater than ")
09              (display x)
10              (newline))
11            (else    (display x)
12              (display " and ")
13              (display y)
14              (display " are equal")
15              (newline)))
16    )
17  > (compare 20 30)
18  30 is greater than 20
19  > (compare 30 10)
20  30 is greater than 10
```

다음에 나오는 compare는 앞의 compare 함수에 키보드로부터 직접 두 개의 값을 입력받도록 하는 기능을 추가한 함수로, 앞의 compare 함수와의 차이점은 인자가 없고 실행 중에 두 개의 값을 입력받아 동작한다는 점이다. 04, 05행은 키보드에서 입력한 내용을 x와 y의 값으로 정의하는 문장이다.

```
01  > (define (compare)
02        (display "input two integer: ")
03        (newline)
04        (define x (read))
05        (define y (read))
06        (cond
07           ((> x y) (display x)
08             (display " is greater than ")
09             (display y)
10             (newline))
11           ((< x y) (display y)
12             (display " is greater than ")
13             (display x)
14             (newline))
15           (else (display x)
16             (display " and ")
17             (display y)
18             (display " are equal")
19             (newline)))
20     )
21  > (compare)
22  input two integer:
23  7   … 입력
24  11  … 입력
25  11 is greater than 7
```

반복 구조는 재귀(recursion)에 의해 제공되는데, 예를 통해 살펴보자.

다음은 factorial 함수를 정의한 것으로, 인자 n이 0이면 1을 반환하고, 그렇지 않으면 factorial을 재귀 호출하여 (n−1)!을 계산하고 이 결과에 n을 곱한 값을 반환한다.

```
> (define (factorial n)
     (if (= n 0)
       1
       (* n (factorial (- n 1))))
  )
> (factorial 3)
Value: 6
```

(factorial 3)의 동작을 도식화하면 다음과 같다.

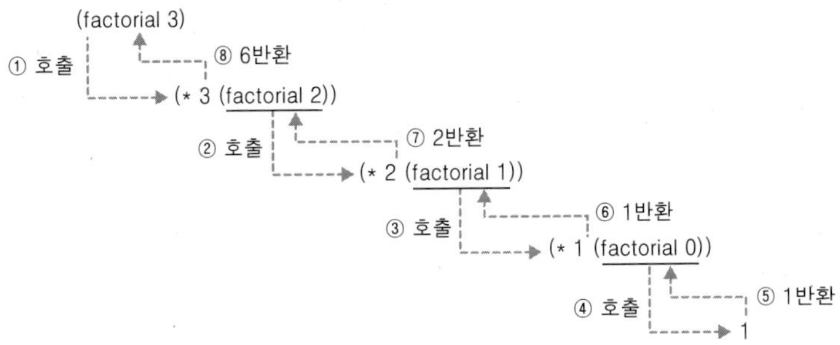

[그림 10-9] (factorial 3)의 동작

다음 adder는 lst에 속한 원자의 합을 구하는 함수로, lst가 공 리스트면 0을 반환한다. lst가 공 리스트가 아니면 adder를 재귀 호출하여 lst의 cdr의 합을 구하고, 이 결과에 lst의 car을 더한 값을 반환한다.

```
> (define (adder lst)
      (if (null? lst)
        0
        (+ (car lst) (adder (cdr lst))))
  )
> (adder '(1 2 3))
Value: 6
```

그런데 다음을 실행하려고 하면 오류가 발생한다. (2)가 리스트이기 때문이다.

```
> (adder '(1 (2) 3))    … 오류
```

다음은 이러한 문제를 해결한 것으로, lst의 car이 리스트이면 lst의 car에 대해서도 adder를 재귀 호출하여 리스트에 대해서도 문제없이 실행된다.

```
> (define (adder lst)
    (cond
      ((null? lst) 0)
      ((list? (car lst)) (+ (adder (car lst)) (adder (cdr lst))))
      (else (+ (car lst) (adder (cdr lst)))))
  )
> (adder '(1 (2) 3))
Value: 6
```

7. 예제

정렬 프로그램을 예를 들어 살펴보자.

우선 원자를 리스트에 삽입하는 함수의 예는 다음과 같다. 오름차순으로 정렬되어 있는 lst의 알맞은 위치에 atm을 삽입한다. 만약 lst가 공 리스트이면 atm을 ( )에 삽입하고, lst의 car보다 atm이 작으면 lst의 car로 atm을 삽입한다. 두 경우에 해당하지 않으면 재귀 호출을 이용해서 atm이 lst의 알맞은 위치에 삽입되도록 한다.

```
(define (insert atm lst)
   (cond
      ((null? lst) (cons atm '()))
      ((< atm (car lst)) (cons atm lst))
      (else (cons (car lst) (insert atm (cdr lst)))))
 )
```

그리고 다음은 insert를 이용해서 lst의 데이터들을 정렬하는 함수이다.

```
(define (sort lst)
   (if (null? lst)
     '()
     (insert (car lst) (sort (cdr lst))))
 )
```

다음은 실행 예이다.

```
> (sort '(3 7 5 1 9))
Value: (1 3 5 7 9)
```

다음으로 하노이 탑 프로그램을 살펴보자.

하노이 탑(Tower of Hanoi)이란 프랑스 수학자 루카스(Lucas)에 의해 1883년 고안된 문제인데, 가운데 기둥을 이용해서 왼쪽 기둥에 놓인 크기가 다른 원판을 오른쪽 기둥으로 옮기는 문제였다. 이때 원판은 한 번에 한 개씩만 옮길 수 있으며, 작은 원판 위에 큰 원판이 놓일 수 없다는 조건이 따른다.

3개의 원판을 옮기는 동작을 살펴보며 규칙을 세워 보자.

[그림 10-10] 원판 3개의 하노이 탑

① 왼쪽 기둥에 있는 가장 위의 원판을 오른쪽 기둥으로 옮긴다.

② 왼쪽 기둥 위에 있는 원판을 가운데 기둥으로 옮긴다.

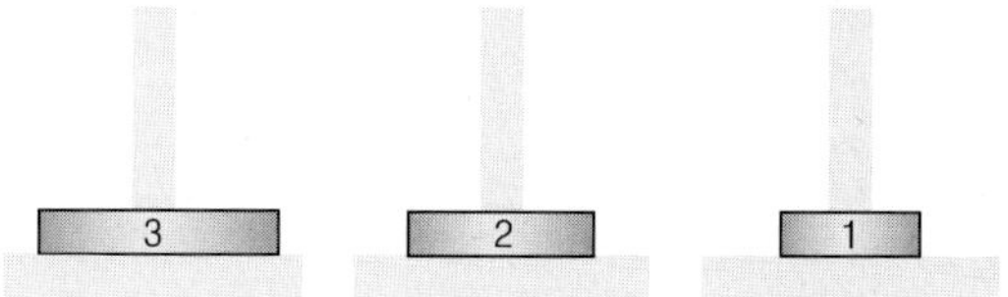

③ 오른쪽 기둥의 원판을 가운데 기둥으로 옮긴다. 지금까지의 과정을 통해 다음과 같은 첫 번째 규칙을 세운다.

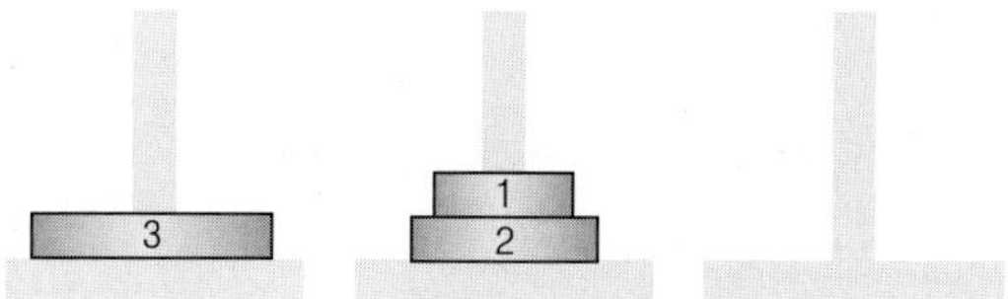

> 규칙 1 : 왼쪽 기둥에서 2(=n-1)개의 원판을 가운데 기둥으로 옮긴다. 이때 오른쪽 기둥을 이용한다.

④ 왼쪽 기둥의 원판을 오른쪽 기둥으로 옮기는데, 이것이 두 번째 규칙이 된다.

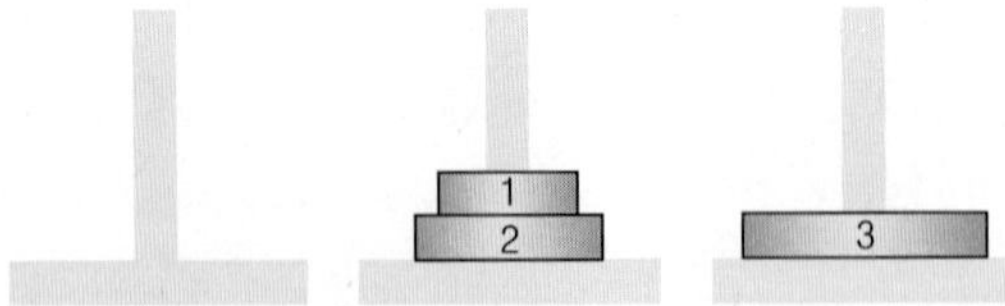

규칙 2 : 왼쪽 기둥의 원판을 오른쪽 기둥으로 옮긴다.

그리고 다음과 같은 세 번째 규칙을 세운다.

규칙 3 : 가운데 기둥의 2(=n-1)개의 원판을 오른쪽 기둥으로 옮긴다. 이때 왼쪽 기둥을 이용한다.

⑤ 가운데 기둥 위에 있는 원판을 왼쪽 기둥으로 옮긴다.

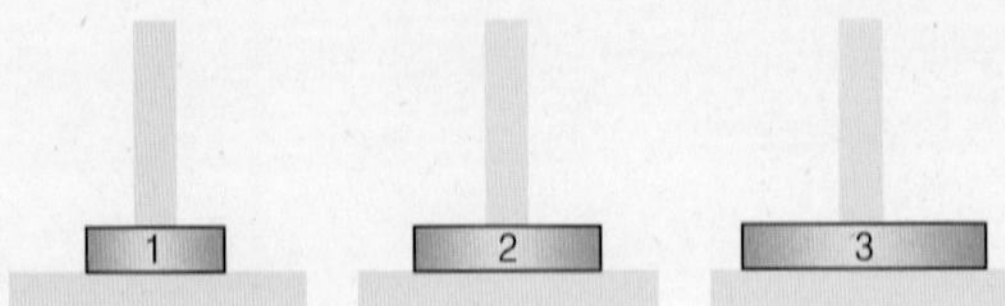

⑥ 가운데 기둥의 원판을 오른쪽 기둥으로 옮긴다.

⑦ 왼쪽 기둥의 원판을 오른쪽 기둥으로 옮기면 모든 동작이 종료된다.

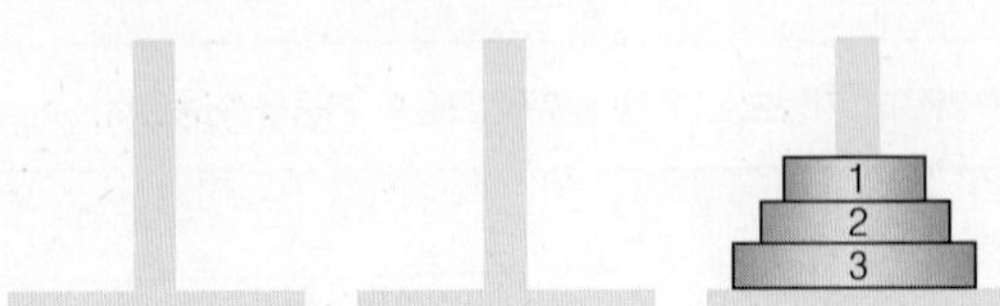

세워진 3개의 규칙을 일반화한 n개의 원판에 적용하면 다음과 같다.

[그림 10-11] 원판 n개의 하노이 탑

① 우선 왼쪽 기둥의 n−1개의 원판을 가운데 기둥으로 옮긴다. 이때 오른쪽 기둥을 이용한다.

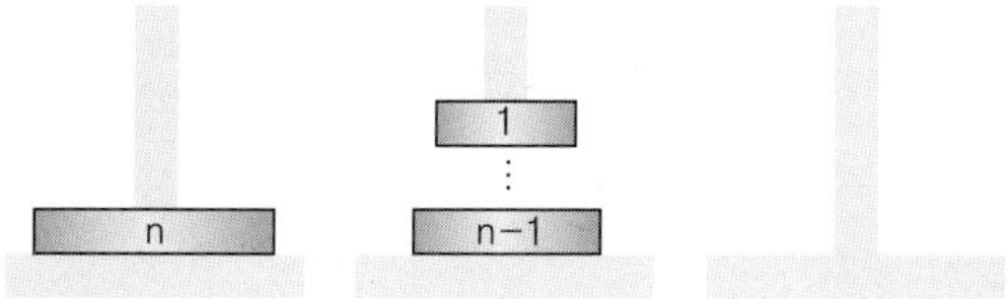

② 왼쪽 기둥의 원판을 오른쪽 기둥으로 옮긴다.

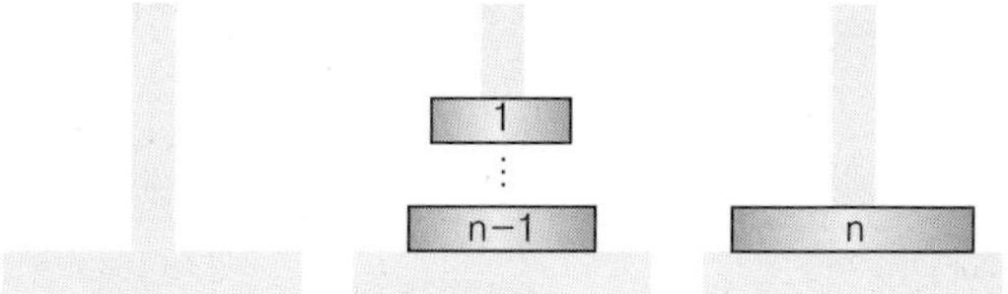

③ 가운데 기둥의 n−1개의 원판을 오른쪽 기둥으로 옮긴다. 이때 왼쪽 기둥을 이용한다.

이 규칙을 이용해서 hanoi 함수를 나타내면 다음과 같다. a는 왼쪽 기둥, b는 가운데 기둥, c는 오른쪽 기둥이고, n은 옮기고자 하는 원판의 수이다. 규칙1에 해당하는 부분이 12행이고, 규칙2에 해당하는 부분이 13~19행이다. 그리고 규칙3에 해당하는 부분이 20행이다. 원판이 1개이면 왼쪽 기둥에서 오른쪽 기둥으로 직접 옮기면 되는데 이 부분이 03~10행에 해당된다.

```
(define (hanoi n a b c)
   (cond
      ((= n 1)
        (display " move ")
        (display n)
        (display " from ")
        (display a)
        (display " to ")
        (display c)
        (newline))
      (else
        (hanoi (- n 1) a c b)
        (display " move ")
        (display n)
        (display " from ")
        (display a)
        (display " to ")
        (display c)
        (newline)
        (hanoi (- n 1) b a c)))
)
```

다음은 실행 예로, 3개의 원판을 옮기는 동작을 나타낸 것이다.

```
> (hanoi 3 "left" "middle" "right")
move 1 from left to right
move 2 from left to middle
move 1 from right to middle
move 3 from left to right
move 1 from middle to left
move 2 from middle to right
move 1 from left to right
```

요약

1 함수 프로그래밍은 수학 함수와 같은 원리의 함수들로 프로그램을 구성하는 기법이다.

2 Scheme 인터프리터는 리스트 형태의 식에 대해 읽기-평가-쓰기, 즉 식을 읽고, 식을 평가하고, 그 결과 값을 출력하는 동작을 무한 반복한다.

3 Scheme은 식으로 이루어지는데, 식은 원자와 리스트로 구분한다.

4 Scheme은 define 함수를 이용하여 이름을 값으로 정의하거나 함수를 정의한다.

5 Scheme의 기본 자료 구조는 리스트로, 리스트 처리를 위한 car, cdr, cons, list와 같은 함수를 갖추고 있다.

6 Scheme의 술어 함수란 불린 값을 반환하는 함수로, 참이면 #t를, 거짓이면 ()를 반환한다.

7 Scheme에는 프로그램 실행 순서를 제어하는 구조로 조건 구조와 반복 구조가 있다.

연습문제

1 함수 프로그래밍의 특징에 대해 설명하여라.

2 Scheme에서 이름 x를 7로 정의하기 위해 (가)에 들어갈 내용은?

```
((가) x 7)
```

3 Scheme에서 "hello"를 출력하기 위해 (가)에 들어갈 내용은?

```
((가) "hello")
```

4 Scheme에서 키보드에서 입력한 내용을 x로 정의하기 위해 (가)에 들어갈 내용은?

```
(define x ((가)))
```

5 다음 Scheme 리스트 함수에 대한 설명에서 (가)와 (나)에 들어갈 내용은?

함수	설명
(가)	리스트의 첫 번째 원자를 반환한다.
cdr	리스트에서 car을 제거한 후 나머지를 반환한다.
(나)	첫 번째 인자를 두 번째 인자의 새로운 car로 삽입한다.
list	여러 개의 원자를 리스트로 만든다.

6 다음 Scheme 술어 함수에 대한 설명에서 (가), (나), (다)에 들어갈 내용은?

함수	설명
even?	인자가 짝수이면 #t를 반환하고, 그렇지 않으면 ( )를 반환한다.
(가)	인자가 홀수이면 #t를 반환하고, 그렇지 않으면 ( )를 반환한다.
zero?	인자가 0이면 #t를 반환하고, 그렇지 않으면 ( )를 반환한다.
(나)	두 인자가 원자이고 같으면 #t를 반환하고, 그렇지 않으면 ( )를 반환한다.
null?	인자가 공 리스트이면 #t를 반환하고, 그렇지 않으면 ( )를 반환한다.
(다)	인자가 리스트이면 #t를 반환하고, 그렇지 않으면 ( )를 반환한다.

7 Scheme에서 x가 2보다 크면 yes를, 아니면 no를 반환하기 위해 (가)에 들어갈 내용은?

```
((가) ( > x 2) 'yes 'no)
```

8 Scheme에서 age가 6보다 작으면 0을, 그렇지 않고 60보다 작으면 5000을, 두 조건 모두 거짓이면 2500을 반환하기 위해 (가)에 들어갈 내용은?

```
((가)
   ((<= age 6) 0)
   ((< age 60) 5000)
   (else  2500)
)
```

9 근무년수 year이 10년 이상이면 salary에 100을 더하고, 그렇지 않으면 50을 더하는 supply 함수를 정의하여라.

10 atm이 lst 리스트의 원자인지를 알아내는 member 함수를 정의하여라.

Chapter

11

논리 프로그래밍

✱ 학습목표

- 개체에 대한 사실과 개체 사이의 관계 규칙을 이용해서 원하는 결과를 유도하는 프로그래밍 패러다임인 논리 프로그래밍에 대해 살펴본다.
- 가장 대표적인 논리 프로그래밍 언어인 Prolog에 대해 살펴본다.

Section

01 논리 프로그래밍의 개요

명령형 프로그래밍, 함수 프로그래밍과는 또 다른 패러다임으로 논리 프로그래밍이 있다. 논리 프로그래밍(logic programming)은 기호 논리의 원리를 기반으로 하는데, 개체에 대한 사실과 개체 사이의 관계 규칙을 이용해서 원하는 결과를 유도하는 프로그래밍 기법이다.

예를 들어, 다음과 같은 a, b, c, d 개체에 대한 사실이 있을 때 c의 조부모가 누구인지 알고 싶다고 하자.

사실 a는 b의 부모이다. … ①
b는 c의 부모이다. … ②
b는 d의 부모이다. … ③

→는 왼쪽 내용이 참이면 오른쪽 내용도 참임을 의미한다.

이러한 경우 다음과 같은 규칙을 이용하면 원하는 결과를 얻을 수 있다.

규칙 X는 Y의 부모이다. 그리고 Y는 Z의 부모이다. → X는 Z의 조부모이다. … ④

사실 ①, ②에 규칙 ④를 적용하면 다음과 같으므로 결국 a는 c의 조부모라는 결과를 얻는다.

a는 b의 부모이다. 그리고 b는 c의 부모이다. → a는 c의 조부모이다.

물론 이러한 사실과 규칙을 이용해서 조부모와 손주 관계에 있는 모든 내용을 알아낼 수도 있다.

논리 프로그래밍은 이와 유사하게 동작한다. 그러면 대표적인 논리 프로그래밍 언어인 Prolog에 대해 살펴보자.

Section

02 Prolog

Prolog란 이름은 'programming in logic'에 대한 프랑스어인 'PROgrammation en LOGique'의 약어이다. Prolog는 가장 대표적인 논리 프로그래밍 언어로서 1972년 코왈스키(Robert Kowalski)의 연구에 기반하여 콜메르(Alain Colmerauer)와 루셀(Philippe Roussel)에 의해 개발되었다.

Prolog는 1981년 일본 정부의 5세대 컴퓨팅 시스템(Fifth Generation Computing Systems : FGCS) 프로젝트의 기반 언어로 선택되면서부터 널리 알려졌다. FGCS 프로젝트는 10년 후 중단되었는데 동시에 Prolog에 대한 관심도 줄어들었다.

현재 Prolog는 자연 언어 처리, 지식 표현과 같은 인공지능 분야에서 사용되고 있다.

1 프로그램의 구조

Prolog 프로그램은 사실(fact)과 규칙(rule)들을 데이터베이스에 등록하고 이에 대해 질의(query)를 하면 프로그램이 실행되어 응답을 하는 구조이다.

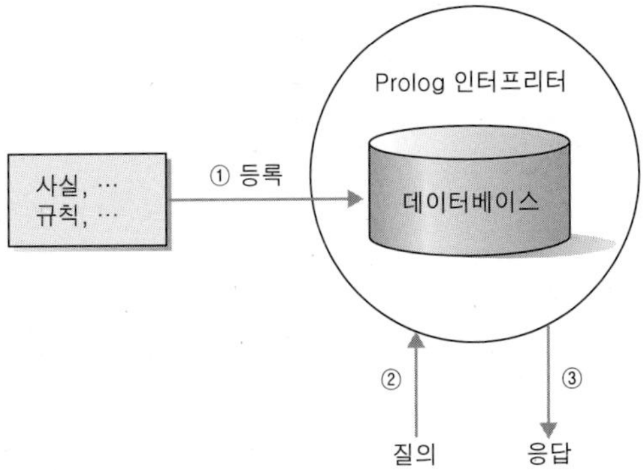

[그림 11-1] Prolog 동작 구조

사실(fact)의 구조는 다음과 같이 마침표(.)로 끝난다.

```
이름(인자1, 인자2, …, 인자n).
```

다음은 사실에 대한 예인데, 첫 번째 예는 일반적으로 "a는 남자다"를 의미한다. 그리고 세 번째 예는 일반적으로 "a는 c의 아버지다"를 의미한다.

"c는 a의 아버지다"로 보기도 하지만, 일반적으로 "a는 c의 아버지다"를 의미한다.

```
male(a).
female(b).
father(a, c).
mother(b, d).
```

이와 같은 사실들을 데이터베이스에 등록하고 질의하면 프로그램이 실행되어 응답을 한다. 다음 예를 살펴보자.

다음과 같은 사실들을 데이터베이스에 등록한다.

```
male(a).
female(b).
male(c).
```

그리고 프롬프트에서 "a가 남자인지"를 의미하는 male(a).라는 질의를 하면 Prolog 시스템은 Yes라고 응답한다. 시스템은 질의와 같은 내용의 사실이 데이터베이스에 있으면 Yes라고 응답한다.

이 책에서 사용한 인터프리터는 http://www.swi-prolog.org/에서 구한 것으로, 사용법은 [부록]에 있다.

```
?- male(a).
Yes
```

반면 "b가 남자인지"를 의미하는 다음과 같은 질의를 하면 데이터베이스에 male(b)라는 사실이 없으므로 No라고 응답한다.

```
?- male(b).
No
```

'누가 남자인지' 를 질의할 수도 있는데, 다음 질의는 "male(X)를 만족하는 X가 있는가?"를 의미한다. 여기서 X는 변수에 해당된다. 이처럼 첫 번째 문자가 대문자이면 변수로 인식한다.

```
?- male(X).
```

그러면 시스템은 다음과 같이 하나의 답을 응답하고 다른 답을 계속 찾을 것인지 기다린다.

```
?- male(X).
X = a
```

사용자가 다른 답을 계속 찾고 싶으면 세미콜론(;)을 입력하고 중단하고 싶으면 Enter↲ 키를 입력하면 되는데, 세미콜론을 입력하면 또 다른 답을 응답한다. 만약 더 이상의 답이 없으면 No를 응답한다. 다음은 세미콜론을 입력했을 때의 실행 결과로, male에 해당하는 사람은 a와 c라는 의미이다.

```
?- male(X).
X = a ;
X = c ;
No
```

또 다른 예로 다음과 같은 데이터베이스에 대해 살펴보자. 첫 번째 사실은 "a는 c의 father이다"를 의미하고, 두 번째 사실은 "b는 c의 mother이다"를 의미한다.

```
father(a, c).
mother(b, c).
mother(d, e).
```

이때 다음과 같이 "a가 c의 father인지"를 질의하면 데이터베이스에 같은 내용의 사실이 있으므로 Yes를 응답한다.

```
?- father(a, c).
Yes
```

그리고 다음과 같이 "father(X, c)를 만족하는 X가 있는가?"를 질의하면 c의 father인 a를 출력하고 더 이상 없다는 No를 출력한다.

```
?- father(X, c).
X = a ;
No
```

Prolog 시스템의 동작 과정을 알아보는 가장 좋은 방법은 trace를 이용하는 것이다. trace는 동작하는 동안의 모든 단계를 보여 주며, 이는 다음과 같은 4가지 행위로 구분한다.

[표 11-1] trace에서의 4가지 행위

행위	설명
call	질의에 대한 답을 찾기 위한 시도 초기에 발생한다.
exit	질의에 대한 답을 찾았을 때 발생한다.
redo	질의에 대한 답을 찾기 위하여 재시도했을 때 발생한다.
fail	질의에 대한 답을 찾지 못했을 때 발생한다.

바로 앞의 질의에 대해 trace하면 다음과 같이 출력된다. 세 번째 행의 call은 질의를 처음 시도했을 때 나타나는 것이고, _G254는 임시 변수를 의미한다. 네 번째 행의 exit는 질의에 대한 답을 찾았을 때 나타나고, a는 임시 변수 _G254에 대한 답을 의미한다.

```
trace
?- father(X, c).
1 Call: father(_G254, c)
1 Exit: father(a, c)
X = a ;
No
```

다음의 질의에는 No를 응답한다.

```
?- mother(X, a).
No
```

이 질의를 trace하면 다음과 같다. 네 번째 행의 fail은 질의에 대한 답을 찾지 못했을 때 나타난다.

```
trace
?- mother(X, a).
1 Call: mother(_G434, a)
1 Fail: mother(_G434, a)
No
```

redo를 포함하는 trace는 뒤에 나온다.

❷ 규칙

데이터베이스에 사실 외에 규칙을 등록할 수도 있다. 규칙(rule)의 구조는 다음과 같다.

```
결론 :- 전제표현식1, 전제표현식2, …, 전제표현식n.
```

오른쪽의 '전제표현식1, 전제표현식2, …, 전제표현식n'은 if에 해당하는 전제이고, 왼쪽의 결론은 then에 해당하는 부분으로, 만약 전제가 참이면 결론도 참이 된다는 뜻이다.

다음은 간단한 예인데, 전제인 father(a, c)가 참이면 결론인 male(a)가 참이 되는 규칙으로, "만약 a가 c의 아버지이면 a는 남자이다"라는 것을 의미한다.

```
male(a) :- father(a, c).
```

이 규칙의 의미를 일반화시키기 위해 다음과 같이 a와 c를 변수로 변환할 수 있다.

```
male(X) :- father(X, Y).
```

다음과 같은 사실과 규칙으로 이루어진 데이터베이스에 대해 살펴보자.

```
father(a, c).
mother(b, c).
mother(d, e).
male(X) :- father(X, Y).
female(X) :- mother(X, Y).
```

다음과 같이 a가 male인지를 질의하면 Yes를 응답하는데

```
?- male(a).
Yes
```

이 질의는 우선 다음을 만족하는 Y가 있는지를 찾는다.

```
father(a, Y)
```

다음 사실이 이를 만족하므로 Prolog 시스템은 Yes를 응답한다.

```
father(a, c)
```

이 질의를 trace한 결과는 다음과 같다.

```
trace
?- male(a).
1 Call: male(a)
2 Call: father(a, _L185)
2 Exit: father(a, c)
1 Exit: male(a)
Yes
```

그리고 동작을 도식화하면 [그림 11-2]와 같다. ③에서 Y에 대한 답 c를 답하고, ④에서 질의를 만족한다는 응답을 한다.

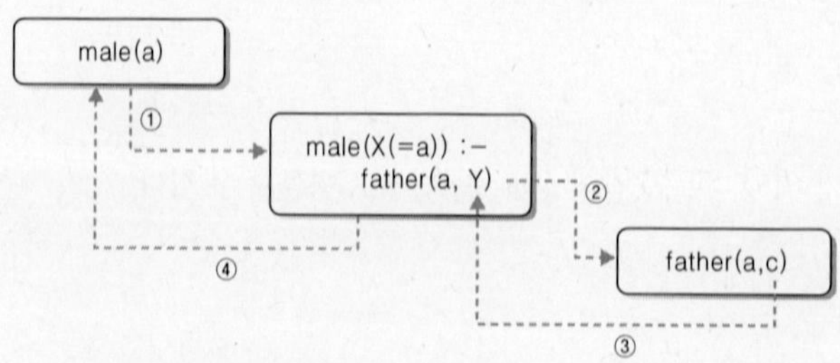

[그림 11-2] male(a)의 동작

다음은 "male(X)를 만족하는 X가 있는가?"에 대한 질의로, Prolog 시스템은 a를 출력하고 더 이상 없다는 No를 출력한다.

```
?- male(X).
X = a ;
No
```

전제표현식이 여러 개인 규칙의 예는 다음과 같다. 이는 "X가 Z의 아버지이고 Y가 Z의 어머니이면 X와 Y는 부부이다"라는 의미를 지닌다.

```
couple(X, Y) :- father(X, Z), mother(Y, Z).
```

전제표현식들 사이에는 콤마(,)가 위치하는데, 콤마는 AND 연산 의미를 지닌다.

그러면 다음과 같은 데이터베이스에 대해 살펴보자. couple(X, Y)는 "X와 Y는 부부 관계이다"를 의미하는 규칙으로, X가 Z의 아버지이고 Y가 Z의 어머니이면 이 규칙이 만족된다.

```
father(a, c).
father(c, e).
mother(b, c).
mother(d, e).
couple(X, Y) :- father(X, Z), mother(Y, Z).
```

다음의 "couple(a, X)를 만족하는 X가 있는가?"를 의미하는 질의를 하면 Prolog 시스템은 b를 출력한다.

```
?- couple(a, X).
X = b ;
No
```

이 질의는 우선 다음을 만족하는 Z가 있는지 찾는다.

```
father(a, Z)
```

다음 사실이 이를 만족한다.

```
father(a, c)
```

그러면 다음 단계로 다음을 만족하는 Y를 찾는다.

```
mother(Y, c)
```

다음 사실이 이를 만족한다.

```
mother(b, c)
```

결국 시스템은 a와 부부 관계에 있는 b를 출력한다.

```
X = b
```

시스템은 또 다른 답이 있는지를 찾는데, 바로 전에 만족한 다음과 같은 질의에 대해 또 다시 질의한다. 더 이상의 답은 없으므로 No를 출력하고 종료한다.

```
mother(Y, c)
```

다음은 앞의 질의를 trace한 결과이다. 10번째 행의 redo는 질의에 대한 답을 찾기 위해 재시도했을 때 나타난다.

```
trace
?- couple(a, X).
1 Call: couple(a, _G435)
2 Call: father(a, _L170)
2 Exit: father(a, c)
2 Call: mother(_G435, c)
2 Exit: mother(b, c)
1 Exit: couple(a, b)
X = b ;
2 Redo: mother(_G435, c)
1 Fail: couple(a, _G435)
No
```

다음은 "couple(X, Y)를 만족하는 X와 Y가 있는가?"를 의미하는 질의로, Prolog 시스템은 a와 b, c와 d를 출력한다.

```
?- couple(X, Y).
X = a,
Y = b ;

X = c,
Y = d ;

No
```

여러 개의 전제표현식으로 구성된 규칙인 경우, 임의의 전제표현식에서 답을 찾는 데 실패했을 때 Prolog 시스템은 다른 답을 찾기 위해 바로 앞에 위치한 전제표현식으로 되돌아가서 질의를 한다. 이러한 동작을 '역행(backtracking)' 이라 한다. 예를 통해 살펴보자.

다음 규칙은 "X는 Z의 조부모이다"를 의미한다. X가 Y의 부모이고 Y가 Z의 부모이면 이 규칙을 만족한다.

```
grandparent(X, Z) :- parent(X, Y), parent(Y, Z).
```

이러한 규칙을 포함하고 있는 다음 데이터베이스에 대해 생각해 보자.

```
parent(a, b).
parent(b, c).
parent(c, d).
grandparent(X, Z) :- parent(X, Y), parent(Y, Z).
```

이러한 데이터베이스에 대해 다음의 질의를 하면 d의 조부모에 해당하는 b를 출력한다.

```
?- grandparent(X, d).
X = b ;
No
```

이 질의는 우선 첫 번째 전제표현식인 다음을 만족하는 X와 Y를 찾는다.

```
parent(X, Y)
```

데이터베이스에서 처음에 위치한 다음 사실이 이를 만족한다.

```
parent(a, b)
```

다음으로 두 번째 전제표현식 parent(Y, Z)를 만족하는 다음 사실이 있는지를 찾는데 없으므로 실패한다.

```
parent(b, d)
```

실패하면 Prolog 시스템은 다른 답을 찾기 위해 바로 앞에 위치한 첫 번째 전제표현식으로 되돌아가서 다시 질의하는데, 이 동작이 역행에 해당된다. 즉 다음을 만족하는 또 다른 X와 Y를 찾는다.

```
parent(X, Y)
```

데이터베이스에서 두 번째에 위치한 다음 사실이 이를 만족한다.

```
parent(b, c)
```

그러면 두 번째 전제표현식 parent(Y, Z)를 만족하는 다음 사실이 데이터베이스에 있는지를 찾는데 있으므로 성공한다.

```
parent(c, d)
```

결국 시스템은 d의 조부모인 b를 출력한다.

```
X = b
```

더 이상 답이 없으므로 시스템은 No를 출력하고 종료한다.

다음은 이러한 동작을 trace한 것이다.

```
trace
?- grandparent(X, d).
1 Call: grandparent(_G458, d)
2 Call: parent(_G458, _L170)
2 Exit: parent(a, b)
2 Call: parent(b, d)
2 Fail: parent(b, d)
2 Redo: parent(_G458, _L170)
2 Exit: parent(b, c)
2 Call: parent(c, d)
2 Exit: parent(c, d)
1 Exit: grandparent(b, d)
X = b ;
2 Redo: parent(_G458, _L170)
2 Exit: parent(c, d)
2 Call: parent(d, d)
2 Fail: parent(d, d)
1 Fail: grandparent(_G458, d)
No
```

❸ 재귀

Prolog에서는 재귀(recursion)가 임의의 코드를 반복해서 실행할 수 있는 유일한 방법이다. 재귀에 대한 개념은 앞에서 살펴보았으니 직접 예를 살펴보자.

다음은 조상의 개념을 기술한 규칙으로, "X가 Y의 부모이면 X가 Y의 조상이다" 또는 "X가 Z의 부모이고 Z가 Y의 조상이면 X가 Y의 조상이다"를 의미한다. 여기서 두 번째 규칙에서 재귀된다.

```
ancestor(X, Y) :- parent(X, Y).
ancestor(X, Y) :- parent(X, Z), ancestor(Z, Y).
```

그러면 다음 데이터베이스를 이용한 예를 살펴보도록 하자.

```
parent(a, b).   … ①
parent(b, c).   … ②
ancestor(X, Y) :- parent(X, Y).   … ③
ancestor(X, Y) :- parent(X, Z), ancestor(Z, Y).   … ④
```

다음과 같이 질의를 하면 c의 조상에 해당하는 b와 a를 출력한다.

```
?- ancestor(X, c).
X = b ;
X = a ;
No
```

이러한 질의에 대한 동작을 살펴보면, 우선 이 질의는 데이터베이스의 규칙 ③을 적용하여 다음을 만족하는 X를 찾는다.

```
parent(X, c)
```

데이터베이스의 ②에 해당하는 다음 사실이 이를 만족한다.

```
parent(b, c)
```

그러므로 시스템은 c의 조상으로 b를 출력한다.

```
X = b
```

다른 답을 찾기 위해 역행하여 다음을 만족하는 X를 찾아보자.

```
ancestor(X, c)
```

③을 만족하는 경우는 더 이상 없다. 그러므로 ④를 만족하는 답을 찾기 위해 우선 ④의 첫 번째 전제표현식을 만족하는 X와 Z를 찾아야 한다.

```
parent(X, Z)
```

데이터베이스의 ①이 이를 만족한다.

```
parent(a, b)
```

④의 첫 번째 전제표현식을 만족하는 경우가 있으므로 두 번째 전제표현식 ancestor(Z, Y)를 만족하는 다음 사실이 있는지를 찾는다.

```
ancestor(b, c)
```

이 질의는 ③ 규칙에 적용하여 parent(X, Y)를 만족하는 다음 사실이 있는지를 찾는다.

```
parent(b, c)
```

데이터베이스의 사실 ②가 이에 해당된다. 결국 ④를 다음과 같이 만족한다.

```
parent(a, b), ancestor(b, c)
```

그 결과 시스템은 a를 출력한다.

```
X = a
```

더 이상 답이 없으므로 시스템은 No를 출력하고 종료한다.

다음은 이 동작을 trace한 결과이다.

```
trace
?- ancestor(X, c).
1 Call: (7) ancestor(_G446, c)
2 Call: (8) parent(_G446, c)
2 Exit: (8) parent(b, c)
1 Exit: (7) ancestor(b, c)
X = b ;
1 Redo: (7) ancestor(_G446, c)
2 Call: (8) parent(_G446, _L170)
2 Exit: (8) parent(a, b)
2 Call: (8) ancestor(b, c)
3 Call: (9) parent(b, c)
3 Exit: (9) parent(b, c)
2 Exit: (8) ancestor(b, c)
1 Exit: (7) ancestor(a, c)
X = a ;
2 Redo: (8) ancestor(b, c)
3 Call: (9) parent(b, _L198)
3 Exit: (9) parent(b, c)
3 Call: (9) ancestor(c, c)
4 Call: (10) parent(c, c)
4 Fail: (10) parent(c, c)
3 Redo: (9) ancestor(c, c)
4 Call: (10) parent(c, _L209)
4 Fail: (10) parent(c, _L209)
2 Redo: (8) parent(_G446, _L170)
```

```
2 Exit: (8) parent(b, c)
2 Call: (8) ancestor(c, c)
3 Call: (9) parent(c, c)
3 Fail: (9) parent(c, c)
2 Redo: (8) ancestor(c, c)
3 Call: (9) parent(c, _L181)
3 Fail: (9) parent(c, _L181)
No
```

그러나 조상의 개념을 기술한 규칙을 다음과 같이 작성하고

```
ancestor(X, Y) :- parent(X, Y).
ancestor(X, Y) :- ancestor(X, Z), parent(Z, Y).
```

다음과 같이 질의를 하면 종료되지 못하고 무한 재귀하는 문제가 발생한다.

```
?- ancestor(X, Y).
X = a,
Y = b ;
X = b,
Y = c ;
X = a,
Y = c ;
ERROR: Out of local stack
```

❹ 연산

Prolog는 다양한 연산을 지원한다. Prolog가 지원하는 대표적인 연산에 대해 살펴보자.

다음과 같은 형식의 is 연산자는 산술표현식의 값을 변수의 값으로 한다는 의미이다.

변수 is 산술표현식

다음 예는 변수 X의 값을 12로 한다는 의미이다.

```
X is 3*4.
```

[표 11-2]는 대표적인 연산자를 정리한 것이다.

[표 11-2] Prolog의 대표적인 연산자

연산자	설명	연산자	설명
+	더하기	=	같다
–	빼기	>	크다
*	곱하기	<	작다
/	실수 나누기	>=	크거나 같다
//	정수 나누기	=<	작거나 같다
mod	나눈 나머지	,	그리고
**	거듭제곱	;	또는

연산자를 이용해서 양수와 0이 아닌 수를 정의한 규칙이 다음과 같다고 하자. 두 번째 규칙의 세미콜론(;)은 '또는'을 의미한다.

```
positive(X) :- X>0.
non_zero(X) :- X<0 ; X>0.
```

다음은 이러한 데이터베이스에 대한 질의의 예이다.

```
?- positive(5).
Yes
?- positive(-3).
No
?- non_zero(0).
No
```

그러면 합격 여부를 판단하는 프로그램을 작성해 보자. 데이터베이스의 내용은 다음과 같다. score 사실의 각 인자는 이름, 영어성적, 컴퓨터성적을 의미한다. 그리고 세 개의 전제 표현식으로 이루어진 pass는 X가 합격했는지에 대한 규칙으로, 평균이 70점 이상이면 합격한다.

```
score(a, 70, 90).
score(b, 60, 70).
score(c, 80, 100).
score(d, 70, 65).
score(e, 90, 95).
pass(X) :- score(X, S1, S2), Ave is (S1+S2)/2, Ave >= 70.
```

이러한 데이터베이스에 대해 다음의 질의를 하면 합격자 이름인 a, c, e가 출력된다.

```
?- pass(X).
X = a ;
X = c ;
X = e ;
No
```

다음은 팩토리얼을 구하는 사실과 규칙으로, 0 팩토리얼은 1이고 N 팩토리얼은 F라는 것을 의미한다. factorial(N,F) 규칙에서 재귀한다.

```
factorial(0,1).
factorial(N,F) :-
   N>0,
   N1 is N-1,
   factorial(N1,F1),
   F is N * F1.
```

이와 같은 데이터베이스에 다음과 같이 질의하면 2!인 2를 출력한다.

```
?- factorial(2,F).
W = 2
Yes
```

이 동작을 도식화하면 [그림 11-3]과 같다.

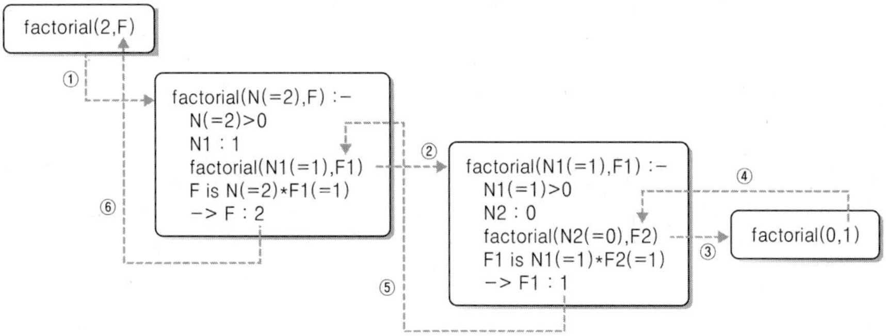

[그림 11-3] factorial(2,F)의 동작

다음은 하노이 탑 프로그램인데, 하노이 탑에 대한 개념은 이미 10장에서 살펴보았으므로 상세한 설명은 생략한다. 원판의 수가 하나이면 A 기둥에서 C 기둥으로 직접 옮기고, 원판의 수가 하나를 초과하면 기둥 B를 이용하여 A에서 C로 옮긴다. 여기서 write는 출력하는 연산이고, nl은 다음 줄로 넘어가는 역할을 한다.

```
hanoi(1,A,_,C) :-
    write('Move top disk from '),
    write(A),
    write(' to '),
    write(C),
    nl.
hanoi(N,A,B,C) :-
    N>1,
    M is N-1,
    hanoi(M,A,C,B),
    hanoi(1,A,_,C),
    hanoi(M,B,A,C).
```

다음은 실행 예로, 3개의 원판을 옮기는 동작이다.

```
?- hanoi(3,left,middle,right).
Move top disk from left to right
Move top disk from left to middle
Move top disk from right to middle
Move top disk from left to right
Move top disk from middle to left
Move top disk from middle to right
Move top disk from left to right

Yes
```

또 다른 예로, 다음과 같이 음식점이름, 유형(한식, 서양식, 일식), 음식평균가격으로 이루어진 식당에 대한 정보가 있다고 하자.

```
restaurant(a, korean, 1000).
restaurant(b, western, 3000).
restaurant(c, korean, 5000).
restaurant(d, western, 10000).
restaurant(e, japanese, 20000).
restaurant(f, korean, 30000).
```

'식당을 이용하려는 인원수'와 '식사를 위한 비용' 정보를 가지고 이용할 수 있는 음식점을 출력하는 규칙을 작성해 보자.

```
expert(Name, Style, Number, Money) :- restaurant(Name, Style, Y),
                                     Number*Y =< Money.
```

이러한 사실과 규칙을 데이터베이스에 등록하고 다음과 같이 질의하면 이용할 수 있는 음식점이름과 유형을 출력한다. 질의에서 3은 인원수이고, 50000은 식사를 위한 비용이다.

```
?- expert(Name, Style, 3, 50000).
Name = a,
Style = korean ;

Name = b,
Style = western ;

Name = c,
Style = korean ;

Name = d,
Style = western ;

No
```

다음과 같이 유형을 정해서 질의할 수도 있다.

```
?- expert(Name, western, 5, 50000).
Name = b ;
Name = d ;
No
```

❺ 리스트

Prolog의 중요한 데이터 구조로 리스트(list)가 있다. Prolog에서는 리스트를 다음과 같이 대괄호([ ])로 표현하며 각 원자는 콤마에 의해 구분한다.

```
[sun, mon, tue, wed]
```

공 리스트는 다음과 같이 표현한다.

```
[ ]
```

다음과 같은 리스트에서는 H는 Scheme의 car에, T는 Scheme의 cdr에 대응된다.

```
[H|T]
```

다음은 리스트의 길이를 알아내는 것을 정의한 예로, 첫 번째 인자는 리스트를, 두 번째 인자는 리스트의 길이를 의미한다. 처음에 위치한 사실은 공 리스트의 길이는 0이라는 것을 의미한다. 그리고 두 번째에 위치한 규칙은 재귀를 이용하는데, 첫 번째 원자를 제외한 리스트의 길이에 1을 더한 것이 전체 리스트의 길이가 된다는 것을 의미한다.

```
length([ ], 0).
length([H|T], N) :- length(T,M), N is M+1.
```

이러한 규칙을 데이터베이스에 등록하고 다음의 질의를 하면 2를 출력한다.

```
?- length([sun,mon], X).
X = 2
Yes
```

이 동작 과정을 [그림 11-4]를 통해 살펴보면 다음과 같다.

① length([sun,mon], X)는 두 번째에 위치한 규칙에 의해 length([mon], M1)과 X is M1+1을 탐색한다.
② length([mon], M1)은 다시 length([ ], M2)와 M1 is M2+1을 탐색한다.
③ length([ ], M2)는 처음에 위치한 사실에 해당되므로 M2는 0이 된다.
④ M1 is M2+1에 의해 M1은 1이 된다.
⑤ length([mon], M1)의 M1이 1이 된다.
⑥ X is M1+1에 의해 X는 2가 된다.
⑦ length([sun,mon], X)의 X는 2가 된다.

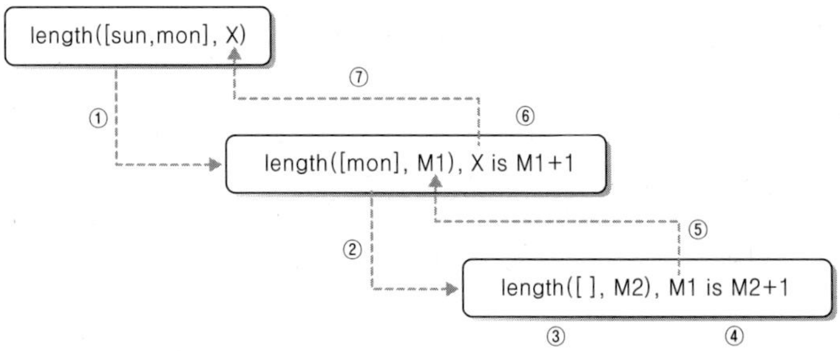

[그림 11-4] length([sun,mon], X)의 동작

그리고 다음은 첫 번째 인자가 두 번째 인자인 리스트에 속하는지를 파악하는 정의이다. 처음에 위치한 사실은 X가 리스트의 첫 번째 원자라면 X가 리스트에 속한다는 것을 의미한다. 그리고 두 번째에 위치한 규칙은 X가 리스트의 첫 번째 원자는 아니지만 중간에 위치하고 있으면 X가 리스트에 속한다는 것을 의미한다.

```
member(X, [X|List]).
member(X, [Y|List]) :- member(X, List).
```

이러한 규칙의 데이터베이스를 실행한 예는 다음과 같다.

```
?- member(sun, [sun,mon,tue,wed]).
Yes
?- member(tue, [sun,mon,tue,wed]).
Yes
?- member(sat, [sun,mon,tue,wed]).
No
```

또 다른 예로, 다음은 첫 번째 리스트 인자에 두 번째 리스트 인자를 추가하는 정의이다. 처음에 위치한 사실은 공 리스트에 리스트 L을 추가하면 리스트 L이 된다는 것이고, 두 번째에 위치한 규칙은 머리가 H이고 꼬리가 A인 리스트를 리스트 L에 추가하면 머리가 H이고 꼬리가 T(T는 머리가 A이고 꼬리가 L인 리스트임)인 리스트가 된다는 것이다.

```
append([ ], L, L).
append([H|A], L, [H|T]) :- append(A, L, T).
```

다음은 실행 예이다.

```
?- append([1,2],[3,4],X).
X = [1, 2, 3, 4] ;
No
```

이 동작 과정을 [그림 11-5]를 통해 살펴보면 다음과 같다.

① append([1,2],[3,4],X)는 두 번째에 위치한 규칙에 적용되어 append([1|2],[3,4],[1|T1]) :- append([2],[3,4],T1)이 된다.

② append([2],[3,4],T1)은 두 번째에 위치한 규칙에 적용되어 append([2|],[3,4],[2|T2]) :- append([ ],[3,4],T2)가 된다.

③ append([ ],[3,4],T2)는 처음에 위치한 사실에 적용되어 append([ ],[3,4],[3,4])가 된다. 결국 T2는 [3,4]가 된다.

④ append([2|],[3,4],[2|T2])의 T2를 [3,4]로 대치하면 append([2|],[3,4],[2|3,4])가 된다. 결국 T1은 [2,3,4]가 된다.

⑤ append([1|2],[3,4],[1|T1])의 T1을 [2,3,4]로 대치하면 append([1|2],[3,4],[1|2,3,4])가 된다. 결국 X는 [1,2,3,4]가 된다.

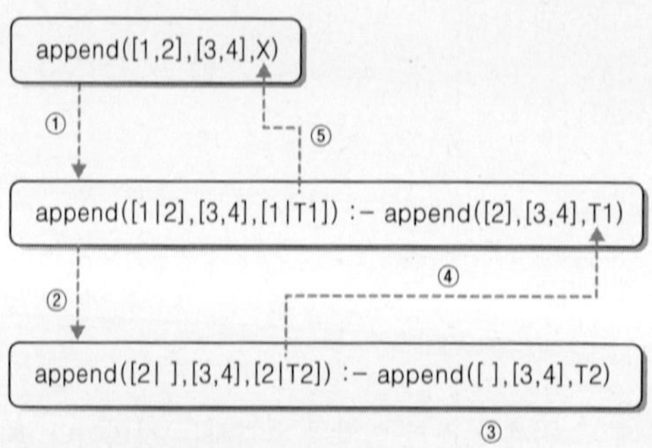

[그림 11-5] append([1,2],[3,4],X)의 동작

요약

1 논리 프로그래밍은 기호 논리의 원리를 기반으로 하는데, 개체에 대한 사실과 개체 사이의 관계 규칙을 이용해서 원하는 결과를 유도하는 프로그래밍 기법이다.

2 Prolog 프로그램은 사실과 규칙들을 데이터베이스에 등록하고 이에 대해 질의를 하면 프로그램이 실행되어 응답한다.

3 Prolog 사실의 구조

```
이름(인자1, 인자2, …, 인자n).
```

4 Prolog 규칙의 구조

```
결론 :- 전제표현식1, 전제표현식2, …, 전제표현식n.
```

5 Prolog 시스템이 어떻게 동작하는지를 알아보는 가장 좋은 방법은 trace를 이용하는 것인데, 동작하는 동안의 모든 단계를 다음과 같은 4가지 행위로 구분하여 보여 준다.

행위	설명
call	질의에 대한 답을 찾기 위한 시도 초기에 발생한다.
exit	질의에 대한 답을 찾았을 때 발생한다.
redo	질의에 대한 답을 찾기 위하여 재시도했을 때 발생한다.
fail	질의에 대한 답을 찾지 못했을 때 발생한다.

6 Prolog에서는 재귀가 임의의 코드를 반복해서 실행할 수 있는 유일한 방법이다.

7 Prolog의 is 연산자는 산술표현식의 값을 변수의 값으로 한다.

```
변수 is 산술표현식
```

요약

8 Prolog의 대표적인 연산자

연산자	설명	연산자	설명
+	더하기	=	같다
−	빼기	>	크다
*	곱하기	<	작다
/	실수 나누기	>=	크거나 같다
//	정수 나누기	=<	작거나 같다
mod	나눈 나머지	,	그리고
**	거듭제곱	;	또는

9 Prolog에서는 리스트를 다음과 같이 대괄호([ ])로 표현하며 각 원자는 콤마로 구분한다.

```
[sun, mon, tue, wed]
```

연습문제

1 논리 프로그래밍의 특징에 대해 설명하여라.

2 다음과 같은 데이터베이스에 대해

```
male(a).
female(b).
male(c).
```

다음의 질의를 하면 어떤 응답을 하는가?

```
female(X).
```

3 다음과 같은 데이터베이스에 대해

```
father(a, c).
mother(b, c).
mother(b, d).
```

다음의 질의를 하면 어떤 응답을 하는가?

```
mother(b, X).
```

4 다음과 같은 데이터베이스에 대해

```
father(a, c).
mother(b, c).
mother(d, e).
male(X) :- father(X, Y).
female(X) :- mother(X, Y).
```

다음의 질의를 하면 어떤 응답을 하는가?

```
female(X).
```

연습문제

5 다음과 같은 데이터베이스에 대해

```
father(a, c).
father(c, e).
mother(b, c).
mother(d, e).
couple(X, Y) :- father(X, Z), mother(Y, Z).
```

다음의 질의를 하면 어떤 응답을 하는가?

```
couple(c, X).
```

6 다음과 같은 데이터베이스에 대해

```
parent(a, b).
parent(b, c).
parent(c, d).
grandparent(X, Z) :- parent(X, Y), parent(Y, Z).
```

다음의 질의를 하면 어떤 응답을 하는가?

```
grandparent(X, c).
```

7 다음 Prolog 연산자에 대한 설명에서 (가)~(바)에 들어갈 내용은?

연산자	설명	연산자	설명
+	더하기	=	같다
–	빼기	>	크다
*	곱하기	<	작다
/	실수 나누기	(라)	크거나 같다
(가)	정수 나누기	(마)	작거나 같다
(나)	나눈 나머지	,	그리고
(다)	거듭제곱	(바)	또는

8 피보나치 수열을 구하는 프로그램을 작성하여라.

9 첫 번째 인자를 두 번째 인자의 새로운 car로 삽입하는 프로그램을 작성하여라.

10 리스트의 원자를 거꾸로 하는 프로그램을 작성하여라.

Appendix

부록

* **학습목표**

- '9장_객체지향 프로그래밍'에서 설명된 다양한 예제에 대한 완성 프로그램들을 제공한다.
- Scheme, Prolog, Ada 언어 번역기를 구해서 사용하는 방법에 대해 설명한다.

Section

01 추상 데이터 타입 구현 예제

1. Ada 예제

소스 파일

employeePack.ads 파일

```
package employeePack is
   type employee is private;
   procedure initEmp(emp: out employee; name: string; basicsalary,
                     bonus, annualsalary: integer);
   function getName(emp: employee) return string;
   function getAnnualSalary(emp: employee) return integer;
   procedure changeBasicSalary(emp: in out employee; basicsalary:
                               integer);
   procedure changeBonus(emp: in out employee; bonus: integer);
private
   type employee is
      record
         name: string(1..3);
         basicsalary: integer;
         bonus: integer;
         annualsalary: integer;
      end record;
end employeePack;
```

employeePack.adb 파일

```
with TEXT_IO;
use TEXT_IO;
package body employeePack is
   package INT_IO is new TEXT_IO.INTEGER_IO (integer);
   use INT_IO;
   procedure initEmp(emp: out employee; name: string; basicsalary,
                     bonus, annualsalary: integer) is
   begin
      emp := (name, basicsalary, bonus, annualsalary);
   end initEmp;
   function getName(emp: employee) return string is
   begin
     return emp.name;
   end getName;
   function getAnnualSalary(emp: employee) return integer is
   begin
      return emp.annualsalary;
   end getAnnualSalary;
   procedure changeBasicSalary(emp: in out employee; basicsalary:
                               integer) is
   begin
      emp.basicsalary := basicsalary;
      emp.annualsalary := emp.basicsalary*12 + emp.basicsalary*
                          emp.bonus/100;
   end changeBasicSalary;
   procedure changeBonus(emp: in out employee; bonus: integer) is
   begin
      emp.bonus := bonus;
      emp.annualsalary := emp.basicsalary*12 + emp.basicsalary*
                          emp.bonus/100;
   end changeBonus;
end employeePack;
```

abst.adb 파일

```
with TEXT_IO, employeePack;
use TEXT_IO, employeePack;
procedure abst is
   package INT_IO is new TEXT_IO.INTEGER_IO (integer);
   use INT_IO;
   emp: employee;
begin
   initEmp(emp, "abc", 150, 400, 2400);
   put(getName(emp));
   put(getAnnualSalary(emp));
   NEW_LINE;
   changeBasicSalary(emp, 200);
   put(getName(emp));
   put(getAnnualSalary(emp));
end abst;
```

실행 절차

① gnatmake employeePack.adb

② gnatmake abst.adb

③ abst

❷ C++ 예제

소스 파일

employee.cpp 파일

```
#include <iostream>
using std::cout;
using std::endl;
```

```
class employee {
private:
   char *name;
   int basicsalary;
   int bonus;
   int annualsalary;
public:
   employee(char *na, int bs, int bon, int as);
   ~employee();
   char* getName();
   int getAnnualSalary();
   void changeBasicSalary(int bs);
   void changeBonus(int bon);
};

employee::employee(char *na, int bs, int bon, int as) {
   name = new char[strlen(na)+1];
   strcpy(name, na);
   basicsalary = bs;
   bonus = bon;
   annualsalary = as;
}

employee::~employee() {
   delete []name;
}

char* employee::getName() {
   return name;
}

int employee::getAnnualSalary() {
   return annualsalary;
}
```

```
void employee::changeBasicSalary(int bs) {
   basicsalary = bs;
   annualsalary = basicsalary*12 + basicsalary*bonus*0.01;
}

void employee::changeBonus(int bon) {
   bonus = bon;
   annualsalary = basicsalary*12 + basicsalary*bonus*0.01;
}

int main()
{
    employee emp("abc", 150, 400, 2400);
    cout << emp.getName() << " " << emp.getAnnualSalary() << endl;

    emp.changeBasicSalary(200);
    cout << emp.getName() << " " << emp.getAnnualSalary() << endl;

    return 0;
}
```

❸ Java 예제

employee.java 파일

```
class employee {
   private String name;
   private int basicsalary;
   private int bonus;
   private int annualsalary;

   public employee(String name, int basicsalary, int bonus, int
                annualsalary) {
      this.name = name;
      this.basicsalary = basicsalary;
```

```
        this.bonus = bonus;
        this.annualsalary = annualsalary;
    }

    public String getName() {
        return name;
    }

    public int getAnnualSalary() {
        return annualsalary;
    }

    public void changeBasicSalary(int basicsalary) {
        this.basicsalary = basicsalary;
        annualsalary = (int)(basicsalary*12 + basicsalary*bonus
                             *0.01);
    }

    public void changeBonus(int bonus) {
        this.bonus = bonus;
        annualsalary = (int)(basicsalary*12 + basicsalary*bonus
                             *0.01);
    }
}

public class employeeRun {
    public static void main(String[] args) {
        employee emp = new employee("abc", 150, 400, 2400);
        System.out.println(emp.getName() + " " + emp.
                             getAnnualSalary());
        emp.changeBasicSalary(200);
        System.out.println(emp.getName() + " " + emp.
                             getAnnualSalary());
    }
}
```

Section

02 상속 구현 예제

1. C++ 예제

employee.cpp 파일

```
#include <iostream>
using std::cout;
using std::endl;

class employee {
private:
    char *name;
protected:
    int annualsalary;
public:
    employee(char *na, int as) {
        name = new char[strlen(na)+1];
        strcpy(name, na);
        annualsalary = as;
    }
    ~employee() {
        delete []name;
    }
    char* getName() {
        return name;
    }
    int getAnnualSalary() {
        return annualsalary;
    }
```

```
};

class permanent : public employee {
private:
    int basicsalary;
    int bonus;
public:
    permanent(char *na, int bs, int bon, int as) : employee(na, as) {
        bonus = bon;
        basicsalary = bs;
    }
    void changeBasicSalary(int bs) {
        basicsalary = bs;
        annualsalary = basicsalary*12 + basicsalary*bonus*0.01;
    }
    void changeBonus(int bon) {
        bonus = bon;
        annualsalary = basicsalary*12 + basicsalary*bonus*0.01;
    }
};

class temporary : public employee {
private:
    int workhours;
    int hoursalary;
public:
    temporary(char *na, int hs, int wh, int as) : employee(na, as) {
        workhours = wh;
        hoursalary = hs;
    }
    void changeWorkHours(int wh) {
        workhours = wh;
        annualsalary = workhours * hoursalary / 10000;
    }
    void changeHourSalary(int hs) {
```

```
        hoursalary = hs;
        annualsalary = workhours * hoursalary / 10000;
    }
};

int main()
{
    permanent emp1("aaa", 150, 400, 2400);
    cout << emp1.getName() << " " << emp1.getAnnualSalary() << endl;

    emp1.changeBasicSalary(200);
    cout << emp1.getName() << " " << emp1.getAnnualSalary() << endl;

    temporary emp2("bbb", 5000, 2000, 1000);
    cout << emp2.getName() << " " << emp2.getAnnualSalary() << endl;

    emp2.changeWorkHours(2500);
    cout << emp2.getName() << " " << emp2.getAnnualSalary() << endl;

    return 0;
}
```

❷ Java 예제

employee.java 파일

```
class employee {
   private String name;
   protected int annualsalary;

   public employee(String name, int annualsalary) {
      this.name = name;
      this.annualsalary = annualsalary;
   }
```

```
    public String getName() {
        return name;
    }
    public int getAnnualSalary() {
        return annualsalary;
    }
}

class permanent extends employee {
    private int basicsalary;
    private int bonus;

    public permanent(String name, int basicsalary, int bonus, int
                     annualsalary) {
        super(name, annualsalary);
        this.bonus = bonus;
        this.basicsalary = basicsalary;
    }
    public void changeBasicSalary(int basicsalary) {
        this.basicsalary = basicsalary;
        annualsalary = (int)(basicsalary*12 + basicsalary*bonus
                             *0.01);
    }
    public void changeBonus(int bonus) {
        this.bonus = bonus;
        annualsalary = (int)(basicsalary*12 + basicsalary*bonus
                             *0.01);
    }
}

class temporary extends employee {
    private int workhours;
    private int hoursalary;

    public temporary(String name, int hoursalary, int workhours,
                     int annualsalary) {
```

```
        super(name, annualsalary);
        this.workhours = workhours;
        this.hoursalary = hoursalary;
    }
    public void changeWorkHours(int workhours) {
        this.workhours = workhours;
        annualsalary = workhours * hoursalary / 10000;
    }
    public void changeHourSalary(int hoursalary) {
        this.hoursalary = hoursalary;
        annualsalary = workhours * hoursalary / 10000;
    }
}

public class employeeInheritance {
    public static void main(String[] args) {
        permanent emp1 = new permanent("aaa", 150, 400, 2400);
        System.out.println(emp1.getName() + " " + emp1.
                            getAnnualSalary());
        emp1.changeBasicSalary(200);
        System.out.println(emp1.getName() + " " + emp1.
                            getAnnualSalary());

        temporary emp2 = new temporary("bbb", 5000, 2000, 1000);
        System.out.println(emp2.getName() + " " + emp2.
                            getAnnualSalary());
        emp2.changeWorkHours(2500);
        System.out.println(emp2.getName() + " " + emp2.
                            getAnnualSalary());
    }
}
```

Section

03 동적 바인딩 구현 예제

1. C++ 예제

student.cpp 파일

```
#include <iostream>
using std::cout;
using std::endl;

class student {
private:
    char *name;
protected:
    int scorecomputer;
    int scorekorean;
public:
    student(char *na, int computer, int korean) {
        name = new char[strlen(na)+1];
        strcpy(name, na);
        scorecomputer = computer;
        scorekorean = korean;
    }

    ~student() {
        delete []name;
    }

    char* getName() {
        return name;
    }
```

```
    virtual int getAverage() = 0;
};

class firstGrade : public student {
private:
    int scoremath;
public:
    firstGrade(char *na, int computer, int korean, int math) :
              student(na, computer, korean) {
        scoremath = math;
    }
    int getAverage() {
        return (scorecomputer + scorekorean + scoremath) / 3;
    }
};

class secondGrade : public student {
private:
    int scorescience;
    int scoremoral;
public:
    secondGrade(char *na, int computer, int korean, int science,
                int moral) : student(na, computer, korean) {
        scorescience = science;
        scoremoral = moral;
    }
    int getAverage() {
        return (scorecomputer + scorekorean + scorescience +
                scoremoral) / 4;
    }
};

class thirdGrade : public student {
private:
    int scoreenglish;
    int scorehistory;
```

```
public:
    thirdGrade(char *na, int computer, int korean, int english,
               int history) : student(na, computer, korean) {
        scoreenglish = english;
        scorehistory = history;
    }
    int getAverage() {
        return (scorecomputer + scorekorean + scoreenglish +
                scorehistory) / 4;
    }
};

int main()
{
    student *set[5];

    set[0] = new firstGrade("aaa", 80, 70, 70);
    set[1] = new secondGrade("bbb", 70, 60, 70, 60);
    set[2] = new firstGrade("ccc", 90, 80, 95);
    set[3] = new thirdGrade("ddd", 90, 90, 100, 95);
    set[4] = new secondGrade("eee", 60, 70, 60, 70);

    for (int i=0; i<5; i++)
    cout << set[i]->getName() << " : " << set[i]->getAverage() << endl;

    return 0;
}
```

② Java 예제

student.java 파일

```
class student {
   private String name;
```

```
    protected int computer;
    protected int korean;

    public student(){
    }

    public student(String name, int computer, int korean) {
        this.name =  name;
        this.computer = computer;
        this.korean = korean;
    }

    public String getName() {
        return name;
    }

    public int getAverage() {
        return (computer + korean) / 2;
    }
}

class firstGrade extends student {
    private int math;

    public firstGrade(String name, int computer, int korean, int
                      math) {
        super(name, computer, korea);
        this.math = math;
    }
    public int getAverage() {
        return (computer + korean + math) / 3;
    }
}

class secondGrade extends student {
```

```
    private int science;
    private int moral;

    public secondGrade(String name, int computer, int korean,
                       int science, int moral) {
        super(name, computer, korean);
        this.science = science;
        this.moral = moral;
    }
    public int getAverage() {
        return (computer + korean + science + moral) / 4;
    }
}

class thirdGrade extends student {
    public thirdGrade(String name, int computer, int korean) {
        super(name, computer, korean);
    }
}

public class studentDynamicBinding {
    public static void main(String[] args) {
        student[] set = new student[5];
        set[0] = new firstGrade("aaa", 80, 70, 70);
        set[1] = new secondGrade("bbb", 70, 60, 70, 60);
        set[2] = new firstGrade("ccc", 90, 80, 95);
        set[3] = new thirdGrade("ddd", 90, 90);
        set[4] = new secondGrade("eee", 60, 70, 60, 70);

        for (int i=0; i<5; i++)
            System.out.println(set[i].getName() + " " + set[i].
                                   getAverage());
    }
}
```

Section

04 이 책에서 사용한 인터프리터와 컴파일러 사용법

❶ Scheme 인터프리터

리눅스용 MIT/GNU scheme 인터프리터 사용하는 방법에 대해 살펴본다.

① http://www.gnu.org/software/mit-scheme/에 접속한다.

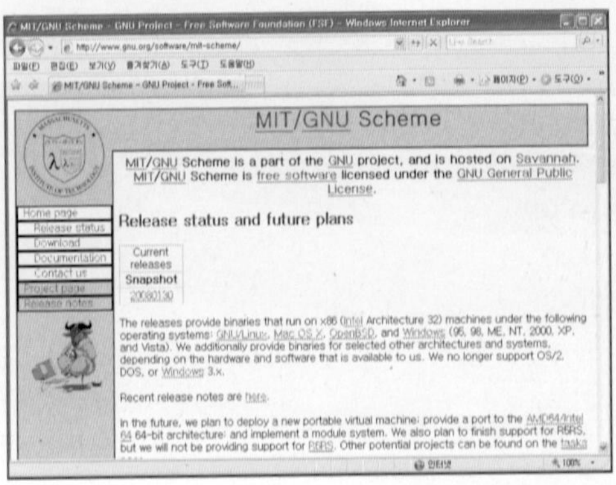

② “Download” 아래 표 좌측의 [GNU/Linux binary]를 눌러 다운로드하여 프로그램을 설치한다.

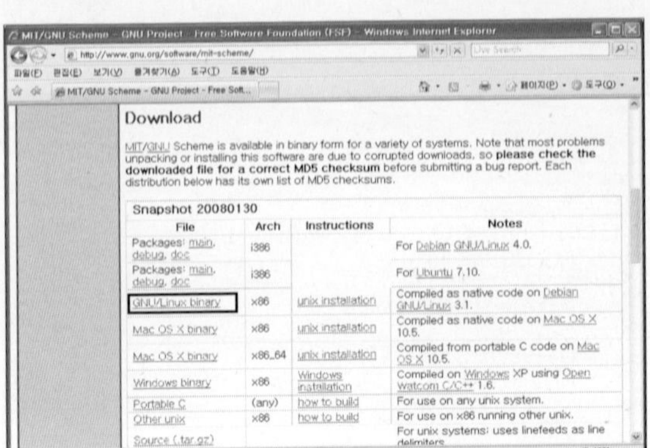

③ scheme을 입력하고 Enter↵ 키를 누르면 scheme 인터프리터가 실행된다.

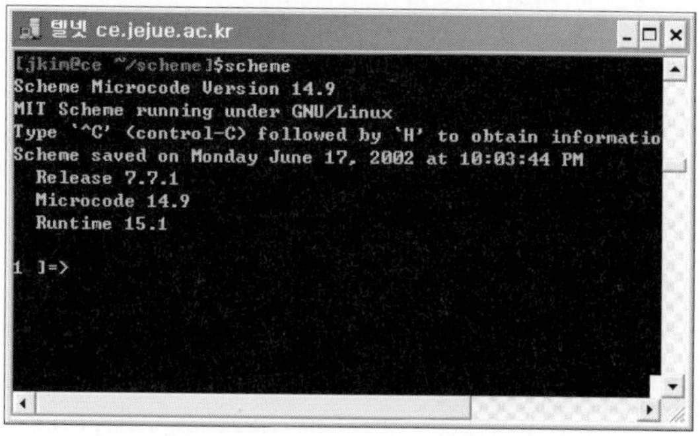

④ 인터프리터 프롬프트에 (+ 1 3)을 입력하고 Enter↵ 키를 누르면 실행된다.

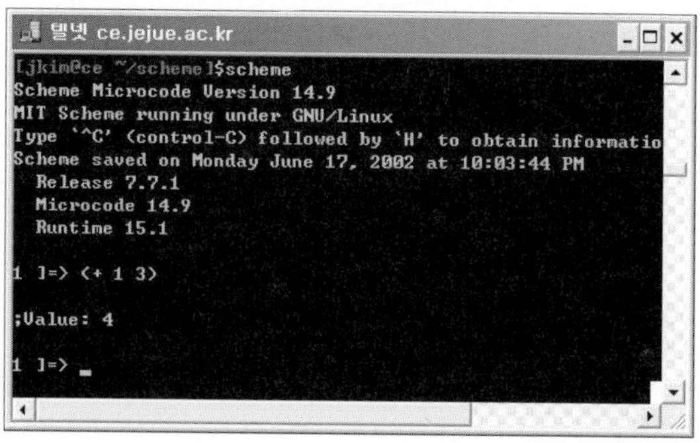

⑤ scheme으로 작성된 파일을 불러서 실행할 수도 있는데, 만약 파일의 이름이 sort.sch 라면 다음과 같이 리눅스 프롬프트에서 scheme < sort.sch를 입력하고 Enter↵ 키를 누르면 실행된다.

확장자는 sch이다.

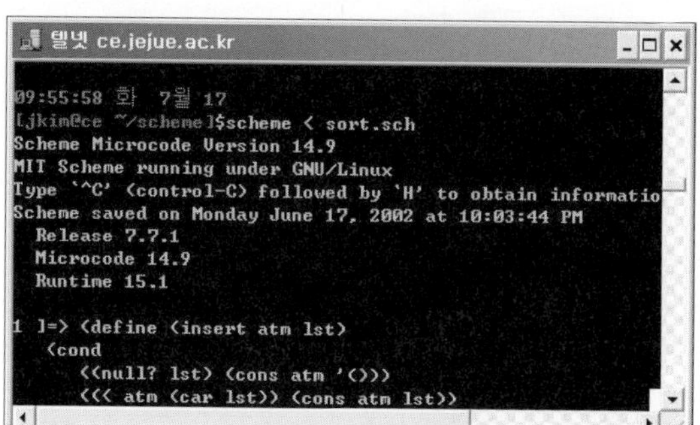

❷ Prolog 인터프리터

윈도우용 swi-prolog 인터프리터를 사용하는 방법에 대해 살펴본다.

① http://www.swi-prolog.org에 접속한다.

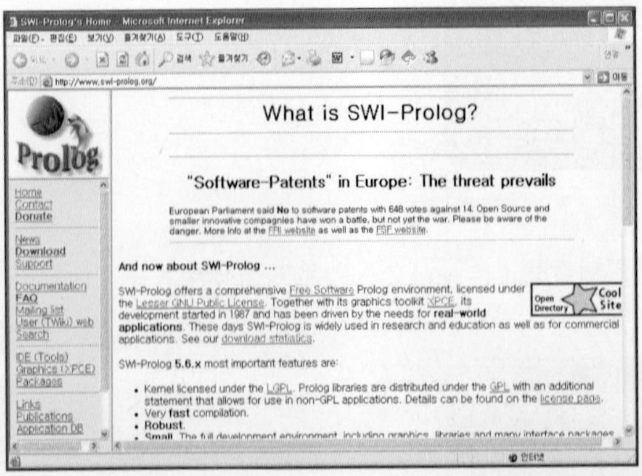

② 왼쪽 메뉴의 [Download]를 누르고 들어가 [Stable release]를 누른다.

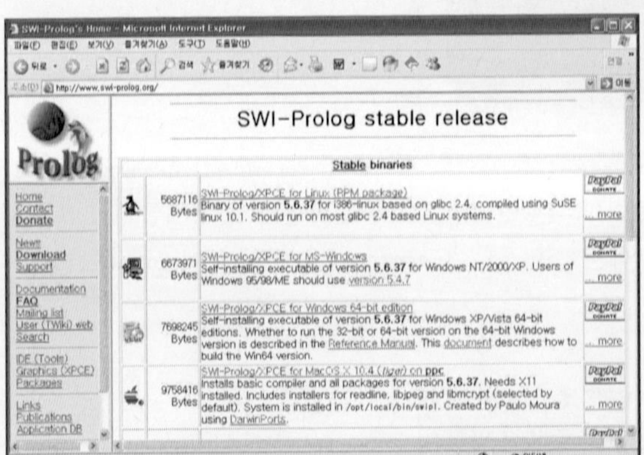

④ [SWI-Prolog/XPCE for MS-Windows]를 눌러 다운로드하여 프로그램을 설치한다.

⑤ [Prolog] 프로그램을 실행시킨다.

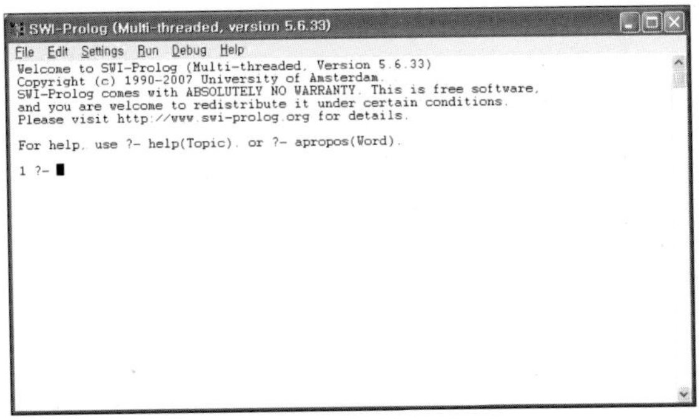

⑥ [File] 메뉴의 [New]를 선택한다.

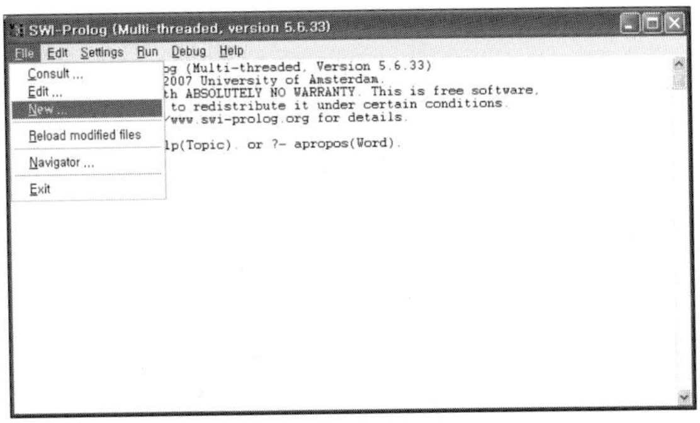

⑦ [파일 이름]에 'test.pl' 을 입력하고 [저장] 버튼을 누른다.

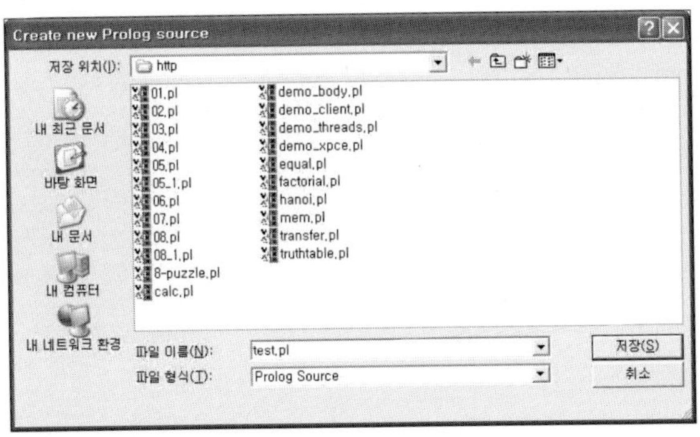

⑧ 다음과 같이 입력한 후 저장하고, 메모장을 종료한다.

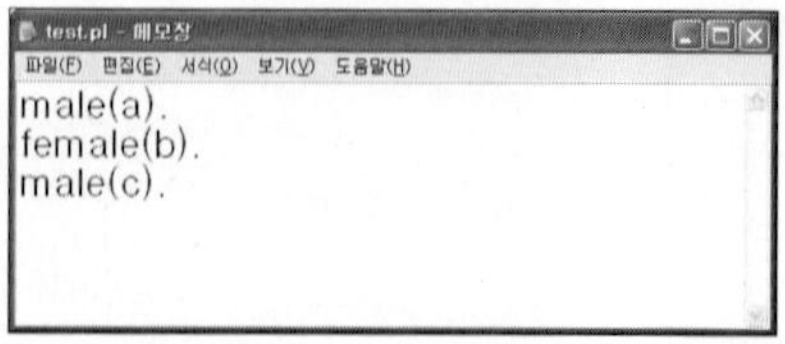

⑨ [File] 메뉴의 [consult]를 선택하여 test.pl을 연다. test.pl 파일을 데이터베이스에 등록하는 과정이다.

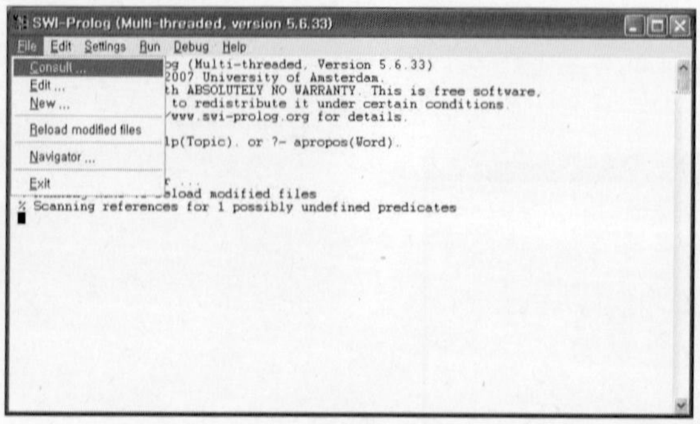

⑩ 프롬프트에서 male(a).를 입력하고 Enter↵ 키를 누르면 실행되어 결과를 출력한다.

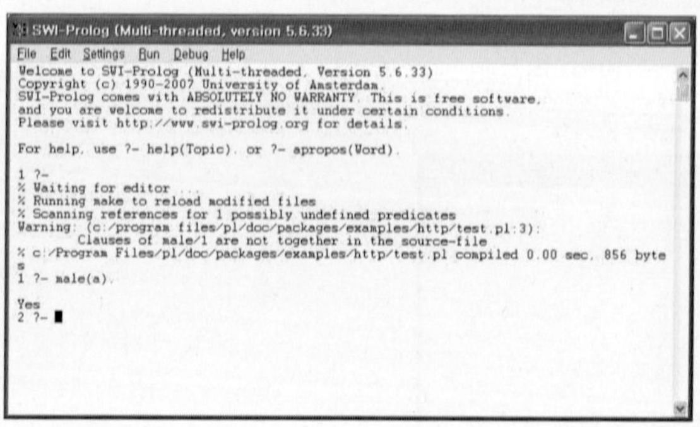

❸ Ada 컴파일러 사용법

윈도우용 Ada 컴파일러인 GNAT를 사용하는 방법에 대해 살펴본다.

① https://libre.adacore.com/에 접속하여 로그인한다.

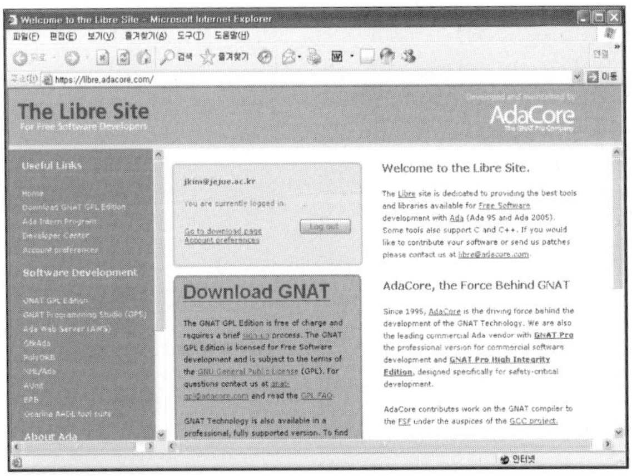

② [Download GNAT]를 누르고 들어가 플랫폼을 선택한다.

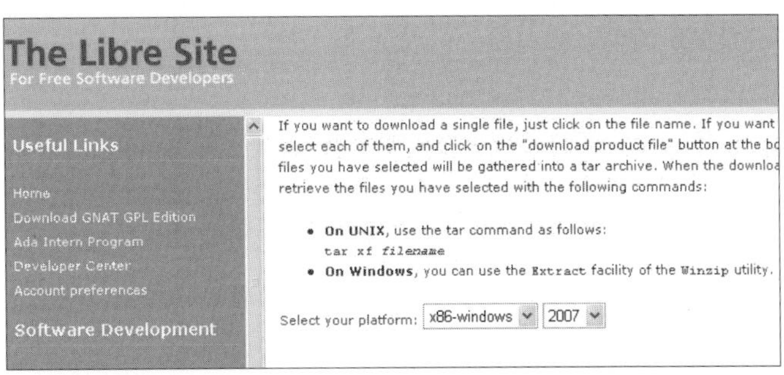

③ GNAT GPL 항목들을 선택하고 다운로드한다.

④ 압축을 풀고 프로그램을 설치한다.

⑤ 메모장을 이용해서 다음과 같은 파일을 작성하고, hello.adb라는 이름으로 저장한다.

⑥ 명령 프롬프트에서 gnatmake 명령을 이용해서 hello.adb를 컴파일한다. 그러면 hello라는 이름의 실행 프로그램이 생성된다.

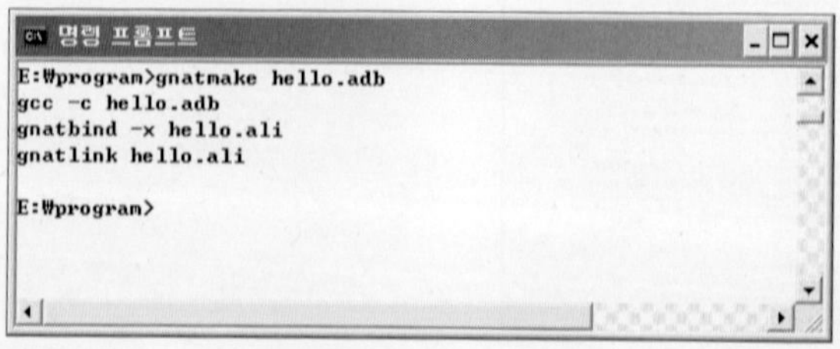

⑦ hello라는 이름의 실행 프로그램을 실행시키면 원하는 결과를 얻는다.

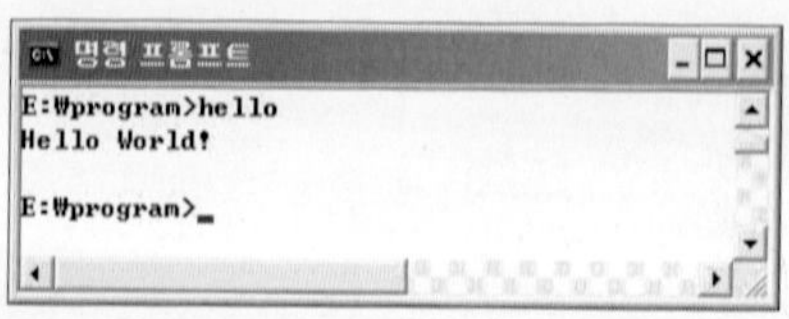

〔자~카〕

〔타~하〕

〔A~C〕

[D~E]

[F~K]

[L~O]

따라 하면서 배우는

마이크로컨트롤러

ATmega2560으로 프로그래밍하기

한빛아카데미
Hanbit Academy, Inc.

지은이 **허경용** hgycap@deu.ac.kr

연세대학교 전자공학과 학사(1994)와 동(同)대학원 석사(1996)를 취득하였다. 이후 University of Florida에서 인공지능 관련 연구로 박사(2009)를 취득하였으며, 현재 동의대학교 전자공학과 교수로 재직 중이다. 인공지능, 오픈 소스 하드웨어, 사물인터넷 디바이스 등에 관심이 있으며 관련 연구를 진행하고 있다. 저서로는 『아두이노 상상을 스케치하다』, 『사물인터넷을 품은 아두이노』, 『따라 하면서 배우는 아두이노』, 『ATmega128로 배우는 마이크로컨트롤러 프로그래밍』, 『사물인터넷을 위한 ESP8266 프로그래밍』 등이 있다.

저자 운영 카페 http://cafe.naver.com/sketchurimagination

따라 하면서 배우는 마이크로컨트롤러

: ATmega2560으로 프로그래밍하기

초판발행 2019년 1월 28일
2쇄발행 2022년 6월 25일

지은이 허경용 / **펴낸이** 전태호
펴낸곳 한빛아카데미(주) / **주소** 서울시 서대문구 연희로2길 62 한빛아카데미(주) 2층
전화 02-336-7112 / **팩스** 02-336-7199
등록 2013년 1월 14일 제2017-000063호 / **ISBN** 979-11-5664-439-2 93560

책임편집 박현진 / **기획** 고지연 / **편집** 고지연, 김희진 / **진행** 박현진
디자인 표지 이아란 / **전산편집** 이소연, 임희남 / **제작** 박성우, 김정우
영업 김태진, 김성삼, 이정훈, 임현기, 김주성 / **마케팅** 길진철, 김호철, 주희

이 책에 대한 의견이나 오탈자 및 잘못된 내용에 대한 수정 정보는 아래 이메일로 알려주십시오.
잘못된 책은 구입하신 서점에서 교환해 드립니다. 책값은 뒤표지에 표시되어 있습니다.
홈페이지 www.hanbit.co.kr / 이메일 question@hanbit.co.kr

Published by HANBIT Academy, Inc. Printed in Korea